师范生应用文写作

主编 李会杰
　　　杜若松

高等教育出版社·北京

内容提要

本书从培养师范生写作素养和提高应用文写作技能的原则出发,在设计体例上贴近师范生学习的实际需求,满足工作和学习需要,突出师范特色。全书共七章,编入了应用文写作基础知识、学业文书、教学工作文书、行政工作文书、事务文书、社交礼仪文书和传播文书。各类文体写作内容围绕"学习目标—理论知识—例文借鉴—写作指导—模拟训练—复习与思考"几个层面展开,对师范生常用的应用文体从写作理论知识、文体结构和写作要求等方面加以系统而全面的阐述,并借鉴例文进行有针对性的模拟训练。理论阐述简明扼要,训练内容具有实用性和可操作性。

本书是面向高等师范院校本专科学生的应用文体写作类课程而编写的通用教材,也可供其他各大专院校学生及社会各行业人士参考使用。

图书在版编目(CIP)数据

师范生应用文写作/李会杰,杜若松主编. --北京:高等教育出版社,2020.10(2022.8 重印)

ISBN 978-7-04-054809-9

Ⅰ. ①师⋯ Ⅱ. ①李⋯ ②杜⋯ Ⅲ. ①应用文-写作-高等师范院校-教材 Ⅳ. ①H152.3

中国版本图书馆 CIP 数据核字(2020)第 145357 号

师范生应用文写作
SHIFANSHENG YINGYONGWEN XIEZUO

| 策划编辑 | 罗 京 | 责任编辑 | 刘新英 罗 京 | 封面设计 | 赵 阳 | 版式设计 | 王艳红 |
| 责任校对 | 马鑫蕊 | 责任印制 | 刘思涵 | | | | |

出版发行	高等教育出版社	网 址	http://www.hep.edu.cn
社 址	北京市西城区德外大街 4 号		http://www.hep.com.cn
邮政编码	100120	网上订购	http://www.hepmall.com.cn
印 刷	北京汇林印务有限公司		http://www.hepmall.com
开 本	787 mm×960 mm 1/16		http://www.hepmall.cn
印 张	22.75		
字 数	410 千字	版 次	2020 年 10 月第 1 版
购书热线	010-58581118	印 次	2022 年 8 月第 3 次印刷
咨询电话	400-810-0598	定 价	43.50 元

本书如有缺页、倒页、脱页等质量问题,请到所购图书销售部门联系调换
版权所有 侵权必究
物 料 号 54809-00

目　　录

导言 …………………………………… 1

第一章　应用文写作基础知识 …… 7
第一节　应用文的主旨与材料 …… 7
第二节　应用文的结构 …………… 14
第三节　应用文的语言 …………… 21
第四节　文面书写与文本规范 … 27

第二章　学业文书 …………………… 34
第一节　读书笔记 ………………… 34
第二节　实验报告 ………………… 44
第三节　实习报告 ………………… 52
第四节　调查报告 ………………… 61
第五节　演讲稿 …………………… 69
第六节　毕业论文 ………………… 81
第七节　毕业设计 ………………… 95
第八节　申论 ……………………… 105

第三章　教学工作文书 …………… 121
第一节　教学工作计划 …………… 121
第二节　教学工作总结 …………… 133
第三节　教学设计 ………………… 145
第四节　说课稿 …………………… 156
第五节　教学反思 ………………… 166
第六节　教学案例 ………………… 173
第七节　教学札记 ………………… 182
第八节　教学论文 ………………… 190

第四章　行政工作文书 …………… 199
第一节　规章制度 ………………… 199

第二节　通知 ……………………… 210
第三节　通报 ……………………… 218
第四节　报告 ……………………… 225
第五节　请示 ……………………… 233
第六节　函 ………………………… 240
第七节　纪要 ……………………… 246

第五章　事务文书 …………………… 254
第一节　申请书　倡议书 ………… 254
第二节　求职信 …………………… 262
第三节　竞聘报告 ………………… 267
第四节　述职报告 ………………… 273

第六章　社交礼仪文书 …………… 282
第一节　请柬　邀请函 …………… 282
第二节　欢迎词　欢送词
　　　　答谢词 ………………… 288
第三节　开幕词　闭幕词 ………… 294
第四节　感谢信　表扬信
　　　　慰问信 ………………… 301

第七章　传播文书 …………………… 311
第一节　消息 ……………………… 311
第二节　通讯 ……………………… 330
第三节　启事 ……………………… 342
第四节　声明 ……………………… 348
第五节　海报 ……………………… 353

导　　言

学习目标

1. 了解应用文的含义和特点,认识应用文写作在日常生活、工作和学习中的重要意义。
2. 掌握应用文写作的基本要求,为应用文写作打好基础。

理论知识

一、应用文的含义

写作是人类生存中的重要活动之一,人们的生活和学习离不开写作,尤其是应用文写作。应用写作是综合性的实践活动,内容表达涉及多种知识、理论、政策、语言和思维等。应用文是国家行政机关、企事业单位、社会团体以及人民群众在行政管理、社会交往与活动过程中,用以处理公私事务、传播信息、表达意愿而撰写的规范体式的实用性文章。

应用文写作的目的是满足现实生活、工作和学习的需要,写作的内容直接来源于日常的工作与生活,而不是虚构。写作的文本结构相对稳定,往往具有特定的惯用格式。应用文作为一种实用性文体,语言运用与其他文体相比,主要表现出平实、准确、简明、得体等特点。

二、应用文的起源和发展

自从产生了文字后,我国就出现了应用文的写作。应用文在不同的历史时期有不同的名称。殷商时称"典册",秦时称"典籍",汉时称"文书",三国时称"公文",唐宋时称"文卷"。应用文实际应用的历史更为悠久,秦朝实行车同轨、书同文措施,规范了"抬头""用印"等制度,应用文得以充分的发展,在当时已经相当成熟。

  正式提出"应用文"这一名称的是清代学者刘熙载,他在《艺概·文概》中提出:"辞命体,推之即可为一切应用之文。应用文有上行,有平行,有下行。重其辞乃所以重其实也。"①辛亥革命后,废除了几千年来封建王朝使用的制、诏、诰、敕、题、奏、表、笺等文书,对应用文名称作了改革,确立了新的公文体式。但对应用文真正的改革、规范是在中华人民共和国成立以后。1949年以后,国家相关机构曾多次发布文件,及时改革、增删了部分文种,规范公务文书的写作。1951年9月29日中央人民政府政务院颁布《公文处理暂行办法》,对公文的草拟、格式、处理程序等作了统一规定;1981年2月27日国务院颁布了《国家行政机关公文处理暂行办法》,1987年2月27日又对其进行了修订;2000年8月24日国务院发布了《国家行政机关公文处理办法》,并于2001年1月1日起实施;2012年4月16日中共中央办公厅和国务院办公厅联合发布了新的《党政机关公文处理工作条例》,规定自2012年7月1日起施行,同时停止执行1996年5月3日中共中央办公厅发布的《中国共产党机关公文处理条例》和2000年8月24日国务院发布的《国家行政机关公文处理办法》。这一系列文件的发布,标志着我国公文写作走上了规范化道路,对应用文的使用和发展起到了巨大的推进作用。其他应用文体也随着社会发展和生活工作的需要应运而生,并被广泛应用于社会生活的各个领域,在满足人们的现实学习、工作和生活需要中发挥着重要的作用。

三、应用文的特点

  要学好应用文写作,首先要掌握应用文的特点,以便写作者把握应用文写作的目的、思维方式及表达方式等,提高写作能力。应用文有以下几方面的特点。

  (一)实用性

  从写作的目的上看,应用文是为解决机关、团体或个人的某种实际需求或现实需要而写的,应用文是要解决实际问题的,写作动因非常明确具体。它不是人们提高审美趣味、陶冶情操的文学体裁,而是人们用来交流思想、传达信息、处理事务的工具。例如,写请示是为了向上级请求指示或帮助,写广告是为了向公众宣传商品或服务等。刘勰在《文心雕龙·书记》中以"虽艺文之末品,而政事之先务也"②来概括应用文的特点和地位,由此可见,应用文的实用性更直接、更

---

① 〔清〕刘熙载:《文概》,《艺概》,上海古籍出版社1978年版,第44页。
② 〔南朝梁〕刘勰:《书记》,《文心雕龙注》上,范文澜注,郭绍虞、罗根泽主编,人民文学出版社1958年版,第457页。

具体。

（二）真实性

应用文的内容必须真实、明确，所涉及的时间、地点、人员、事实及对事务的处理意见或办法都必须与实际情况相符，不能有丝毫的差错。应用文的真实和文学作品的艺术真实不同，文学作品的真实是符合审美需求的真实，应用文的真实是生活实际的真实，是有根有据、准确无误的。对于大部分应用文来说，作者和阅读对象之间有真实的特定关系。一篇公文、一篇报告、一封书信、一份合同、一张收据，甚至一纸启事，都是写给具体单位、个人或是一定范围内的人的，内容稍有失真，便不能达到预期的目的，甚至会造成一定的损失。例如，合同是专门给参与的各方当事人的，一经签订，当事人必须遵守，不得违反。可见，应用文写作与现实工作和生活中的实际问题联系非常紧密，都是解决现实具体问题的。

（三）程式性

应用文的程式性主要指文体结构和文本形式都有相对固定的规范要求，有大体相同或相近的体式、惯用格式、惯用语等。例如，公文在行文书写、排印、行款式样、纸张尺寸等方面都有明确的规定，其根本目的是便于公文写作者与接受对象的理解和处理。又如，应用文中特定的习惯用语，相同文种的应用文，其习惯用语基本相对固定。再如，欢迎词和答谢词的开头一般都用祝颂语。同一文种的公文，结尾时常用基本相同或相近的习惯用语等，例如，计划和总结的落款都是写单位名称和时间。应用文的这一特点是在长期、广泛的使用中逐渐形成的，往往约定俗成，在相当长的时间内不会改变。

（四）简明性

应用文的内容要简洁明确。首先，应用文写作应概括叙述事实，抓住主要问题，鲜明地阐述观点、办法或意见，尽量不去重复。应用文要解决实际问题，要办事，内容越简洁，就越容易被理解和把握，避免出现理解上的偏差，从而提高办事效率。其次，语言上要准确精练，言简意赅。用词要通俗易懂，表达要层次清晰，段落之间要有逻辑性。应用文一般都平铺直叙，经常采用叙述、说明和议论的表达方式，极少运用描写和抒情，做到言之有据，言之有理。

四、应用文写作的重要意义

在信息技术高度发达的今天，人类社会正在发生着翻天覆地的巨大变化，尤其是随着世界经济一体化和技术的飞速发展，我们正在进入网络化、数字化、信息化、多元化的时代。人们的生产方式、思维方式和生活方式正在发生重大的变革,传统的生产行业发生变化,新的行业层出不穷,社会事务日益繁多,社会关系日益复杂,处理程序日益规范,人们对工作效率的要求也越来越高,这些变化必然影响应用文的写作,使应用文写作呈现新的发展趋势。社会发展的速度越快,各种信息量就越大,应用文的重要性就愈加明显。在各种各样的社会活动中,每个人都和应用文有着或多或少的关系,应用文的使用几乎涉及社会生活的各个方面。在日常工作中,我们有许多公务、个人事务、日常生活需要处理,如公务中的传达上级指示、布置工作、检查某项活动的开展情况、请示上级有关问题等都离不开应用文。再如教学活动中的工作往来、学生学业的完成、社交活动中的礼仪表达,我们个人生活中的契约、条据、书信交往等都离不开应用文。

学习应用文写作是社会和时代发展的需要。21世纪是社会高速发展的时代,社会各个领域发展的速度越快,各种信息量就越大,用人单位对员工的应用文写作能力就越重视。管理部门或单位要提高处理日常业务的质量和效能,就必须重视提高工作人员的应用文撰写能力。能否得心应手地撰写工作所需要的实用文种,已成为衡量员工实际工作能力的重要标准之一。了解现代应用文写作的规律,掌握现代应用文写作的方法与技巧,不仅是时代的需求,也是现代社会对新时代人才培养的要求。

"应用文写作"是一门实践性很强的课程,应用文作为记录、传递、储存信息的手段和工具,只有写得准确规范、通畅简洁,才能够有效地发挥作用。对于师范生来说,掌握一些应用文写作知识,能撰写生活、学习、工作中常用的一些应用文是十分必要的。著名教育家叶圣陶曾说,大学毕业生一定要学会写工作和生活中实用性的文章,这就是指我们说的应用文写作,他要求此类文章一定要写得通顺、扎实。因此,作为一名师范生,将来要从事教育教学工作,能否得心应手地写好应用文,是衡量学业水平和个人任职能力的标准之一。

五、应用文写作的基本要求

"应用文写作"是一门综合性、实践性极强的基础课和能力训练课。应用文写作以现代应用写作的理论为学习对象并进行相应的写作技能训练,是一种以写作应用文为目的而进行的学习实践活动。师范生应用文写作,是针对师范院校学生提高应用写作能力、提升任教任职能力而设置,主要掌握应用文写作的特点、规律、过程等基本理论,掌握应用文写作方法和规律的一门实用性写作学科。

师范生怎样才能写好应用文呢?要不断提高应用文的写作能力,应做到以下几点:

（一）站在时代的高度，加强政治理论修养，提高分析和认识问题的能力

写作者要提高思想水平，学习唯物主义辩证法，认真学习马列主义、毛泽东思想、"三个代表"重要思想、科学发展观和习近平新时代中国特色社会主义思想，它们是我们党和国家的指导思想，是党和国家制定方针和政策的依据。有了正确的理论指导和正确的思想方法，就能够胸有大局，站得高，看得远，从各种错综复杂的现象中，识别是非曲直，做到立场坚定，观点鲜明，就能够正确把握纷繁复杂的材料，以开阔的视野、敏锐的眼光及时抓住问题的症结，写出切合实际、思想内容比较深刻的实用文章。

（二）加强职业道德修养，要有实事求是的工作态度和调查研究问题的能力

应用文写作以实际需要为出发点，以解决人们日常工作、学习和生活中出现的问题为目的。面对具体问题时，要本着实事求是的工作态度，积极参加社会实践活动，认真调查研究问题，对事件有较全面的调查了解，及时掌握工作中的新情况、新问题，注意搜集和积累材料，如掌握所属单位的工作动态，听取下属部门的口头汇报，查证部门上报的文字材料等，这样才能更准确、更具体、更生动地反映生活，写作时才能有的放矢，写出合乎实际、合乎时代要求的应用文。

（三）要有多方面的知识积累和特定的专门业务能力

应用文写作涉及社会生活的各个领域，不论是公务文书还是事务文书，都必须具有科学性，符合本部门的实际，符合客观事物的规律，因而，应用文写作需要多方面的知识。除了具备政治理论知识、社会科学知识和历史文化知识等，还要加强专业知识的学习。既要向书本学习，还要向内行人请教，更要从群众实践中吸收营养，使自己真正精通本部门、本系统的业务，这样才能把党的方针政策和具体业务工作情况结合起来，撰写出实实在在的、能够指导具体工作的、水平较高的文章。如果不懂专业知识，缺乏专业训练，就很难深入实际，只能是东拼西凑一些反映表面现象的材料，也就不会有针对性，很难写出能够解决实际问题的专业应用文。同时，应用文是讲究时效的，是解决现实中存在的问题，是办事的依据，一般要求在特定时间内处理特定的问题，行文不及时，将会丧失其实用价值。特别是在社会快速发展的今天，应用文更应做到及时、高效。这也对应用文写作者提出了更高的要求，必须要有扎实的知识积累和较高的专业写作能力。

（四）借鉴例文，多写多练，提高文字表达能力

写作者要想不断提高应用写作能力，还应多写多练，做到有目的、有计划地进行写作训练。鲁迅先生说过："文章应该怎么做，我说不出来，因为自己的作

文,是由于多看和练习,此外并无心得或方法的。"① 学习应用文一定要做到理论与实践相结合,一方面运用所学理论指导应用文写作,另一方面用具体应用文来印证所学理论,加深认识。应用文体一个很突出的特点就是结构基本固定、格式规范,具有一定的程式。学习写作知识,借鉴例文,就能很快掌握应用文写作模式,收到事半功倍的效果。勤于动笔,多写多练,是应用文写作最行之有效的方法。

复习与思考

一、什么是应用文?

二、应用文有哪些特点?

三、应用文写作有哪些重要意义?

四、应用文写作对师范生提出了哪些基本要求?

五、请简述应用文的起源和发展。

---

① 鲁迅:《致赖少麒》,《鲁迅全集》第13卷,人民文学出版社2005年版,第493页。

第一章　应用文写作基础知识

> **内容要求**
> 1. 掌握应用文的主旨、材料、结构、语言的特点及写作要求,用于指导具体文体的写作,为学会写各种应用文体作知识上的储备。
> 2. 了解应用文在表达上的特点,掌握应用文文面书写和文本规范等方面的要求,为今后写好各种应用文体打下基础。

第一节　应用文的主旨与材料

学习目标

1. 掌握应用文写作在主旨上的基本要求,做到正确、鲜明、客观。
2. 理解应用文写作在内容上的要求,做到材料真实、准确、新颖、典型。

理论知识

一、应用文的主旨

（一）主旨的含义

主旨、材料、结构和语言是应用文写作的基本要素。主旨,又称主题、题旨、立意等。应用文的主旨,就是写作者通过文体内容表达出来的写作意图或各种活动、行为目的、意向。主旨在写作者动笔写作之前就应当明确,是应用文写作的目的和出发点。

应用文与人们的日常生活、学习和工作关系密切,写作目的是解决其中遇到的实际问题。例如,租售房屋要签合同,丢失物品要写寻物启事,学生求职要写自荐书或求职信等,这些都说明应用文的写作具有明确的目的性,或表达作者的主张、观点、意图，或传达政策、通知事项，或传递信息、说明情况，等等，应用文写作的这种目的性成分就是主旨。

应用文的主旨是写作主体的主观思想与作为客观的社会生活相结合的产物，反映写作者对客观事物的认识，并通过应用文体这一实用工具来实现特定的社会功利目的。

（二）主旨的表现形式

在应用文写作中，文体内容表达出来的写作意图或各种活动的行为目的、意向，有的单一，有的复杂，主旨的确立视内容多少而定，主旨的表现形式因文而异，应用文主旨的表现形式大致分为以下三种类型。

1. 标题点明主旨

在标题中直接点明主旨，即用简洁、明快的语言把文章的主旨介绍给读者，使读者一目了然，起到高度概括全文的作用。这种写法在事务文书写作中普遍应用，例如，《××小学交通安全活动倡议书》和《××学院2018—2019年度第一学期教学工作总结》，这两篇文章都采用了标题点明主旨的形式，表明了《倡议书》和《总结》的主旨。

2. 开头明确主旨

文章开宗明义，在文章的开头部分说明行文的目的和主要内容。这种提出主旨的方法直接、清晰、明确，让读者一下便知要解决的具体问题。例如，经常以主旨句"为了……"作为特征，通知、通告、报告、演讲稿等文体常用这种方法。在文章的开头明确主旨，可以起到统领全文的作用。在写作时，我们可根据所要解决的问题情况和材料具体特点来恰当使用。

3. 行文中表明主旨

有些应用文在行文过程中，通过主体部分内容直接或间接地表明主旨。行文中直接显示主旨，是指在正文的开头部分点明主旨，给人以鲜明的印象；或在正文结尾处用简明扼要的文字归纳出主旨，以加深读者的印象。行文中间接显示主旨，是将主旨渗透于字里行间，需要读者通读全篇，加以概括理解。通常有两种情况，一种情况是借助文中的小标题来表达，将文章主旨分解成几个部分，每一部分用一个小标题来显示，这种表现形式不仅使文章主旨鲜明突出，而且使文章显得层次清楚、条理分明，便于读者理解，一般篇幅较长、内容较复杂的应用文经常使用这种形式，如调查报告、总结等。另一种情况是只对文中信息作出客观说明，在说明中表明作者的主观态度和观点，这种显示主旨的形式一般应用于篇幅短小的文体中，例如，海报、通报、请柬和解说词等文体。

主旨的三种表现形式有时在某一文体中都有不同程度的体现,彼此的界限和目的性有时不是十分清楚。比如通知,通常带有某种思想,往往又包含某些信息,还渗透着一定的意图。

(三) 主旨的作用

主旨在应用文写作中有着极为重要的意义,它决定着一个应用文体写作基本内容的呈现,也决定着文体表现形式的选择,是关系应用文写作成败的关键要素。具体说来,它的核心作用如下。

1. 主旨统领材料

应用文写作要主旨先行。主旨确立之后,则应依据主旨而精心选择材料,体现在文章中就是观点鲜明。主旨表达要直白,毫不隐讳。材料要围绕主旨选择,例如,写调查报告,动笔之前搜集材料,一定要针对要调查的具体问题采访、调查,所搜集的材料都是为解决问题、表达观点服务的。主旨是应用文写作的核心,因此,写作材料必须围绕主旨而展开,内容为表达主旨服务。

2. 主旨决定结构

应用文的结构形式不同于文学体裁文章,它往往有特定的惯用格式,这种形式是依据主旨形成的,文章内容和各段落结构都是围绕主旨而提出的,所以说主旨决定结构。清代文学家刘熙载曾说:"文无一定局势,因题为局势;无一定柱法,因题为柱法;无一定句调,因题为句调。"①这里的"题"字便是我们所说的主旨。这里的"局势""柱法"就是指文章的结构、段落,指出了主旨对于文章结构的决定性作用。

3. 主旨决定语言风格

应用文的写作有别于文学作品,特别是公文,如规章制度、决定等,一旦发出,就将成为人们行动的依据和准绳,具有严肃、庄重的强制效用。因此,遣词造句必须依据主旨需要而确定。如制度与规定,语气宜坚决、肯定,有不可置疑性;办法、细则等,必须讲明意图,要求具体、明确,不能模棱两可;通知,须将时间、地点、要求、做法等交代清楚,不可笼统含糊;函,则宜语气平和,带可商量口吻,语气不宜生硬。

(四) 主旨的要求

应用文写作时,要做到主旨正确、鲜明、集中、深刻。

1. 正确

---

① 〔清〕刘熙载:《艺概·经义概》,上海古籍出版社1978年版,第182页。

应用文写作首先要确立主旨,材料的选择、结构的安排和语言的运用都要围绕主旨表达。写作要做到主旨正确。一篇应用文从内容上说,观点必须正确,主旨正确是撰写应用文的基本要求。应用文写作,尤其是公文写作,文章主题政治性、政策性很强,文中的观点、意见必须遵守党和国家的方针政策、法律法规。

应用文写作主旨的正确还表现在解决问题的具体办法与措施的正确性和可操作性上。应用文写作的目的是解决社会生活中的实际问题,应用文的主旨应符合客观实际,反映客观事物的本质规律。可操作性是应用文实用性的基本要求,应用文主旨的确立应充分考虑操作的可行性,注重实际效果,从实践的可行性出发,创造性地提出解决问题的方案。否则,应用文写作就会失去其功用和价值。

2. 鲜明

主旨鲜明是指应用文的观点必须明确,就是作者以鲜明的立场和观点评判客观现实,赞成什么,反对什么,应该怎样,不应怎样,态度必须鲜明。写作的主旨表述不可模棱两可、含糊其辞,应该直截了当、清楚明白,利于理解和执行。

3. 集中

主旨集中是一篇应用文一般只表达一种思想、观点或意图,写作时要围绕一个中心问题说清楚、说透彻,用一个主要意图贯穿全篇,或者提出并解决一个问题,沟通或反映一种情况,一般不得表达两个或更多的主旨。如果一篇应用文头绪纷繁,主旨分散,就会让人感到零乱、难以把握。

主旨要单一,就题论事,一文一事,一题一议。在某些应用文体中,主旨的单一性已经成为法定的规范,具有法定的约束力。例如,《党政机关公文处理工作条例》明确规定,请示、函只能表达一个主旨,必须遵循一文一事原则。

4. 深刻

主旨深刻是指应用文写作要从纷纭复杂的事物表象中,剥去现象的外壳,抓住问题的核心,确立自己的观点,提出有利于解决问题、有创见性的见解和主张。如撰写调查报告,要通过调查和采访,获取大量的第一手材料,再通过分析,从中找出揭示事物本质规律的结论,提出创造性的主张、建议和办法,以指导工作实践。

总之,应用文的主旨是否正确、鲜明、集中和深刻,不仅仅是应用写作文字能力的问题,还涉及写作主体的人格修养、生活素养、知识积累等自身诸多因素,与写作者的基本素质和能力有关,因此,写作者只有全面提高自身综合素质,才能写好应用文的主旨。

二、应用文的材料

应用文的内容是由主旨和材料组成的,材料是为写作而搜集和准备的,具有一定意义和价值的材料是应用文写作的基本要素。应用文的材料有时真假混杂、良莠并存。因此,对材料的处理要有一定的要求和方法。

(一)材料的含义

应用文的材料是指作者为实现写作意图和目的,从现实生活和文献资料中收集、选取并使用的一系列事实或理论依据,包括事件、现象或数据、理论依据等。写作者平时要有意识地采集和积累生活中原始素材,如文献资料、相关政策、文书档案、学术信息、本单位的基本情况、工作进展等,这些原始素材能够充实写作内容。应用文的材料是否丰富决定文章内容的坚实与否,决定文章是否有生命力。

(二)材料的积累与鉴别

1. 材料的积累

应用文写作要求积累素材,不仅要积累自己经历过的,还要积累自己亲眼看到的,亲耳听到的材料。这种积累素材的方法就叫搜集法。古人常说,读万卷书,行万里路才能写出好文章,就是这个道理。对周围发生的事物要多加留意,一旦发现有用的素材,随即问清楚,然后把它们积累起来。待到要写作时,它会帮你的忙。这里首先要指出的是,摘录、收集的目的是借鉴,是写作时参考,起到举一反三、触类旁通的作用,也就是消化后变为营养被自己所吸收,变为自己的东西。一个人的经历总是有限的,一个人的视野同样有局限,广集天下材料,也是丰富写作素材的一种途径。

材料丰富翔实会使文章的内容得到充实,写作者要在一定创作动机的指导下对生活材料进行自觉的搜集。占有丰富和充分的材料,有助于达到认识的深度和广度。所以,搜集材料要"博""透""细"。搜集的材料从不同角度可分为直接材料和间接材料、历史材料和现实材料、正面材料和反面材料、具体材料和概括材料,事实材料和理论材料等。

积累材料可以通过以下途径获取:

(1)观察。观察是认识事物的基础,也是收集材料的主要途径之一,通过细致的观察,获得大量的第一手材料,这是写好应用文的前提,因此应养成处处留心、勤于观察、善于观察的良好习惯,从而获取大量的有价值、典型的材料,为应用文写作打下基础。

（2）调查。社会生活中某些材料，单凭作者的观察是无法得到的，必须通过有目的性、有针对性的调查采访才能获取。调查是带有特定意图的定向观察，是有准备地获取材料的方法，它根据调查的目的，对调查对象作深入细致的全面了解，对收集的材料进行分析研究，从中找出本质性、规律性的结论。调查的方法有多种，如问卷调查、开会调查、个别采访等。只有通过多种方式的调查，才能获取真实可靠的材料。

（3）查阅资料。在应用文写作中，为了让写作内容更丰富、更准确、更具体，作者常常要参阅有关文献，参考以往的文件或相关资料，因此查阅资料就显得十分必要。查阅资料是相当便利和普遍的搜集材料的方法，但一定要保证资料的真实可靠性，对查阅的资料要进行审核、校对，确保准确无误，引用时还要注明出处来源。

2. 材料的鉴别

鉴别是选材的基础与前提，精于鉴别则能提高材料选择的有效性与准确性。要想让材料在使用过程中收到"一以当十"的效果，必须对材料进行严格鉴别，反复筛选。鉴别材料包括鉴别材料的真伪、意义和作用等。

（1）识别材料的真伪。材料是否真实可靠，影响着文章的生命。作者从生活中选取材料时，不应贪多务得，"捡到篮中都是菜"，或由于时间匆忙，而不加仔细辨析。从素材中选取题材，再应用到文章中时，应辨察真伪，讲究质量，要选择生活中真实性与代表性相统一的材料。

（2）识别材料的意义。各种事物都有自己的属性，各类材料都有自己的内蕴及相对于主旨的意义。只有清楚地分辨这些属性和意义，方能为选用创造条件和提供便利。所谓识别材料的意义，主要是指识别材料对表现写作意图的意义，从众多材料中寻找其中与写作意图相切合的材料。

（3）识别材料的作用。材料的作用即材料对表现意图的价值。识别材料的作用，就决定了材料在文章中所处的地位。要仔细辨别材料在文章当中起主要作用还是次要作用；可以作直接表现主旨的材料，还是作间接表现主旨的背景材料，以便做到材尽其用。

（三）材料的选择和使用

应用文写作中，在搜集材料方面，提倡多多益善，"以十当一"，以多为佳；但在选择使用时要求"以一当十"，以精为上。

材料的选择要遵循以下几个原则：

1. 要围绕主旨选择材料

主旨与材料是统帅与被统帅的关系,所有材料都必须受主旨支配,为主旨服务。脱离了主旨,材料就会失去作用,因此选择材料首先要服从主旨的需要。凡是能充分表现、说明、突出、烘托主旨的材料则选之;凡是与主旨无关的材料,哪怕是看起来极为生动,作者十分喜爱,也应坚决舍弃。根据主旨的需要决定材料的数量、类别和详略。材料反映出来的意义与主旨的意图、目的必须一致,这是应用写作的基本要求。如果材料与主旨关系不紧密,就会跑题,可能"下笔千言,离题万里",这是选材时需要特别注意的。

2. 要选择真实、准确材料

切合材料的实际。写作材料自身有其独特的内蕴、价值及表现主旨的功用,因此,选择材料要注意切合材料自身的特点和实际。首先,在能够表现主旨的材料中,要选择真实准确的材料。古今中外的作家对材料的真实性、准确性都十分重视,例如,毛泽东同志写《湖南农民运动考察报告》时,深入湖南省五个县,作了三十二天的深入细致的调查,掌握了大量的真实而准确的材料,写出了这篇考察报告,得出农民运动是"好得很"而不是"糟得很"的正确英明的结论。其次,应用文的材料真实与文学作品不同。文学作品允许虚构内容,可以进行艺术加工,只要符合艺术真实即可。而应用文则不同,"真实"即必须符合客观事物的原貌和实际情况,不能夸大或缩小,更不能杜撰,必须确凿无疑。不论记人记事,还是地名和数据以及引文,写作者都要认真核对,做到准确无误。切忌张冠李戴、添枝加叶、马虎大意。

3. 要选择典型的材料

应用文写作应选典型深刻的材料,即具有广泛的代表性,能以个别、特殊说明或反映普遍、共同的事物或事理,同时又具有丰富的内蕴、能揭示事物本质的材料。材料要具有广泛的代表性和强大的说服力,才能被称为典型材料。文中使用的事例、数据等材料不在多,而在精,要能"以一当十"。这就要求注意选用最具分量、最具代表性、最能说明问题、最能揭示事物本质的材料。只有典型的材料,才能提炼出深刻的主旨,否则,文章就会平淡无奇。

4. 要选择新颖的材料

新颖的材料能给人耳目一新、时代感强的印象,能有力地体现作者的意图,具有新鲜性和感染力,能够增加文章的可读性。所谓新颖,一是指新近发生的;二是指虽非新近发生的事实或新近提出的观点,但不为一般读者所知的材料。如新人、新事、新气象、新数据、新成果、新问题及新做法等。另外,还包括一些老的材料,我们也可从新的角度去审视、选取。应不断变换视角,从老材料中挖掘出新内涵。

在应用文写作中,材料的使用要做到以下两点。

(1) 恰当安排材料的先后顺序,使材料条理化。对于材料使用的先后,一般来说,安排顺序应遵循以下原则:一是按照时间的先后,二是依据材料的重要程度,三是照顾事件之间的逻辑关系,四是依从说理顺序,五是考虑行文方便等。总之,遵循的原则是便于读者接受。

(2) 合理安排材料的详略。写作时,对于材料的使用,不可以平均用力,有的材料需详尽具体展开,有的只需要简单介绍,有的需一笔带过,写入文章的材料大多不能按材料的原来面貌表现,可按以下要求来安排:一是要根据主旨表达的需要进行安排,对能够表达主旨的典型材料要详尽,一般交代的材料要简略,主要材料要详,次要材料要略,所有材料都要服从主旨需要;二是要根据文体特点进行安排,不同的应用文书具有不同的特点,像通知、制度这类公文的特点在于直言、告知,说明部分详写,叙述、议论部分可不写或少写;像总结、报告类文书需以"事"显理,叙述部分详写,议论说明部分略写;像演讲稿这类论文需以"理"服人,说理、议论部分则要写详尽。因此,使用材料还需要适应文体的"个性化"要求,适合文体表达的需要。

复习与思考

一、应用文写作主旨的含义是什么?
二、应用文写作的主旨有几种表现形式?
三、应用文写作对主旨提出哪几方面的要求?
四、应用文写作如何积累和鉴别材料?
五、应用文写作选择材料应遵循哪些原则?
六、应用文写作如何使用材料?

第二节 应用文的结构

学习目标

1. 掌握应用文结构特点及写作要求。

2. 学会写应用文的开头与结尾,合理安排段落与层次,巧妙地过渡和照应,为以后写作各种应用文体打好基础。

理论知识

　　所谓结构,又称"谋篇布局",就是文章的组织和构造,是文章内容的重要表现形式,是作者思路在文章中的具体体现。文章的结构基本包括:开头与结尾,段落与层次,过渡与照应。应用文也要讲究结构艺术,它要按照文章主旨和体裁的要求,对材料加以合理安排,做到条理清晰、层次分明、前后一贯,构成一个统一整体,呈现形式上的完美与和谐。

　　应用文在结构安排上表现为格式的定型化和结构的模式化。应用文的结构通常由标题、正文、落款组成。正文常分为开头、主体、结尾三大部分,有些文体有着相对定型的标题,如计划、总结、通知、通告等文体;结构上也有惯用的模式化,如书信类文体,有着惯用的开头、结尾等。随着电脑与网络办公的推广与普及,应用文约定俗成的格式和模式化的结构会越来越被广泛接受。

　　一、开头与结尾

　　(一)开头

　　开头,就是文章所叙写事件的开端,或者是议论问题的提出,即我们常说的"起笔"。开头的好坏,牵动着整个作品的构思,直接影响表达效果。开头写得好,既能诱发文思,使主体顺利展开,主旨得以圆满表现,又能抓住读者心理,引起他们的阅读兴趣;开头写得不好,会阻塞文路,使行文难以继续。

　　应用文写作开头起着统领全文、揭示主旨、表明意图的作用。开头要开门见山,直接表述,不要转弯抹角。应用文写作常见的开头有以下几种方式。

　　1. 概述式

　　概述式是应用写作中较为常见的一种开头方式,文章开头直接概括叙述事件的基本情况、有关问题或工作的进展、背景材料等,为正文的展开介绍前提条件或背景情况。报告类(述职报告、调查报告、读书报告等)、总结类(学习总结、工作总结等)文体经常使用这种方式。

　　2. 目的式

　　这种开头方式在文章开头直接写明开展某项活动或举措的宗旨、意义。开头经常使用"为了""为"等词语,表明行文目的,也常用"根据"等句式表明行文的依据,如规章制度、倡议书、计划、通知等文体经常使用这种方式。

3. 依据式

这种开头先引用上级指示精神、有关法律法规或有关单位来文内容,说明行文依据。常以"根据""按照""遵照"等词语领起下文。函、通告、通知等文体经常使用这种方式。

4. 提问式

应用文写作以提出问题的方式作为开头,引起读者的注意,引导读者展开思考,对问题进行解答。这种方式常见于调查报告、通讯、学术论文等文体写作中。

开头写法尽管灵活多样,但都必须做到开宗明义,应力求切题、新颖、简洁和自然。还有一些文体采用段篇合一的结构形式,没有单独的开头,如转发、印发类通知。

(二)结尾

结尾,就是所叙写的事件的结局,或者是议论问题的结论,是文章正文主体部分的自然延伸和归结,是对全文的收束,起到深化主题的作用。俗话说:"编筐编篓,重在收口。"可见最后一道工序的重要性。好的结尾,不仅能使主旨得到深化,而且能增强文章的表现力。

应用文的结尾,一般说来言尽意止,往往不用那种语言含蓄、余味无穷的艺术形式。从形式上看主要有固定结尾和自然结尾两种。所谓固定结尾,是针对具有固定格式(包括法定格式和习惯格式)的应用文章,它必须按照规定格式写作。例如,请示的结尾,必须作出请求上级对具体问题或实际困难予以批复的意思表示,通常使用"当否,请批示""妥否,请批复"等惯用语句。所谓自然结尾,则是根据主旨和内容表达的需要,自然作结,有话则长,无话则短,意尽言止。无论采用哪种方式,应用文结尾都应当简明扼要,不要画蛇添足。

应用文结尾方式主要有以下几种。

1. 请求式

这种结尾方式在结尾处写出向上级或有关部门提出请求批准、批复或请求对方帮助之类的话语,常用于上行公文,如请示、报告;也用于联系工作、商洽事务的求职信、函等。经常使用"请批复""当否,请指示""期待回复""请予接洽"等话语。

2. 强调式

强调式就是在结尾处对文中提出的问题作强调说明,引起读文者的重视,便于文件的贯彻执行。这种结尾方式多用于公文中的下行文,如批复、纪要、通报、通告等,经常使用"以上各点,希遵照办理""望认真执行"等用语,以便准确向下级传达精神、布置工作并提出执行要求。强调式结尾有时也在结尾处对具体问题提出意见、建议及努力的方向等。

3. 说明式

这种结尾方式常用来对与主体内容相关但性质不同的问题或事项作补充交代、说明,保证内容的完整性。如通报、规章制度类文书,结尾交代施行日期、执行范围、传达对象,以及说明与该文规定不符的原有规定如何处置、尚未解决应另作讨论的问题等。

4. 总结式

在正文展开论述的基础上,结束全文时,对文中的主要观点或问题作出归纳和总结,使读者对全文有一个完整的印象,加深对文章主旨的理解。这种方式常用于篇幅较长、材料较多的文章,如述职报告、调查报告和毕业论文等文体。

5. 号召式

这种结尾方式在结尾处提出希望,发出号召,展望未来,有时也使用概括性的语言表达祝愿或表示对今后工作的信心和努力方向,达到行文目的,常用于工作总结、倡议书、讲话稿、慰问信、欢迎词等文体。

除了上述几种结尾方式,有些应用文可根据主旨和内容的表达需要,将结尾融入主体,意尽而言止,自然收束。例如,有些消息事件报道结束,文章自然结尾。

二、段落与层次

（一）段落

段落也称自然段,是作者为了表达文章内容的需要而形成的分隔、停顿。应用文体正文划分段落的目的,着眼于表达效果,在于清晰、有顺序地把文章内容展现出来,让读者理清问题的头绪。

段落与层次既有联系又有区别：段落侧重于文字表达的需要,层次着眼于思想内容的划分。层次一般大于段落,即几个段落表达一个层次；但根据内容表达的需要,段落也可以等于层次。

应用文书正文书写中,划分段落要做到以下几点：

1. 单一

一段文字要集中表达一个意思。这个意思,一般地叫作"段旨"或段的中心意思。段落的单一性,就是说不能把一些互不相关的意思混杂在一个段落里一起说,否则,会造成内容杂乱,读者抓不住中心。

2. 完整

一个段落要完整地表达一个意思。不能在同一个段落里,这个意思没说完,又去说另外一个意思,也不可把一个意思分散在几个段落里表达,这样会使文章的内容混杂,层次错乱,给读者造成理解上的歧义。

3. 有序

构成段落的句子之间表达要有次序,要有严谨的逻辑性和连贯性。合理划分段落,注意长短适度、匀称得当,既要服从应用文体内容表达的需要,又要符合读者的阅读心理和阅读习惯。

应用文常见的段落形式有三种:

1. 条文式

条文式用数字序号标明条文项目,结构清晰,内容一目了然,经常应用于法律、法规、制度、合同等文体中。

2. 提行式

以另起一行的方式显示段落,例如,纪要常以"会议指出……""会议强调……"等,另起一行突出段旨,调查报告以"调查发现……""数据显示……"等作为段落的区分标志。

3. 段篇合一式

指整篇文章为一段的分段方式。例如,传播文书中的启事、声明等文体,事件内容明确、单一,经常运用这种方式。

无论运用哪种方式的分段,都应保持段落的相对完整,一段文字要集中表达一个意思。既不能在一个段落中意思表达不完全,也不可把一个意思分散在几个段落里表达。

(二)层次

层次即"意义段",它是作者思路展开的步骤。作者在布局谋篇过程中,要把一堆散乱无序的材料,围绕主旨组成一篇井然有序的文章,首先需要形成层次、排列层次。层次是结构的核心,没有层次就没有次序和条理,也就无法组织文章的结构。

对于写作应用文来说,作者在动笔前划分层次,实质上就是对纷繁复杂的材料进行纵向或横向层面的科学归类。一种类别材料的组合,就形成一个层次。层次的划分充分体现了作者思想认识的各种阶段和各个侧面。文章常见的层次表现形式包括纵向式、横向式和纵横交错式。

1. 纵向式

纵向式是指文章的层次以事物的纵向发展、延伸进行安排的一种结构形式,主要包括:按照事物的演变过程排列,按照作者感情的发展脉络排列或按照作者认识由浅入深的变化过程排列,各层次之间的关系是先后关系或递进关系。

2. 横向式

横向式即按照事物的各个侧面安排层次,包括按照事物内在矛盾的各个侧面安排层次、按照事物外部的方位变换安排层次等形式。采用横向式安排层次,各层次之间是并列关系。

3. 纵横交错式

纵横交错式即按照时间推移结合空间转换、递进式说理与并列式说理相结合安排层次等。这种安排方式,多用于记叙比较复杂的事件和阐述比较深奥的道理。

层次与段落既有联系又有区别,而文章的结构形态,说到底就是段落或层次以不同方式的排列组合。有时一个层次包含几个段落,有时一个段落又包含几个层次。

三、过渡与照应

(一) 过渡

过渡,就是文章层次和段落之间的衔接和转换,它在文章中起承上启下的作用,犹如上下文之间的黏合剂。过渡性文字可以发掘文章前后层次之间的内在联系,使前后相关的两个层次和段落自然衔接,上下连贯,做到天衣无缝,浑然一体。

在应用文写作中,首先,文章内容转换处,要安排过渡;其次,在表达方式和表现方法变化时,由叙述转为议论,或者由议论转为说明时,需要安排过渡;再次,阐述说明问题,在结构上由总到分、由分到总时,也要安排过渡。

过渡的方法主要有三种:一是采用过渡段,在转换幅度较大的段落与层次之间安排一个承上启下的过渡段,表示上下文的衔接;二是采用过渡句,在前一段末尾总结上文,或在下一段开头提示下文;三是采用过渡词语,表示段落间各种关系的转换,例如,常用"因为"表示因果关系的过渡;用"还应着重强调""特别值得注意的是"表示递进关系的过渡,用"一般来说""综上所述""有鉴于此"表示一般与特殊关系的过渡,用"为什么""怎么样"进行两个层次间的设问过渡。

(二) 照应

照应,就是文章前后内容的关照呼应。前面写到的内容,后面要有照应;后面写到的问题,前面要有伏笔。照应并不是简单的文字重复,前后呼应,相互关照,它的作用是加强文章内容的整体关照和必然联系,使应用文内容严密紧凑,增强整体感。

应用文常见的照应方式有文题照应、首尾照应和行文内容的前伏后应三种。

1. 文题照应

即文章内容照应标题,这种方法在应用文中使用广泛,文对题的照应突出表现在开头和结尾部分,应用文的标题往往体现其主旨。如学术论文、工作报告中常常使用这种方式。

2. 首尾照应

开头有交代,结尾加以照应,在结尾处对开头提出的问题、观点,或作小结,或作出回答,或提出建议,使文章前后照应,语意贯通。

3. 行文内容的前伏后应

即围绕主旨,在行文中反复多次相互照应,突出主旨和中心事件,加深读者的印象。这种照应,可使文章更加紧凑、连贯,增强逻辑性。

综上所述,应用文写作安排结构时,首先应该做到为主旨服务,根据主旨及文章表达语意的需要,合理地布局谋篇,还要考虑具体的文体特点,做到自然严谨、和谐统一。

复习与思考

一、应用文开头有哪几种常见的方式?怎样写好应用文的开头?

二、应用文结尾有哪几种方式?怎样写好应用文的结尾?

三、什么叫段落?应用文常见的段落形式有哪几种?

四、段落与层次有着怎样的关系?

五、应用文划分段落要做到哪几点?

六、什么叫层次?层次的常见表现形式有哪几种?

七、什么是过渡和照应?

八、在应用文写作中,什么时候需要过渡?过渡的方式有哪几种?

九、应用文有哪些常见的照应方式?

第三节 应用文的语言

学习目标

1. 了解应用文的语体特点,掌握语言表达上的要求,为以后学写各种应用文体做准备。
2. 掌握应用文语言表达方式的基本要求,恰当使用应用文的语言。

理论知识

语言是人类用来交流思想、表达情感的最重要的交际工具,应用文中的语言表达以书面语为主,主要使用通用的事务语体。应用文是一种处理公私事务的工具,是用来说明事实、解决实际问题的,侧重于"以事告人"。应用文写作重在应用,语言以平实为本,目的是在最短的时间内,把写作者最需要表达的意思最有效地表达清楚。因此,应用文的语言讲究准确、规范、简洁、严谨,不产生歧义,做到"文约而事明"。

一、应用文的语体特征

(一) 通用的书面语体

应用文以书面语为主,主要使用事务语体,是全社会认同的通用语体。事务语体的最大特点就是平实,通俗易懂,质朴实在,不堆砌词藻,不生造词语,不说空话废话。应用文通常不采用个性化语言、方言俚语以及超常规的句式和生僻字词,一般不用口头语。

为了表达的庄重、简洁,应用文中尚保留使用相当数量的文言词汇。应用文要求语言简明,而文言文是表达简明、内容丰富的语言形式。在应用文的发展历程中,有一些凝练、典雅的古典词汇流传沿用至今。如"兹""拟""尚""悉""谨""予以""责成""业经""承蒙""妥否""承蒙""希予接洽"等文言词语,作为惯用词语,一直保留在应用文的写作中。这些文言词语的使用,使应用文语言更具书面语体特征,表现出应用文语言具有庄重、大方的语言风格。

(二) 固定使用专门用语

应用文的语言要求准确简明,在选词上极其严谨,历经实践,约定俗成,形成了鲜明的语体特征。下面是一些常用的应用文专门用语。

1. 称谓用语

称谓用语即表示称谓关系的词。在第一人称"本""我"后面加上单位简称,如本(部)、我(院);在第二人称"贵""你"后面加上单位简称,如"贵(处)""你(局)";在第三人称"该"称呼后面加上单位简称,在应用文中使用广泛,可用于指代人、单位或事物,如"该(同志)""该(处)""该(班级)"等。

2. 开头用语

开头用语用于说明发文缘由,包括意义、根据,或介绍背景材料及情况等。例如,为、为了;根据、按照、遵照、依照;鉴于、关于、由于;兹、兹有、兹介绍、兹派、兹聘等词语。

3. 承启用语

承启用语又称过渡用语,即承接上文转入下文时使用的关联、过渡词语,如为此、据此、故此、鉴此、综上所述、总而言之、总之等。

4. 引述用语

用以引出应用文撰写的根据、理由或应用文的具体内容的词。常用的有根据、按照、为了、遵照、前接、近接、现接、悉、敬悉、收悉、惊悉、欣悉等。

5. 经办用语

经办用语是用以说明公务处理情况或要求的词,如经、业经、均经、即经、现将、已经、兹经、办理、试行、执行、贯彻执行、研究执行、参照执行、切实执行等。

6. 祈请用语

祈请用语又称期请词、请示词,用于向受文者表示请求与希望。主要有希、即希、敬希、请、望、敬请、烦请、恳请、希望等。

7. 商洽用语

商洽用语又称征询用语,表示征请、询问对有关事项的意见和态度的用语。如当否、妥否、可否、是否妥当、是否同意、如无不当、如果可行等。

8. 谦敬用语

谦敬用语即向对方表示感谢时使用的词语,如谨请、恭请、蒙、承蒙、惠、惠允、惠寄、惠赠等。

9. 命令用语

命令用语即表示命令或告诫语气的词语,引起受文者的高度注意。其中,表示命令语气的语词有着、着令、特命、责成、令其、着即等;表示告诫语气的词语有切切、毋违、切实执行、不得有误、严格办理等。

10. 目的用语

目的用语即直接交代行文目的的词语,以便受文者正确理解并加速办理。用于上行文、平行文的目的词,还须加上祈请词,如请批复、请函复、请批示、请告知、请批转、请转发等;用于下行文的目的用语如查照办理、遵照办理、参照执行等;用于知照性的文件如周知、知照、备案、审阅等。

11. 表态用语

表态用语即回复用语,针对对方的请示、问函,表示明确意见时使用的词语。如应、应当、应该、同意、不同意、照办、可办、不可、可行、不可行、准予备案、特此批准、请即试行、按照执行、迅即办理、原则同意、原则批准等。

12. 结尾用语

结尾用语即置于正文最后,表示正文结束的词语。包括用以结束上文的词语,如此布、特此报告、特此通知、通知、批复、函复、函告、特予公布、此致、谨此、此令、此复、特此等;再次明确行文的具体目的与要求,如为要、为盼、是荷、为荷等;表示敬意、谢意、希望,如敬礼、致以谢意、谨致、谢忱等。

上面所列常见的专门用语,或在结构上引起开端、导向过渡、收束煞尾;或在语意上表示郑重、强调;或在意向上提出请示,表示盼望。要运用恰当,就要认真熟悉其用法,并根据行文实际情况灵活处理。

二、应用文写作对语言的基本要求

应用文是解决实际问题、处理具体事务的工具,其语言运用应遵循准确、简明、平实、得体的基本要求。

(一) 准确

准确是对应用文语言最基本的要求,也是最高的要求,有人称之为应用文语言的"第一要求"。叶圣陶先生在谈公文写作时说过,公文写作的语言必须一清二楚、表达明确,做到句稳词妥,通体通顺,让读者清楚地了解你说的是什么。要实现这一要求,首先应做到概念准确、把握分寸,要认真辨析词义,精选中心词,尤其要注意同义词、近义词的细微差别,同时还应力避歧义,以免造成误解,影响工作;其次,句子要合乎语法、逻辑,数据、图示要准确无误,人名、地名和引文等不能有丝毫差错。

(二) 简明

应用文有很强的政策性、实用性。应用写作以高效和迅速地传递信息、处理公私事务为己任,以取得社会效益和经济利益为目的,具有很强的时效性和实用性,其语言在准确的基础上,还应简洁畅达、精练明快。应用文语言要求文字简短,表述直截了当、言简意赅,使人一看就懂,不能模棱两可,不能有再创造的余地,不用或少用比喻,不用或少用具有描写性和感性色彩的词语。例如,《中华人民共和国宪法》第二章第四十五条:"国家和社会保障残废军人的生活,抚恤烈士家属,优待军人家属。"该条中的"保障""抚恤""优待"三个词语准确、简明地表达出对三种人的不同政策。

（三）平实

应用文是应实际需要而形成并应用于具体事务的工具文,重在实用,所以用语应平实质朴、浅近通俗,忌华丽雕琢,不大肆渲染,不堆砌词藻,避免生僻词句。应用文写作立足意思表达,以阐释作者思想观点为基本宗旨,不以追求"语不惊人死不休"的表达目的,反对做作、浮夸,讲究朴素、平实,要做到语言标准规范、通俗易懂、朴实明白。

（四）得体

应用文都有特定的功用和读者对象,因此,写作时应根据行文目的、接受对象选择相应的语体、语气。得体是指写作中对客观事物的表达要恰当、谨慎、严肃。应用文的语言使用和行文关系、文种紧密结合在一起,讲究庄严持重、适度,反对轻佻俏皮、随性任意,讲究刻意创造严肃的气氛并在行文中精心维护这种气氛,这与文艺作品追求的生动活泼有所不同。只有语言得体,才能收到预期表达效果。写作时,应从以下几方面来考虑用语的得体。

首先,应用文的语言要让对方乐于接受、易于接受。要区分对象,采用对方乐于接受、易于接受的言语。

其次,应用文的语言要注意特定的场合与氛围,要做到和谐协调。如贺喜时不说丧气话,严肃的场合不说俏皮话等。又如写请柬,用于商店开张、会议开幕的可以写"敬请光临指导",而用于结婚宴请的则不宜用"指导"之类词语。

最后,应用文的语言色彩要符合特定的行文目的及内容性质的要求。如颁布政令时要庄重严肃;通报错误时要说理严肃、义正词严;申请要求时要平和委婉;报喜祝捷时要热烈欢快等。

综上所述,在长期的写作实践中,应用文的语言经历了从文言文到现代文的发展,经历了与外来语言的融合,形成了自身独特的风格,整体呈现出准确、简明、庄重、平实的特点。它对比喻、拟人、借代、夸张、衬托等修辞方法的使用有一定的限制。文学写作注重语义的丰富性,需要用多种多样的表现方法,语言讲求灵活生动、含蓄新颖,以期达到特定的艺术目的。而应用文体则讲究朴素、平实,要做到语言准确规范、通俗易懂、朴实明白,不同的应用文体对语言的运用还有其具体的要求。因此,在写应用文时,语言的运用要符合不同的文体要求,体现出不同的语体个性。

三、应用文的表达方式

由于不同体裁的文章所表现的对象、内容和写作目的不同,因此其采用的表达方式也不同。基础写作理论概括出的语言表达方式有五种:叙述、说明、议论、抒情和描写。应用文作为一种实用性的文体,是为了解决问题和处理问题的,它有很强的实用功利目的,因此,常用的表达方式是叙述、说明和议论。除了在一些宣传、书信类文书、广告语、倡议书等文书中有时使用抒情和描写外,在应用写作中,基本不使用或很少使用。

(一)叙述

1. 应用文中叙述的含义

叙述是应用写作中最常用的表达方式,主要用来介绍事件的基本情况,介绍事件发生、发展与变化的过程,介绍人物的经历和事迹,介绍问题的来龙去脉、说明原委等。应用文一般都要涉及一定的事件或事项,因此必须采用叙述手段陈述事实、过程。

2. 应用文叙述的基本要求

(1)叙述真实准确,不带主观感情色彩。应用文作为一种实用性的文体,是为了解决问题和处理问题的,应用文中叙述事件的基本情况,介绍事件发生、发展与变化的过程等都要客观真实、准确无误,不能带有个人感情倾向。

(2)运用顺序的方式,概括叙述事实内容。应用文写作在运用叙述这种表达方式时,应采用概括叙述的方式而不宜详细叙述。叙述要客观、完整,线索要清楚。应用文书写作大多采用顺序的方式,如调查报告、总结等,通常按照事件的发生、发展的顺序来进行叙述,很少运用倒叙的方式。

(3)采用第一人称、第三人称的叙述方式。叙述的人称,是作者进行叙述的角度。应用写作要注意叙述人称的选择,叙述的人称主要使用第一人称和第三人称。第一人称是指作者在文章中以当事人、见证人的身份进行叙述,即我、我们、本(单位)等。一般报告、总结、计划、读书笔记等运用第一人称写作。第三人称是指作者在文章中以局外人的身份进行叙述,即他(她)、他们等。如通讯、通报、教学设计等经常运用第三人称写作。有些文书如书信、说课稿等也能用到第二人称,但仍以第一人称为主。

（二）说明

1. 应用文中说明的含义

说明，即解释或解说，是用简明而准确的文字对事物的性质、状态、特点、功能、成因、关系、功用等进行介绍、解释的表达方式。在应用文中，说明成分较重，主要用于解释概念、揭示主旨、交代情况、列举数据、引述资料等。

常用的说明方法有七种：定义法、诠释法、分类法、引用法、比较法、举例法、数据及图表法。

2. 应用文说明的基本要求

（1）准确。说明在应用文中应遵守科学性、准确性的原则，文字通俗易懂、朴实无华。如数据的使用、资料的引证等要精确，有据可考，以此增加文章的科学性。

（2）简明。应用写作中，说明往往与叙述、议论关系密切，常常在陈述或议论过程中出现，主要用来解说清楚事物的形态、构造、性质等，要简洁、明了，一读就懂，不能模棱两可。

（三）议论

1. 应用文中议论的含义

议论是对写作客体进行分析、作出判断、表明观点和态度的表达方式。应用文中的议论类文体，如教学论文、毕业论文等，需要对论题提供具体翔实的论据，进行严密的论证，提出正确、深刻、新颖的论点，因而不仅以议论为主要表达方式，而且要完整地运用这一方式。在应用文写作中，议论应用得相当普遍，经常在叙述、说明的基础上，表明对人物、事件、问题的评价，以便更鲜明、更正确地表达观点。

在应用文写作中，一般不作长篇大论，不必论点、论据、论证三要素齐全，也不要求论证过程完整，往往点到为止，不作深入论证，或叙述事实后便下结论，或提出观点后即举例证明，一般不需要周详的论证推理过程。应用文书经常运用的议论方式包括例证法、分析法、引证法、对比法和因果法。

2. 应用文议论的基本要求

（1）夹叙夹议。一边使用说明、叙述方式陈述情况、介绍事实，一边用议论方式予以简明扼要地分析、评论，边叙述边议论。

（2）简单论证。开门见山地提出见解、表明观点，不作详尽的论证、阐释，直接用判断句式表述"是什么""要怎样""应该怎样"等。

（3）立论为主。应用文以阐述正确观点为主，应用文中的议论，多为立论；

即使有所批驳,也是以"立"为主,以"破"为辅。

（4）正面论证。一般以正面材料论证其观点、立场,较少使用反面材料反证观点、立场,目的是弘扬正能量、正面灌输、正面导向。

总之,叙述、说明、议论等每一种表达方式,都是为表现文章主旨服务的。这些表达方式常常不是单独使用,更多的时候是多种方式交替、综合运用的,只是有主有次而已。写作者要尽量熟练地掌握这些表达方式,从而实现准确表达主旨、解决实际问题的目的。

一、应用文有哪些语体特征？

二、应用文写作对语言表达提出了哪些基本的要求？

三、应用文写作主要采取哪些表达方式？对这几种表达方式的运用都有哪些具体要求？

四、熟悉应用文写作的专门用语,并在各种文体写作中加以恰当运用。

第四节　文面书写与文本规范

学习目标

1. 了解文面书写与文本规范对表达文章内容、实现写作目的的重要意义,从而高度重视文面书写,养成规范表达和规范书写的良好习惯。

2. 学会整理文面,掌握应用文文面书写和文本规范方面的基础知识,为规范文本写作、正确写作应用文打好基础。

3. 学习并掌握应用文文面书写、文本格式规范以及标点符号规范等方面的要求,做到文面规范、整洁、美观。

理论知识

文面书写直接关系到文章内容的表达效果和作者的写作目的能否实现的问题。文面是人们阅读文章时最先形成的视觉外部形态,是读者对文章的第一印象。一篇应用文的内容再丰富完美,表达再生动形象,但如果书写错误百出、格式随意混乱,自然会影响文章的表达效果,影响解决问题进程,甚至产生歧义,闹出笑话,给读者及社会带来不必要的麻烦。为了准确无误地表达观点,提高解决问题的效力,实现写作目的,必须重视学习文面书写与文本规范方面的知识,以高度的责任感,认真做好文面书写工作,养成准确表达和规范书写的良好习惯,为写好各种文体打好基础。

一、文面书写的内容和要求

文面书写的内容包括文字的书写、标点符号的书写、数字(包括计量单位)的书写、标记序号的使用、时间词和名称的运用以及注释、附录的方法等。

(一) 文字的书写

1. 规范正确

文字书写要遵守《中华人民共和国国家通用语言文字法》,合乎规范要求。字形要合乎《通用规范汉字表》(2013年6月由国务院正式发布)中规定的要求。

2. 不写错字、别字,不写不规范的简化字、繁体字和异型字,不生造字

汉字是表意文字,具有独特的构字方式。它的字形都与表音、表意有很大的关系,它的笔画构造都有其特定的意义,多一笔、少一笔或者改变它局部的位置,都会影响它的表意功能,因此,写应用文时一定不能写错字、别字,否则会造成意想不到的危害。也不要写《通用规范汉字表》中没有公布使用的简化字、被简化的繁体字,不写宣布废止的异体字,更不要生造汉字。

3. 书写清晰工整、美观大方

写作时要检查书写是否规范清楚、笔画是否准确无误,切忌潦草难认,还要检查书写是否美观大方,只有把字写得匀称、协调,才能增加读者阅读的美感。

资源链接

《中华人民共和国国家通用语言文字法》

(二) 标点符号的书写

标点符号是书面语言的有机组成部分,它能帮助人们确切地表达思想感情和理解书面语言,是书面语言不可缺少的辅助工具。应用文的写作和书写要克服重文字、轻标点的倾向,正确、规范地使用标点符号。

标点符号书写时需注意以下几点:

1. 点号的书写

各种点号均不得写在行首,如逗号、句号等。若遇转行,应把点号写在同行末格之内或之后。

2. 引号、括号、书名号的书写

引号、括号、书名号的前半部分不能写在一行的最后一格,遇上转行,可将末尾几个字的间距略放宽一点或空末格,而将符号写在下一行之首;后半部分不能写在一行之首,遇上转行,可将末尾几个字挤拢一点,而将符号写在同行末格或末格后面。

3. 省略号、破折号的书写

省略号、破折号均占两格,横写于格子正中,二者皆不能分写在两行内,遇上转行,可把上行末尾几字间距放宽些或空末格,转到下行首写。

资源链接

《常用标点符号用法简表》

(三)数字的书写

应用文中的数字书写方式,应根据 2011 年 11 月 1 日实施的《出版物上数字用法》的要求,做到规范、统一。文章中的数字书写分阿拉伯数字和汉字两种方式。

1. 使用阿拉伯数字书写

当所表示的数目比较精确时,均应使用阿拉伯数字书写。两个阿拉伯数字占一格,均匀书写,一个用阿拉伯数字书写的数字,不能断开,不能转行书写。

使用阿拉伯数字书写的情形如下:

(1)公历世纪、年代、年、月、日和时刻。如公元前 6 世纪、2015 年 10 月 5 日 15 时 26 分 28 秒。年份一般不能简写,如 1998 年不应写成"98 年"。特定的月日,如"3·15"消费日,中间要用间隔号隔开。人物的生卒年月也用阿拉伯数字书写,如鲁迅(1881.9.25—1936.10.19)。

(2)统计表中的表示数值的数字。如正负整数、小数、百分比、分数、比例等,必须使用阿拉伯数字。

(3)用于计数与计量的数字。如温度显示 25 ℃、飞行高度 2859 m 等。

(4)编号数字。如门牌(606 号)、街道(红旗街 158 号)、部队编号(83526

部队)、文件编号(人事局发【2018】1号文件)、列车车次(60/61次)、其他序号(维生素B12)等。

(5)整数一到十,如果出现在具有统计意义的一组数字中,应该使用阿拉伯数字。如截止到2018年,我校新增6个专业、新增专任教师28人。

2. 使用汉字数字书写

使用汉字数字书写的情形如下:

(1)在定型的词、词组、成语、惯用语中出现的数字,必须使用汉字书写,如七上八下、三叶草、四书五经、不管三七二十一、诗三百、八九不离十等。

(2)连续的两个数字表示概数时,必须使用汉字,如五六十岁、二三十个等。

(3)带有"约""几"字样的约数,一般使用汉字,如几千元、几百万分之一、约四十种、约三十天等。如果文中既有精确数字又有约数时,为了保持同一篇文章体例上的一致,约数也可以使用阿拉伯数字。

(4)数量词词尾带"多""余""上下""左右"等表示约数,一般多用汉字,如三百多年、二十余人、七十岁上下、十天左右等。

(5)从一到十的整数,如果不表示统计意义,可以用汉字,但要照顾上下文,在一篇文章中应统一体例,或者统一使用汉字,或者统一使用阿拉伯数字。

(6)表示星期几、中国清代以前的历史纪年,如星期三、正月初六、咸丰二年等,一律使用汉字。

资源链接

《出版物上数字用法》

(四)标记序号的书写

序号是标明文章安排内容的顺序以及结构层次之间从属、大小关系的数字形式。使用标记序号可以使读者对文章的内容、结构有比较清晰的感官印象。应用文写作经常用到标记序号。

文章序号一般使用"章""节""部分""条""项"来标记,通常使用的序号依次为:第一章、第一节、一、(一后面为顿号)、(一)、1.(1后面为实心圆点)、(1)、①,即五级序号依次为:一、(一)、1.(1)、①,逐级排列,切忌混乱使用。如果这样五级还不能表达完全,再下面的叙述可以分为"第一""第二",或者"首先""其次"等。

（五）时间词的运用

1. 一般情况下，用汉字表示时间

特别是农历时间遵从习惯，一般用汉字表示，不用阿拉伯数字。如果考虑行文书写上的一致，使用阿拉伯数字表示时间时要全篇文章统一。

2. 用公历表示年代时间

公文中出现我国历朝历代年号时，应加注公历时间，如民国六年（1917年）。

3. 表示时间的数字要写完整，不能省略

如"1992年"不能写成"92年"。

4. 应用文中，日期的书写要写清具体的"年""月""日"

尽量少写"最近""今天""明天""昨天"等时间词，如果用了，就要在文后标清具体日期。

（六）名称的运用

同一人名、地名、称谓等，在一篇文章中多次出现时，要前后一致。各种名称在文章中首次出现时，尽量使用全称。应用文写作中，避免使用交代不清的名称，如"组织上""上级""群众"等名称。

二、文本规范的内容和要求

在长期的应用写作实践中，应用文体大多形成比较固定的惯用格式，体现出文本使用的规范性。2012年4月16日，中共中央办公厅和国务院办公厅联合下发了《党政机关公文处理工作条例》，随后，国家质量监督检验检疫总局和国家标准化管理委员会于6月29日发布了GB/T 9704—2012《党政机关公文格式》国家标准。这是国家规定。还有行业或约定俗成的规定。如行政公文要按照国务院的有关规定执行，行业文书要按照有关的行业规定执行，事务文书、日常应用文书也都要按约定俗成的规定执行。使用文本规范的惯用格式，都是为了沟通交流的便捷，提高解决实际问题的效率。

文本规范主要指文体格式规范、行款格式规范。

（一）文体格式规范

应用文写作注重实用，往往要按照一定的程序进行，如行政公文的拟稿、核稿、签发等程序都有严格的规定，专业文书中的法律文书的起草和交办也都有严格的程序。与文学创作不同，作家对于文学创作的拟稿、修改、发表是自由的，没有固定的程式；而应用文讲究的是规范，代表的是威严和信誉，而格式是应用文规范性最强的体现。如申请书常见的格式如下：

```
          标题→申请书(居中)

称谓(顶格写部门、组织的名称或领导人的名字):
    正文(申请缘由、事项)→由于……,需要申请……,恳请领导批准。


落款:  署名(标在右下,右空两格)→         申请人:×××
       时间(标在署名下,右空两格)→        ××××年×月×日
```

应用文特别注重格式的规范使用,如果格式不对,其他一切无从谈起。不同的文种有不同的格式,通知不等于公函,工作总结不等于述职报告,说课稿不等于评课稿等。我们必须掌握这些格式,决不可"破格",否则就影响应用文的沟通与交流的功能。

(二)行款格式规范

应用文写作的行款格式就是文字书写的行列款式,主要有以下几个方面要求:

1. 标题

居中书写,左右空格相等,上下各空一行。标题只有两个字的,两字之间可空一格。如果有副标题,就应在正标题下退后两格用破折号领起,也可按左右居中的原则书写,正副标题间不空行。文章内的小标题,也要左右居中书写,上下各空一行。

2. 分段

正常行文时,每段开头空两格。有的文体情况特殊,如书信、请假条等,有时需要顶格书写,有时需要退格书写。

3. 引文

较短的引文,可以写在段中,引用原话加引号;如果只引用其意而不引原话,只用冒号,不加引号;较长的引文,可另起一行,单独成段。引文段左右均缩进两格(开头缩四格),上下各空一行,去引号;也可前面缩两格,后面不缩,上下不空行。

4. 署名

在标题下面,空一行,居中书写;也可以写在文末右下方。

5. 附注

文章中生僻的词语、典故、引文,需要加以注释,进行解释说明。

附注有三种注法。

（1）夹注,紧接在所注字、词、句之后,注文用圆括号括起。

（2）脚注,注文写在正文当页下方,注文与正文用一横线隔开。

（3）尾注,又叫文末注,在文章末尾(或每章、每节之后)依次作注。脚注和尾注的加注字、词、句,要用注码①②③……标出,注码单占一格,写在格子右上方。

资源链接

《党政机关公文处理工作条例》

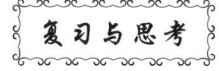

一、文字书写规范包括哪些内容和要求?

二、标点符号书写要注意哪些事项?

三、文面书写规范包括哪些内容和要求?

四、在什么情况下使用阿拉伯数字书写数字?

五、在什么情况下使用汉字书写数字?

六、标记序号的五级序号是怎样排列顺序的?

七、应用文写作使用名称和时间词要注意哪些事项?

八、文体格式规范的含义是什么?主要是指哪些方面的规范?

九、什么是行款格式?应用文写作对行款格式提出哪些具体要求?

第二章 学业文书

内容要求

1. 了解学业文书的含义、特点及种类。
2. 掌握学业文书的内容、结构和写作方法,学会写读书笔记、实验报告、实习报告、调查报告、演讲稿、毕业论文、毕业设计和申论等文体。
3. 学会写学业文书,提高学生运用各种学业文书来解决学习问题的能力。

第一节 读书笔记

学习目标

1. 了解写读书笔记的重要意义,掌握读书笔记的含义、作用及种类。
2. 掌握读书笔记的结构、写法和写作要求,学会写各种类型的读书笔记。

理论知识

一、读书笔记的含义和作用

(一)读书笔记的含义

读书笔记是指人们在读书时,把文章中的重点内容、精彩章节、感受深刻的语句标注下来,并把归纳的认识、理解、体会等记录下来所形成的文字。读书笔记的形式多种多样,可以是读某本书的专用笔记本,摘抄原文、写评论、写心得,便于查找、保存;还可以是分类的卡片、部分内容的复印,或者是电脑、手机的备忘文档,等等。

(二) 读书笔记的作用

1. 帮助记忆,防止遗忘,提高读书效率

好记性不如烂笔头。我们每天接收到大量的信息,读到各种各样的文章,有时会造成思想上的消化不良,过眼即忘,读书千遍不如写一写、记一记,留存下有价值的信息,能帮助我们记忆读书内容,提高记忆力。在读书的时候,写读书笔记是防止遗忘、加强理解记忆的好方法之一。

2. 提高人们的阅读理解能力和语言表达能力

俗话说:"最淡的墨水,也胜过最强的记忆。"边读书边写读书笔记,是一种良好的习惯,通过写就会思考,无形中提升了理解能力,同时,也让我们积累了语言,会潜移默化地提高语言表达能力,进而提高写作水平。

3. 有助于对文章内容的深入理解

写读书笔记时,读者就要思考哪些内容需要记,哪些不需要记,就要去动脑思考问题,对文章内容的理解自然就会加深,甚至受到启发,产生新认识,发现新的问题。

4. 积累资料,储存信息

写读书笔记可以积累大量的第一手资料,为今后的进一步学习研究积累丰富的素材。

二、读书笔记的种类

(一) 评注式笔记

评注是读书笔记最简单的形式,就是边读边在书上做标记,进行圈点批画,在文中空白处写上疑问、评注、心得等。这种方式省时,随想随记,记在书上不易丢失。

(二) 摘录式笔记

摘录式读书笔记,把文章中的重要内容、警醒的语句、有价值的材料、有用的数据等抄摘下来,便于今后查找,为学习、写作、教学、科研留下宝贵的资料,是日常学习积累知识的有效途经,也是为从事研究、写作而收集资料的重要手段。

(三) 提纲式笔记

提纲式笔记是通过阅读,把书中的主要内容、文章中的内容要点,提纲挈领地记述下来,便于整体把握书籍或文章的全貌和行文结构。提纲式笔记适合篇幅较长的书籍文章。

(四) 心得式笔记

心得式读书笔记就是我们在读书或读文章后写出自己的认识、感想、体会、启发和收获,提出自己的观点和见解,记录成文字材料。心得式笔记包括读书札记、读书心得、读后感等。

例文借鉴

【例文一】评注式读书笔记

陶渊明《五柳先生传》读书笔记

长春师范大学文学院　李会杰

先生不知何许人也,亦不详其姓字,宅边有五柳树,因以为号焉。(交代"五柳先生"号的由来,开篇点题。)闲静少言,不慕荣利。好读书,不求甚解,每有会意,便欣然忘食。(这与五柳先生的"不慕荣利"有关。五柳先生读书的目的,是一种求知的满足,精神上的享受,所以"每有会意,便欣然忘食")。性嗜酒,家贫不能常得。亲旧知其如此,或置酒而招之。造饮辄尽,期在必醉。既醉而退,曾不吝情去留。环堵萧然,不蔽风日。短褐穿结,箪瓢屡空,晏如也。常著文章自娱,颇示己志。忘怀得失,以此自终。

赞曰:黔娄之妻有言:"不戚戚(忧愁)于贫贱,不汲汲(心情急切)于富贵。"极其言兹若人之俦乎?衔觞赋诗,以乐其志。无怀氏之民欤?葛天氏之民欤?("不戚戚于贫贱,不汲汲于富贵。"这两句话与前面写到的"不慕荣利"相照应,这是五柳先生最大的特点,值得学习。)

【简析】

这是一则评注式读书笔记。读者把文中重要语句,如"好读书,不求甚解",加下划线"——"标记出来,精彩词语"闲静少言,不慕荣利",用着重号"."标记出来。使用这样的标记,言简意赅,一看便知。用"( )"写出自己的简短评语或注释难懂的词语,这种批注精辟扼要,也可写在文章的空白处作旁批或眉批。评注式读书笔记便捷、省时,仅限于自己的书,借来的书籍是不可行的。

【例文二】摘录式读书笔记

茹志鹃小说《百合花》中细节描写语段摘录

长春师范大学文学院　李会杰

1. 刚才在团部我没注意看他,现在从背后看去,只看到他是高挑挑的个子,块头不大,但从他那副厚实实的肩膀看来,是个挺棒的小伙,他穿了一身洗淡了的黄军装,绑腿直打到膝盖上。肩上的步枪筒里,稀疏地插了几根树枝,这要说是伪装,倒不如算作装饰点缀。

2. 这时,我看见他那张十分年轻稚气的圆脸,顶多有十八岁。他见我挨他坐下,立即张惶起来,好像他身边埋下了一颗定时炸弹,局促不安,掉过脸去不好,不掉过去又不行,想站起来又不好意思。我拼命忍住笑,随便地问他是哪里人。他没回答,脸涨得像个关公,讷讷半晌,才说清自己是天目山人。

3. "你还没娶媳妇吧?"

"……"他飞红了脸,更加忸怩起来,两只手不停地数摸着腰皮带上的扣眼;半晌他才低下了头,憨憨地笑了一下,摇了摇头。我还想问他有没有对象,但看到他这样子,只得把嘴里的话,又咽了下去。……

当我站起来要走的时候,我看见他摘了帽子,偷偷地在用毛巾拭汗。这是我的不是,人家走路都没出一滴汗,为了我跟他说话,却害他出了这一头大汗,这都怪我了。

4. 我只好开口叫他,他这才绷了脸,垂着眼皮,上去接过被子,慌慌张张地转身就走。不想他一步还没有走出去,就听见"嘶"的一声,衣服挂住了门钩,在肩膀处,挂下一片布来,口子撕得不小。那媳妇一面笑着,一面赶忙找针拿线,要给他缝上。通讯员却高低不肯,挟了被子就走。

5. "我们不了解情况,把人家结婚被子也借来了,多不合适呀!……"我忍不住想给他开个玩笑,便故作严肃地说:

"是呀!也许她为了这条被子,在做姑娘时,不知起早熬夜,多干了多少零活,才积起了做被子的钱,或许她曾为了这条花被,睡不着觉呢。可是还有人骂她死封建。……"

6. 走不几步,他又想起了什么,在自己挂包里掏了一阵,摸出两个馒头,朝我扬了扬,顺手放在路边石头上,说:

"给你开饭啦!"说完就脚不点地地走了。我走过去拿起那两个干硬的馒头,看见他背的枪筒里不知在什么时候又多了一枝野菊花,跟那些树枝一起,在他耳边抖抖地颤动着。

他已走远了,但还见他肩上撕挂下来的布片,在风里一飘一飘。我真后悔没给他缝上再走。现在,至少他要裸露一晚上的肩膀了。

7. 我心想给他们解释一下,只见新媳妇端着水站在床前,短促地"啊"了一声。我急拨开他们上前一看,我看见了一张十分年轻稚气的圆脸,原来棕红的脸色,现已变得灰黄。他安详地合着眼,军装的肩头上,露着那个大洞,一片布还挂在那里。

8. 她低着头,正一针一针地在缝他衣肩上那个破洞。医生听了听通讯员的心脏,默默地站起身说:"不用打针了。"我过去一摸,果然手都冰冷了。新媳妇却像什么也没看见,什么也没听到,依然拿着针,细细地、密密地缝着那个破洞。我实在看不下去了,低声地说:

"不要缝了。"她却对我异样地瞟了一眼,低下头,还是一针一针地缝。我想拉开她,我想推开这沉重的氛围,我想看见他坐起来,看见他羞涩的笑。但我无意中碰到了身边一个什么东西,伸手一摸,是他给我开的饭,两个干硬的馒头。……

9. 卫生员让人抬了一口棺材来,动手揭掉他身上的被子,要把他放进棺材去。新媳妇这时脸发白,劈手夺过被子,狠狠地瞪了他们一眼。自己动手把半条被子平展展地铺在棺材底,半条盖在他身上。卫生员为难地说:"被子……是借老百姓的。"

"是我的——"她气汹汹地嚷了半句,就扭过脸去。在月光下,我看见她眼里晶莹发亮,我也看见那条枣红底色上洒满白色百合花的被子,这象征纯洁与感情的花,盖上了这位平常的、拖毛竹的青年人的脸。

【简析】

这是一则摘录式读书笔记。我们在读书时,发现了对自己有启发、有教育意义的警策性语句,按照原文的样子抄写下来。就小说《百合花》中细节描写这一典型的艺术特色,读者从小说中摘录了九处细节描写非常精彩、语言表达生动形象的语段,这样做读书笔记,便于积累、记忆,防止遗忘,从而加深对作品内容和艺术特色的把握。摘录式读书笔记便于分类保存和积累资料。摘录原文要尊重原著作和作者,不能随意改动字句和标点,有时还需要标明出处。

【例文三】提纲式读书笔记

《林教头风雪同神庙　陆虞候火烧草料场》(《水浒传》第十回)阅读提纲

长春师范大学文学院　李会杰

第一部分(第1自然段):引子,林教头沧州遇故知。

开头点明林冲与高俅的尖锐矛盾,交代林冲与李小二的亲密关系,埋下李小二感恩图报的伏笔。具体情节:

李小二看见两个来店里的人"不尴尬";

陆虞候等人鬼鬼祟祟的言谈举止;

李小二给林冲报信。

第二部分(第2—5自然段):开端,林教头买刀寻敌。

林冲的性格:逆来顺受,委曲求全,对仇人认识不清,复仇心理并不强烈。

陆虞候密谋;

李小二疑虑、警惕;

林教头识破阴谋;

林冲买刀寻敌。

第三部分(第6—9自然段):发展,林教头接管草料场。

林冲的性格:随遇而安,委曲求全,心存幻想。

林冲接管草料场;

草屋崩坏、雪下得紧;

林冲沽酒。

第四部分(第10—12自然段):高潮和结局,林教头风雪夜山神庙复仇。

林冲的心情:忍无可忍,彻底绝望。

陆虞候等人站在庙外边看火边说话,林冲躲在庙内听得一清二楚;

林冲知道了事情的真相,风雪夜山神庙复仇,完成了性格上的重大转变。

【简析】

这是一则提纲式读书笔记。读者在认真阅读原文的基础上,从总体上把握原文,分析、归纳后整理出的一则笔记。读者按照《林教头风雪同神庙 陆虞候火烧草料场》原文的结构脉络,有条理地记录了林教头风雪夜在山神庙复仇的主要内容,从小说各部分情节的描写入手,理清原文结构框架,突出情节安排的巧妙,提纲挈领、层次分明。

【例文四】心得式读书笔记

只要我们努力就会有光明
——读《假如给我三天光明》
长春师范大学文学院 2018 级　马晋阳

　　读了海伦·凯勒的《假如给我三天光明》,我感到非常震撼。海伦·凯勒在 19 个月的时候由于高烧造成了失明和耳聋,这是多么的不幸。人们常说:"上帝为你关上一扇门,便会为你打开一扇窗。"海伦·凯勒又是幸运的,因为她遇见了莎莉文老师。莎莉文老师教给识字、读书,教会了她各种知识。

　　在《假如给我三天光明》中,海伦·凯勒幻想了,如果她有三天的光明,将会用自己的眼睛,观察自己最亲爱的人,观察博物馆,看戏剧,看电影,看城市的变化,看每条大街小巷。这所有的一切对于海伦·凯勒来说都只能是幻想,只能是天大的愿望。而对于我们这些正常人来说,这是再平凡不过的事情。但是我们很多正常的人却对身边的许多事物熟视无睹。所以我想告诉我们身边的大多数人,请珍惜你的一切,珍惜所拥有的一切。用你的眼睛去观察身边的事物,用你的耳朵去倾听身边美妙的音乐,用你的喉咙去吟诵美丽的事物,用你的触觉去感受身边的美好。

　　同时,我想对那些身体有残缺的人说,请您忘记自己的伤痛,请珍惜自己所拥有的一切,只要你努力,只要你珍惜,世界还是那么美好。只要我们活着,就会有希望,只要我们努力,就会有光明!

【简析】

　　这是一则心得式读书笔记。作者在阅读《假如给我三天光明》后,联系自己的经历和感受,写出自己的认识和感想,提出了"只要我们活着,我们就会有希望,只要我们努力,我们就会有光明"的观点和见解,通过所读书中内容引发一种积极向上的人生态度和人生理想,感情真挚,主旨突出,叙议结合,简明、切实、深刻。

写作指导

一、读书笔记的写作方法

(一)评注式读书笔记的写法

评注式读书笔记,是读书时在书的空白处写下批语或注解。评注是读书笔记最简单的形式,就是边读边在书上做标记,进行圈点批画,在文中空白处写上疑问、评注、心得等。这种方式省时,随想随记,记在书上不易丢失。评注式笔记不但要标注,还要酌情摘录内容,写出自己对文中内容的看法和评价。有时在文章中评价的地方划上符号或在空白处加以评注。评注时要准确概要,不能太烦琐。批语一般是针对主旨或结构、语言所作的简要、明确的评论,或者解释语句、词义等。评注式读书笔记是建立在对文章内容有了较深刻理解的基础之上,是阅读者对作品深刻理解的记忆。评注应在语言上力求精练、简洁。

（二）摘录式笔记的写法

摘录式读书笔记有全文摘录和要点摘录两种方式。

1. 全文摘录

全文摘录是以摘录原文为主要形式的读书笔记,要体现原著作主要内容的部分,或章节,或段落,摘录时,必须准确抄录,不能篡改,不能有误,也不能加以评论,并且要保证意思的完整。

2. 要点摘录

要点摘录只摘录与自己学习意向、目的有关的部分,在摘录的内容、摘录的分类和保存等方面有很大的选择性。

无论做哪种摘录笔记,都要做到准确无误,绝不能断章取义或随意改动原文,还要精要简明,应根据个人学习、工作的实际需要精心选择摘录内容。否则,泛泛抄录,就失去了写读书笔记的意义。

（三）提纲式笔记的写法

提纲式读书笔记有两种情况：

1. 概要记录原文内容

这种写法是在阅读原著的过程中随读随记,按照原著的行文结构概要地记录原文,让书中内容简单条理,读者一目了然。

2. 列出著作的提纲

这种写法是在认真阅读原著作的基础上,经过分析、归纳、整理,列出文章的基本框架,便于读后从整体上把握全文概况。

无论哪种写法,都要注意从总体上把握原著作的主要内容、基本精神、结构框架和层次安排,才能达到提纲挈领、脉络清晰的目的。提纲式笔记,有详略之分,或详细或简略,要视客观实际需要而确定。

（四）心得式笔记的写法

心得式读书笔记要在阅读之后写出自己的体会、感想,或者对所读内容进行评论。它包括读书札记、读书心得、读后感等。写心得式读书笔记不仅要对原著作有深刻的理解,而且必须在某一方面有所触发,只要阅读者确有所得、实有所感,即可提笔写出。好的心得笔记总是富有新意或创见的。写这种笔记既有助于加深对原作的理解,又能拓展思路、升华见解,为科学研究做好资料和思想的准备。心得式笔记内容广泛、形式灵活、篇幅短小。行文多为叙议结合,叙就是根据需要概述或摘引所读内容;议则是通过阐发、联想、引申、类比、对照、批驳等手段,从所读内容之中生发出新意或创见。叙述要精要、概括,议论要切实、深刻。

二、读书笔记写作的注意事项

(一)必须明确读书笔记写作的重要意义

作为一名师范生,写读书笔记不仅能够丰富知识、开阔视野,而且能够让自己养成良好的读书习惯,摘录与学习有关、与今后教学有用的教学理论知识和教学资料等,会让自己积累大量的知识,厚积薄发,为将来从事教学工作奠定扎实的基础。

(二)必须在读懂原著的前提下,深入思考,真正做到读有所思

读书笔记写作一定要边读边思考,领会作品的主旨、语言等,要动脑思考问题,只有深入理解了文章内容,甚至受到启发,产生新认识,发现新的问题,才能知道哪些内容需要记,哪些不需要记,才会写出高水平的读书笔记。

(三)必须用严肃、认真、细致的态度写作读书笔记

读书笔记写作不是简单地照搬原文,更不是为了某种目的而断章取义,要尊重原著,不能马马虎虎,摘录时要细致、准确,不能与原文有误差,要用严谨、科学的态度进行写作。

模拟训练

一、认真阅读下面文章,边读边作评注式读书笔记。

醉翁亭记

欧阳修

环滁皆山也。其西南诸峰,林壑尤美,望之蔚然而深秀者,琅琊也。山行六七里,渐闻水声潺潺,而泻出于两峰之间者,酿泉也。峰回路转,有亭翼然临于泉上者,醉翁亭也。作亭者谁?山之僧智仙也。名之者谁?太守自谓也。太守与客来饮于此,饮少辄醉,而年又最高,故自号曰醉翁也。醉翁之意不在酒,在乎山水之间也。山水之乐,得之心而寓之酒也。

若夫日出而林霏开,云归而岩穴暝,晦明变化者,山间之朝暮也。野芳发而幽香,佳木秀而繁阴,风霜高洁,水落而石出者,山间之四时也。朝而往,暮而归,四时之景不同,而乐亦无穷也。

至于负者歌于途,行者休于树,前者呼,后者应,伛偻提携,往来而不绝者,滁人游也。临溪而渔,溪深而鱼肥;酿泉为酒,泉香而酒洌;山肴野蔌,杂然而前陈者,太守宴也。宴酣之乐,非丝非竹,射者中,弈者胜,觥筹交错,起坐而喧哗者,众宾欢也。苍颜白发,颓然乎其间者,太守醉也。

已而夕阳在山,人影散乱,太守归而宾客从也。树林阴翳,鸣声上下,游人去而禽鸟乐也。然而禽鸟知山林之乐,而不知人之乐;人知从太守游而乐,不知太守之乐其乐也。醉能同其乐,醒能述以文者,太守也。太守谓谁,庐陵欧阳修也。

二、阅读朱自清的散文《匆匆》,写一则摘录式读书笔记。

匆　　匆

朱自清

燕子去了,有再来的时候;杨柳枯了,有再青的时候;桃花谢了,有再开的时候。但是,聪明的,你告诉我,我们的日子为什么一去不复返呢?——是有人偷了他们罢:那是谁?又藏在何处呢?是他们自己逃走了罢:现在又到了哪里呢?

我不知道他们给了我多少日子;但我的手确乎是渐渐空虚了。在默默里算着,八千多日子已经从我手中溜去;像针尖上一滴水滴在大海里,我的日子滴在时间的流里,没有声音,也没有影子。我不禁头涔涔而泪潸潸了。

去的尽管去了,来的尽管来着;去来的中间,又怎样的匆匆呢?早上我起来的时候,小屋里射进两三方斜斜的太阳。太阳他有脚啊,轻轻悄悄地挪移了;我也茫茫然跟着旋转。于是——洗手的时候,日子从水盆里过去;吃饭的时候,日子从饭碗里过去;默默时,便从凝然的双眼前过去。我觉察他去的匆匆了,伸出手遮挽时,他又从遮挽着的手边过去,天黑时,我躺在床上,他便伶伶俐俐地从我身上跨过,从我脚边飞去了。等我睁开眼和太阳再见,这算又溜走了一日。我掩着面叹息。但是新来的日子的影儿又开始在叹息里闪过了。

在逃去如飞的日子里,在千门万户的世界里的我能做些什么呢?只有徘徊罢了,只有匆匆罢了;在八千多日的匆匆里,除徘徊外,又剩些什么呢?过去的日子如轻烟,被微风吹散了,如薄雾,被初阳蒸融了;我留着些什么痕迹呢?我何曾留着像游丝样的痕迹呢?我赤裸裸来到这世界,转眼间也将赤裸裸地回去罢?但不能平的,为什么偏要白白走这一遭啊?

你聪明的,告诉我,我们的日子为什么一去不复返呢?

三、阅读《三国演义》第十二回《陶公祖三让徐州　曹孟德大战吕布》,写一篇提纲式读书笔记。

四、阅读《傅雷家书》(选一),写一篇心得式读书笔记。

资源链接

《傅雷家书》(选一)

复习与思考

一、什么是读书笔记?

二、写读书笔记对师范生学习和工作有哪些帮助?

三、读书笔记有哪些种类?

四、怎样写读书笔记?

五、写读书笔记时要注意哪些事项?

第二节　实验报告

学习目标

1. 了解实验报告的特点及种类。
2. 掌握实验报告的结构和写法,学会写实验报告。

理论知识

一、实验报告的含义

在科学研究活动中,人们为了解决一些问题,常常要做实验。实验报告是指在某项科研、学习活动中,把实验的目的、方法、过程和结果等记录、整理下来,用简洁的语言写成书面报告,并把自己的实验成果向社会公布的一种应用文体。

实验报告撰写是实验工作不可缺少的重要环节。实验报告的主要用途在于帮助实验者不断地积累研究资料,总结研究成果。

二、实验报告的特点

(一)正确性

实验报告要记录、描述某项实验的过程和结果,着重告知一项科学事实,要讲究准确性和求真性。实验报告中记载的实验结果,无论何时何地,任何人按给定的条件去重复这项实验,都能观察到相同的科学现象,得出同样的结果。实验报告要实事求是地记录实验中所发生的各种现象和结果,虽然也要表明对某些问题的观点和意见,但这些观点和意见都是在客观事实的基础上提出的,不能带有实验者的主观看法,更不能凭想象主观臆断。

实验报告的写作对象是科学实验的客观事实,判断要准确,内容要正确,语言表述要精确、真实、简洁。

(二)告知性

实验报告写作的目的就是把实验的过程和结果告知给读者,让读者了解复杂的实验过程。实验报告的写作以科学研究的客观事实为写作对象,它是对科学实验的过程和结果的真实记录,除了用文字叙述以外,多用专业术语、公式、符号说明,还常常借助画图像、列表格、作曲线图等形式,说明实验的基本原理和各步骤之间的关系、解释实验结果等。

三、实验报告的种类

随着科学事业的日益发展,实验的种类、项目等日见增多。根据科目和科学实验对象的不同,化学实验的报告叫化学实验报告,物理实验的报告就叫物理实验报告等。根据实验性质的不同,实验报告通常有以下两种类型。

(一)验证型实验报告

验证型实验报告是通过实验对某一科学定律或结论进行验证,这是对已有实验做的重复性实验。在科学研究活动中,人们为了检验某一种科学理论或假设,通过实验中的观察、分析、综合、判断,如实地把实验的全过程和实验结果用文字形式记录下来,从而验证某一科学定律或结论正确与错误。

(二)探究型实验报告

探究型实验是指实验者在不知晓实验结果的前提下,通过自己实验、探索、分析、研究得出结论，从而形成科学概念的一种认知活动。探究型实验能够激发学生的好奇心，培养科学探究能力。探究型实验报告是指实验所涉及的领域尚且空白，是一种尝试性、研究性的实验，目的是通过实验发现新问题，得出新结论。

例文借鉴

【例文】验证型实验报告

验证机械能守恒定律

吉林省农安县实验中学　王文辉

一、实验目的

1. 验证机械能守恒定律。

2. 学会根据打点的纸带判断机械能是否守恒的实验方法和技能。

二、实验器材

打点计时器、交流电源、铁架台（含铁夹）、纸带、复写纸、毫米刻度尺、导线若干、重锤等。

三、实验原理

通过实验，可求出物理做自由落体运动中，其重力势能的减少量和其动能的增加量，若在实验误差允许范围内二者近似相等，说明机械能守恒，从而验证机械能守恒定律。

四、实验步骤

1. 器材安装，将打点计时器固定在铁架台上，连接好电源。

2. 将纸带的一端连接在重锤上，另一端穿过计时器的限位孔，使重物靠近计时器。

3. 接通电源，待打点稳定后再松开纸带释放重锤，打点结束后取下纸带。

4. 重复以上实验步骤，打出3条纸带。

5. 选出第一个点和第二点之间的距离接近2 mm、点迹清晰一条的纸带。若选第1点到下落到某一点 B 的过程，则用 $mgh = \dfrac{1}{2}mv_B^2$ 来验证。

6. 根据纸带分析处理数据，得出实验结论。

7. 整理试验仪器。

五、注意事项

1. 打点计时器要竖直固定，以减少纸带和限位孔之间的摩擦力。

2. 重锤应选用质量大、体积小的材料。

3. 实验时应先接通电源，后让重锤下落。

4. 物体下落的实际加速度小于 g，不应该用 $v=gt$ 求某一时刻的速度。

5. 若物体下落 h 高度时速度为 v，则有 $mgh=\frac{1}{2}mv_B^2$，故只要 $gh=\frac{1}{2}v_B^2$ 成立即可。

六、实验数据处理

1. 用起始点初速度为零验证：利用起始点和某个 B 的数据，测出两点间距 h，算出 B 点速度，如果在实验误差允许的范围内，$mgh=\frac{1}{2}mv_B^2$，则说明实验过程中的机械能守恒。

2. 用起始点初速度不为零验证：任取两点 A、B 测出 h_{AB}，算出 v_A、v_B，如果在实验误差允许的范围内，$mgh_{AB}=\frac{1}{2}mv_B^2-\frac{1}{2}mv_A^2$，则说明实验过程中的机械能守恒。

3. 图像验证：从纸带上选取多个点，测量从第一个点到其余各点的下落高度 h，并计算各点速度的二次方 v^2，然后以 $\frac{1}{2}v^2$ 为纵轴，以 h 为横轴，根据实验数据绘出 $\frac{1}{2}v^2-h$ 图线，若在误差允许的范围内图像是一条过原点且斜率 g 的直线，则说明实验过程中的机械能守恒。

七、误差分析

由于重物和纸带在下落过程中要克服阻力（主要是打点纸带所受的阻力）做功，所以势能的减小量 ΔEp 稍小于动能的增加量 ΔEk，即 $\Delta Ep<\Delta Ek$。

【简析】

这是一则验证型实验报告。实验的名称、目的、使用的器材、原理、步骤、数据处理以及实验结论，写得准确、明白。作者按照操作的顺序写清了实验的具体步骤，条理清晰、层次分明地呈现实验过程，从实验数据的分析中得出结论，逻辑严谨,语言简明。

写作指导

一、实验报告的结构和写法

实验报告的书写是一项重要的基本技能,它不仅是对每次实验的总结,更重要的是它可以培养学生的逻辑归纳能力和综合分析能力,提高学生的文字表达能力,是学术论文写作的基础。因此,参加实验的每位学生,均应及时认真地撰写实验报告。

(一) 验证型实验报告

验证型实验报告的撰写一般由实验名称、实验目的、实验设备(环境)及要求、实验原理、实验步骤、实验现象与数据分析和实验结论几部分组成。

1. 实验名称

要用最简练的语言反映实验的内容。如验证某程序、定律、算法,可写成"验证×××的实验报告""分析×××的实验报告""×××的测定实验报告"等。

2. 实验目的

实验目的要明确,在理论上验证定理、公式、算法,并使实验者获得深刻和系统的理解,在实践上,掌握使用实验设备的技能技巧和程序的调试方法。

3. 实验设备(环境)及要求

实验需要用到的实验用品以及对环境的要求。

4. 实验原理

阐述实验相关的主要原理。

5. 实验步骤

只写主要操作步骤,不要照抄实验指导,要简明扼要。实验步骤还应该画出实验流程图(实验结构装置的结构示意图),再配以相应的文字说明,这样既可以节省许多文字说明,又能使实验报告简明扼要、清楚明白。

6. 实验现象与数据分析

根据相关的理论知识对所得到的实验结果进行解释和分析,如果所得到的实验结果和预期的结果一致,必须明确指出它可以验证了什么理论,实验结果有什么意义,说明了什么问题。这些问题都是实验报告应该讨论的,是实验报告极其重要的内容。这部分内容写作应抓住重点,可以从理论和实践两个方面考虑。这部分要写明依据何种原理、定律算法或操作方法进行实验,详细说明计算过程和对数据的分析,要求内容实事求是、分析全面具体、文字简练通顺、誊写清楚整洁。

7. 实验结论

实验结论是对整个实验的总结,可以用文字叙述,也可以用图表或曲线图表述,是从实验结果中归纳的一般性、概括性的判断,表明通过实验所得到的对事物本质和规律的认识,得出了终结性的结论,要求简练、准确、严谨、客观。

(二)探究型实验报告

探究型实验报告比验证型实验报告内容要复杂一些,主要由题目、项目负责人和课题组成员、课题提出的背景、课题研究的目的和意义、实验的方法与步骤、实验现象与数据分析、实验结论、参考文献等几部分组成。

1. 题目

用简明、概括性的语言交代实验的内容,让读者一目了然,判断出阅读价值。

2. 项目负责人和课题组成员

写在题目下方。

3. 课题提出的背景

简要说明课题提出的背景和课题的由来。

4. 课题研究的目的和意义

这一部分要写清以下几方面的内容:

(1)说明实验的动机和目的是什么,指出实验的重要意义;

(2)说明选题的依据,实验的对象、过程、规模,揭示课题的价值;

(3)目前国内外相关研究成果、现状、问题和趋势;

(4)说明此次实验要解决的问题。

5. 实验方法与步骤

这部分内容应写清实验的具体过程,采用了哪些方法,主要告诉读者本次实验的科学性,指出实验的结果是在什么条件下,怎样的情况下,通过什么方法,根据什么样的实验数据分析得来的,从而判定实验研究的科学性以及实验结果的真实性和准确性。

6. 实验现象与数据分析

这是实验报告的核心内容,是对实验现象的描述,实验数据的处理等。要用数字、统计表等方式把实验得出的原始数据、观察得到的现象等进行整理分析。从理论上分析论证实验结果,把理论上数字、图表与实验得到的相比对,对实验结果加以分析说明,探讨实验方法的科学性或局限性,也可提出进一步研究的问题。

7. 实验结论

实验结论是对整个实验的概括性总结。实验结论不是具体实验结果的再次罗列,也不是对今后研究的展望,而是针对这一实验所能验证的概念、原则或理论的简明总结,是从实验结果中归纳的一般性、概括性的判断,要简练、准确、严谨、客观。语言要富有逻辑性,严密、明确、简明。

8. 参考文献

实验报告的结尾要列举实验中提到或引用的资料来源。

二、实验报告写作的注意事项

（一）必须认真做好实验

做好实验是写好实验报告的前提,只有认真观察实验的每一个步骤,做翔实的记录,才能得到准确的数据,进而得出正确可信的实验结果。如果实验过程中不注意观察、记录,写报告仅凭记忆、印象,这样写出来的报告就会有失误,不会得出真实可信的结论。

（二）要有严谨求实的科学态度

实验报告写作需要有严肃、认真的工作态度,要实事求是地记录实验现象、实验数据,不能弄虚作假,不能修改实验数据、制造假象,也不能粗心大意,随意弄错数据、资料,否则,实验报告就会失去真实性和可靠性。

（三）内容具体,表述准确、清楚

实验名称、目的、步骤、结论等要具体明确,重点突出。如实验步骤写清主要做法即可,不要写得太烦琐,让人看着混乱,写结论时语言应准确无误、清楚明白。

模拟训练

一、给下面这篇实验报告的内容补充完整,填写在____上。

实验题目：验证平行四边形定则

实验人员：____

实验日期：____

实验目的：____

实验仪器：____

实验原理：____

实验步骤：____

数据处理：____

误差分析：____

注意事项：____

二、评析下面这则实验报告，找到你应学习借鉴的地方，还要发现不足之处并提出修改意见。

三聚氰胺的家庭检测实验

吉林省农安县实验中学　孙喜凤

实验目的

通过对比实验，确定不同品牌奶粉是否含三聚氰胺的检测方法。①

实验仪器和药品

冰箱，四个无色透明的玻璃杯，两块黑布，4 双筷子，热水，蒸馏水，一杯冷水 1 号奶粉（以前剩余的），2 号奶粉。

实验步骤及现象

1. 取两个洁净的玻璃杯，分别贴上标签，然后取等量的 2 号奶粉和 1 号奶粉分别放入玻璃杯中，分别向两个杯中加入等量的温度相同的水，用筷子充分搅拌，使奶粉溶解完全。仔细观察两杯牛奶，无明显差别，只是 2 号奶粉的颜色略微深一点。

2. 同时将两杯牛奶放入冰箱中，静置降温一小时。

3. 取出两杯牛奶，仔细观察，发现 1 号牛奶杯底有少量沉淀，2 号牛奶无明显变化。

4. 领取两个洁净的空杯，将一块黑布罩在 1 号牛奶的杯口上，把布紧紧固定好，将杯子倒置在空杯子上，这样牛奶就透过黑布过滤到空杯中。用同样的方法，使用另一块黑布对 2 号牛奶进行过滤。

5. 过滤完毕后，对比两块黑布。发现过滤 1 号奶粉的黑布上有少量白色块状固体，另一块过滤 2 号奶粉的黑布上没有固体出现。将黑布对折，用清水反复进行冲洗过滤。打开后发现，1 号奶粉的黑布上仍存有少量白色晶体。将白色

---

① 引用时略有改动。

晶体收集放入冷水杯中,固体沉入水底。

实验结论

查阅资料可知,三聚氰胺为白色晶体,密度比水大,可溶于热水,微溶于冷水,热的三聚氰胺溶液冷却后会析出三聚氰胺晶体。因此1号奶粉中过滤出的沉淀很可能是三聚氰胺。在家中我们可以用这种方法检测奶粉中是否含有三聚氰胺。

实验评价与讨论

这是一个简单的、不需要专业仪器、人人都可以做的家庭小实验。它不需要很深的理论知识或者过硬的实验操作水平,它需要的是平和的心态和仔细的观察,有着广泛的应用前景。这种方法的缺点是不能有力地证明沉淀就是三聚氰胺,无法排除其他物质的可能性。前景在于可以有效地防止添加三聚氰胺的奶制品被人们饮用,使人们的生活多一份保障。

三聚氰胺有关性质的研究,提高了我获取知识和分析问题的能力,使我对化学产生了浓厚的兴趣。

复习与思考

一、什么是实验报告?实验报告有哪些特点?

二、什么是验证型实验报告?什么是探究型实验报告?

三、说说验证型实验报告内容、结构和写法。

四、探究型实验报告结构和写作要求是什么?

五、实验报告写作应注意哪些事项?

第三节 实习报告

学习目标

1. 了解实习报告的特点和作用。
2. 掌握实习报告的内容、结构和写作要求,学会写实习报告。

理论知识

一、实习报告的含义

实习报告是在校大学生完成所学专业课程,根据教学计划进行实习后,把实习的收获和体会等,用书面文字表达出来并上交到学校的材料。

实习报告是学生自己在整个实习阶段工作、学习的总结,也是学校对实习生在整个实习阶段思想、业务及成绩的综合考评。

二、实习报告的特点

(一)专业性

对于师范生来说,多数同学要成为教师,要把自己在校期间学到的教育教学理论与实习过程的经历、体验等有机地联系起来,使教育教学技能在实践中获得进一步的提升。实习报告是就实习中遇到的问题,运用理论解决的问题及感受和认识进行报告,其内容具有较强的专业特色。

(二)总结性

实习,对将要走上工作岗位的在校生来说,是将课堂上所学到的知识运用于实践,加深对知识的理解,是就职前的预演,是尽快获得工作经验的重要机会。实习报告主要写实习情况及收获的总结,总结实习过程中的经验教训,积累初步的工作经验,减少以后工作中的失误,提高自己业务能力。

(三)报告性

实习报告是写给指导教师、专业课教研室及教学管理部门的,这是一种上行文,写作时要注意行文用语,力求做到客观真实,符合报告文体的写作要求。

三、实习报告的作用

(一)有利于学生总结经验教训,加深对理论与实践相结合的重要性的认识

"纸上得来终觉浅,绝知此事要躬行。"通过实习,学生自己会有很多在校期间体验不到的感受,写实习报告,有利于总结实习过程中经验教训,加深对理论联系实际思想的再认识,提高政治思想觉悟和职业道德水平,从而掌握专业技能。

(二)有利于指导教师、学校全面具体地掌握学生的实习情况

撰写实习报告能够让指导教师更加全面、具体地了解学生实习的情况,学校

对每位实习生都有一个客观具体的记录,便于检查学生的实习工作和实习效果。

例文借鉴

【例文】

教育实习报告

长春师范大学教育学院2015级　徐莹楠

教育实习是一名师范生成长为合格教师的必经之路,也是检验每一名师范生教学技能的前奏;实习是师范生教学生涯的开始,是师范生展示成果的舞台。站在讲台上,虽然是一名实习学生,但我是以老师的身份出现在全体同学面前的,我第一次感受到为人师表的重要。在实习期间,我遵守实习学校的规章制度,虚心向指导老师请教,学习先进的教育教学方法,努力完成实习学校布置的工作任务。在带队老师以及实习学校有关领导、指导老师的悉心指导下,我圆满地完成各项实习任务,得到学校领导和老师的一致好评。为期三个月的实习生活,期间的点点滴滴、酸甜苦辣,让我感受到了教师这一职业的崇高和艰辛。

一、实习目的与要求

学校安排教育实习目的在于通过理论与实践的结合、学校与社会的沟通,进一步提高学生的政治思想觉悟和教学能力,特别是观察、分析和解决实际问题的能力,把学生培养成为能够主动适应新时代发展建设需要的高素质的人才。具体表现在以下三个方面:

(一)运用和检验教学成果。运用教学成果,就是把课堂上学到的系统化的理论知识,尝试性地应用于实际工作,并从理论的高度对教育教学工作提出一些有针对性的建议和设想,通过综合分析,找出教学中存在的不足,以便为完善教学计划,改革教学内容与方法提供实践依据。

(二)了解并熟悉学校教育教学的实际情况。对师范类专业的学生来说,教学实践能力的培养至关重要,而这种能力的培养单靠学校的理论教学是远远不够的,必须从课堂走向实践。

(三)预演和准备就业。通过实习,学生可以找出自身状况与社会实际需要的差距,在以后的学习期间及时补充相关知识,为求职与正式工作做好充分的知识和能力准备,从而缩短从校园走向社会的心理转型期。

二、实习单位及实习岗位介绍

我所在的实习学校是××市第二中学,这是一所市属重点学校,校园环境优美,师资力量雄厚。目前,高中部有41个教学班,高一年级共14个教学班,重点班4个班,普通班10个班。普通班学生纪律观念薄弱,多数学生学习成绩处于中等以下水平,自主学习和接受能力较差。我所在的实习班级是高一年级的普通班6班,实习的科目是语文。作为实习生,我主要协助班主任对班级日常事务进行管理,组织班级全体同学参加学校的各项活动,在指导老师的帮助下进行尝试性的教学工作。

三、实习内容和任务

(一)教学工作

1. 听课

从入校的第一天起,我就深入课堂听老师们授课,除了听我要教的语文课,我还听了数学、英语、物理等课。充实的听课实践,我主要有两个方面的收获:一是了解本学科的教学方法、教学思路、学科特色等,还有课堂教学环节上容易出问题的地方;二是了解学生学习情况,特别是上课时学生听课的情况,包括了解哪些学生上课爱睡觉、说话等纪律情况,还有对语文学科的学习兴趣等。

听了这么多课,我从各位老师身上学到了很多,使我在教学上得到了多方面的提高。我的感受有两个方面:一是听完课后,我立即和我的科任指导老师一起探讨课堂上的具体问题,就某个教学环节,向他请教,探讨他是如何处理这堂课中出现的这些问题的,这对我的帮助很大。二是在听课的过程中,我了解并熟悉了班级学生的情况,在听课中就思考自己将如何教学,让自己很快进入教师角色状态。我的听课经验是:在听课中我认真记录指导老师教学的每一个环节,体会指导老师的教学方法,了解学生的学情以及学生掌握新知识的效率,课后认真总结指导老师的教学经验和方法,给出中肯的评价,并在评价中纠正自己教学中可能出现的问题,学习指导教师优秀的教学方法和教学过程中处理突发事件的应对措施。这些对提高我的教学能力帮助很大。

2. 备课

备课实在是一个"痛并快乐着"的过程,让我欢喜让我忧。一方面,我认真研读教材、研究教参,并查找很多资料,研究最适合学生学习的教学思路;另一方面,我要考虑学生学习的实际情况,选择最有效率的教学方式方法等。在备课时,我在认真分析学生学习情况的基础上,仔细研读教材,耐心分析学生个体情况,参考教辅资料,认真详细的设计教学思路,编写教案。在设计各个教学思路时充分体现以学生为主体的教学思路,做到读写练有机的结合,充分调动学生的学习积极性,达到循序渐进的教学目的。在刚开始的备课中也遇到各种意想不到的问题,例如,各教学环节的衔接脱节,教学时间安排欠妥等,但在指导老师耐心的指导下,我在最短时间内纠正了备课中出现的种种问题。

通过这次实习,我才真正体会到了教师工作的辛苦,明白了教师给学生一碗水就要准备一桶水的道理。

3. 上课

听课是一个铺垫,是一个向他人学习、模仿的过程。备课是收集各方信息、并与自己的认知进行整合的过程,而上课则是如何把从别人身上学到的东西转化为自己的东西的实践过程。感谢科任指导老师和班主任老师对我的信任,我听了一周的课之后便开始尝试上课了。实习之前,在学校经历了多次的模拟课堂教学,终于走上真正的教学讲台,我无比兴奋。我上的第一节课是习题课,相对新课来说较为轻松。但当自己站在讲台上的时候,还是会有些局促不安,得到了指导老师、同学们的鼓励后,我鼓足了勇气,顺利地完成了我的第一节课。这节课得到了指导老师细致指导,他给出具体的教学建议后,教学中一个个困惑一一解开,我知道了我的教学还存在诸多问题,但有老师的鼓励,同学们的认同,给了我做好今后教学工作的信心。通过实习,我学到了好多在书本里学不到的东西,我初次体会到作为一名教师的酸甜苦辣,上课虽然很累很苦,但也有很多收获和满足。

(二) 班主任工作

实习期间,我们每个人都要承担班主任的相关工作。这是一件非常辛苦的工作。虽然在平时的课堂上我也学习了不少关于班主任工作方面的理论,但是真正的班级情况是复杂多变的。因此,不能有教条主义思想,而应该实事求是,具体问题具体分析。平常应该多到班里了解情况,多向原班主任学习管理经验。实习期间我主要做了以下工作:

1. 开展主题班会

本次实习开展的主题班会以"立足现在,展望未来"为主题,学生们都能热情投入到活动中,目的是让学生丰富课余生活的同时能够增进与同学之间的友谊,也能更深入了解自己和他人,增强学生的集体主义精神,提高团结协作能力。对于我来说，这是一件颇有意义的事情。既锻炼了自己的口才,也提高了各种能力,如组织活动的能力、交际能力以及处理突发事件应变能力等。

2. 作业批改和个别学生的辅导

作业折射出学生的课堂学习情况。批改作业,有利于我们了解学生的学习情况,并及时给予纠正。一发现学生作业完成情况不理想,我就会在课余找他们进行辅导。同学中有进步的,我会写上激励的评语,并在评语中强调订正的重要性,并根据每个学生的情况加以勉励、开导。只有这样耐心细致的辅导,才能把学生的缺点纠正过来。

3. 班级事务管理

（1）例行检查早读和课间操的出勤情况；

（2）每天课后辅导部分学生写作业,检查下午的自习情况；

（3）组织班委开展班级活动,组织学生进行日常学习活动；

（4）每天按时组织班委开班级例会,管理班级,处理班级突发事件。

在担任实习班主任的过程中,我从他们原班主任那里学到了很多关于班级管理方面的经验,确实让我受益不少。比如,如何与学生谈心,如何帮助后进生转化成为先进生,等等。虽然这些经验都是非常宝贵的,但是我也没有完全照搬,第一是我觉得我的身份毕竟与他们原班主任不同。第二是我觉得我与学生年纪相仿,不像原班主任一样与他们或多或少地存在一些代沟,这是我的优势所在,应当加以利用。所以,在与学生的长期交往中,我渐渐形成了一套既有自己风格,又吸收了原有宝贵经验的行事方法,而且还收到了较好的效果。第一次做班主任工作让我受挫不少。因为我缺少这方面工作经验,有时过于急躁,有时又顾此失彼。但我真诚、热情的态度赢得不少同学对我的理解和信任。在和同学相处的过程中,我享受到了初为人师的快乐。

四、实习建议

（一）给自己和同学们的建议：

1. 一个优秀的老师需要具备很多方面的素质：扎实的专业知识,娴熟的教学技能,正确的教学理念……同学们,要想上好每一堂课,一定要苦练教学基本功。

2. 到实习学校后,争取多听听优秀教师的观摩课,学习优秀教师的教学长处,并结合自己的课堂教学进行大胆的尝试。

3. 实习期间应多向班主任老师请教,跟班主任老师学习如何管理学生、如何做好学生和家长的思想工作,为今后能够胜任班主任工作做充分的准备。

(二)给实习学校的一些建议:

学校分快慢班对学生进行分层次教学,无形中挫伤某些学生学习的积极性。如果可以改进的话,最好不分快慢班,这样能够调动所有学生的学习热情,发挥每个人的主观能动性。

五、实习体会

三个月的实习生活,让我学到了很多在课堂上学不到的知识,受益匪浅,也打开了视野,增长了见识,为我以后进一步走向社会打下坚实的基础。怎样才能做一名合格的教师呢?我的体会是:

第一,教师应当把师德修养放在第一位。教师是学生楷模,学生的学习、品德行为乃至思维方式都潜移默化地受教师的影响。教师的人格不但影响教育教学活动的效果,而且在很大程度上决定其能否有效地促进学生人格的健康发展。可见,健全的人格是合格教师必备的心理素质。

第二,教师要善于了解学生的内心世界。教育的效果并非完全取决于教师单方面的活动,它还受学生的"心理背景"与"知识基础"的影响。教师要依据学生的心理发展水平和现有的知识状况,考虑学生的个别差异,并选择恰当的教育内容和方式,才能取得良好教育效果。

第三,教师应当具有教育创新能力。教师不仅是知识的传播者,而且是知识的创造者。作为塑造学生心灵的教师,要积极地寻求未知世界,去探索新的育人规律。开展教育创新是教师应当具备的基本素质。

第四,教师要有渊博的知识和终身学习的自觉性。教师要掌握必要的现代教育技术手段,遵循教育规律,因材施教,在工作中勇于探索创新,教师应当终身学习,一专多能。

通过这次实习,我也了解了教师的伟大,教师工作的神圣,教师真的是人类灵魂的工程师。教师的工作不仅仅是"传道、授业、解惑",而且要发自内心地关心爱护学生,帮助他们成长。在教授他们知识的同时,更重要的是教他们如何做人。这才是教师工作最伟大的意义所在!

【简析】

这则实习报告写得非常成功。开头先交代了实习的目的、要求,然后介绍了实习单位和实习岗位,主体部分重点说明本次实习的内容、过程以及完成了哪些任务,内容全面具体,结构完整,条理清晰。作者不仅完成了实习任务,对教学过程也进行了深入的思考,总结出几点教学方法,比较深刻,给自己和实习校提出了几条建议,语言中肯、得体,最后谈自己的实习体会,写出了真切的感受和收获,内容深刻且有针对性,感情真挚自然。

写作指导

一、实习报告的写作方法

（一）标题

实习报告的标题一般有三种写法：

1. 直接用"实习报告"四个字作标题,如《实习报告》。

2. 由实习报告的性质、实习地点和"实习报告"组成,如《毕业实习报告》《东北师大附中实习报告》。

3. 由正副两个标题组成。正标题写实习收获、体会等,副标题写实习时间、地点、单位或内容,如《实干创造奇迹　汗水换来真情——2018 年 9 月长春市实验中学实习报告》。

（二）正文

正文由前言、主体和结尾组成。实习报告一般使用第一人称,便于对实习经历、体会和感受的真实表述。

1. 前言

这一部分是全文的引入,简要叙述实习的目的、意义和要求,写明本次实习的参加者、时间、地点,介绍实习内容和实习单位的概况,简明扼要地交代一下实习的感受和意义。

2. 主体

主要写实习的基本情况和收获。实习的基本情况就是自己在实习过程中的具体表现,如回顾实习经历、收获、认识、工作中的成绩和失误等。主要收获就是对自己在实习中的表现作出理性的思考和分析,比如,自己对理论知识有哪些新的思考和认识,专业上还有哪些有待提高等,是对实习过程的分析和综合,得出普遍性、规律性的深层次的东西。

3. 结尾

在谈感受和体会的基础上,概括自己最大的收获,总结全文,还可以谈谈自己的不足和努力方向,也可以谈本次实习对今后的学习、工作会产生的影响等。

二、实习报告写作的注意事项

(一)抓住重点,如实报告

实习报告要写自己实习的亲身经历,要实事求是地阐述实习经验、体会和收获,不能夸大实习成效。主要写经验的获得或技能的提高,也不能回避教训和失误。实习报告要抓住重点,突出报告的主旨,用实实在在的事实阐述最主要的收获。实习报告不是工作日记,不能事无巨细,更不能要写成对实习单位的表扬和感谢。

(二)注意内容的深刻性和条理性

实习报告要从专业学习和自我提高的角度,通过解决实习中实际问题而有所收获,写作时应注意内容的深刻性和条理性,谈出自己的真知灼见和深刻感受,不要泛泛罗列事实,写成流水账,或过于肤浅,应按照一定的顺序、按类别、分层次地归纳整理事例、工作材料、数据等,条理清晰,语言简练。

(三)恰当运用叙述、议论、说明等多种表达方式

一篇实习报告要涉及多方面的内容,写实习经历和情况时用叙述的方式,介绍实习单位情况时用说明的方式,谈实习的体会、见解,对某些问题的思考、分析时用议论的方式。因此,实习报告写作要注意多种表达方式的综合运用。

模拟训练

请你根据以下实习材料,帮助李强撰写一份实习报告的提纲。

××大学××学院学生李强毕业前夕被安排到××中学实习。在实习过程中他遵守实习学校的各项规章制度,虚心向指导老师请教,与周围同事和谐相处,并把自己在校所学知识灵活应用到具体的教育教学活动中去。实习期间,听课40余节,认真备课、讲课,并帮助老师进行课后辅导、组织班队会活动,圆满地完成了各项实习任务,受到学校师生的一致好评。通过一个学期的实习,他自己感到收获很大,觉得教师的职业崇高而伟大,和孩子们相处让他更有爱心,坚定了自己从事教育事业的信念,锻炼了从教的能力,他对今后的工作充满了信心和希望。

复习与思考

一、什么是实习报告？
二、实习报告有哪些特点和作用？
三、怎样撰写实习报告？
四、撰写实习报告要注意哪些事项？

第四节 调 查 报 告

学习目标

1. 了解调查报告的含义和特点。
2. 掌握调查报告的种类和写作方法，学会写调查报告。

理论知识

一、调查报告的含义

调查报告又称调查研究报告，是对某个事件、某项工作或某个问题进行深入细致的调查后，将调查中收集到的材料加以整理，用科学的方法进行分析研究，以书面形式向组织和领导汇报调查情况和结果的一种应用文书。

在日常生活、工作中，调查报告应用范围相当广泛，调查报告往往反映现实社会生活中出现的新问题、新情况或新动态，它可以引导人们正确认识社会上的热点和焦点问题，可以为党的方针、政策的制定提供有价值的第一手材料，也是有关决策部门制定规章制度的依据。

二、调查报告的特点

（一）调查性

从写作的过程看，调查性是调查报告最重要的特点。调查报告是调查后撰写的报告，没有调查，就不可能有调查报告。写作之前，需要花费大量时间和精力对某个事件或问题进行调查，没有调查就没有发言权，没有精准透彻的分析研究，也找不到问题的症结。调查工作做得细致周密，写作的素材就丰富，写报告就会成竹在胸,否则,闭门造车是写不出调查报告的。

(二)针对性

调查报告在选题上具有很强的针对性。调查报告常常从现实生活和实际工作出发,研究解决新问题、新情况,推广新经验,围绕具体问题进行有针对性的调查研究,以便及时了解党和国家方针政策的执行情况,把握事物的发展规律,找到问题的症结,为决策部门制定相应的政策或完善管理制度提供依据。调查报告的针对性越强,越有指导价值。

(三)客观性

调查报告必须尊重客观事实才能发挥其实用价值。调查内容具有客观性,要求用事实说话,以确凿的事实为依据,从事实的分析研究中得出正确的结论。体现在具体的写作实践中,调查内容中涉及的人、事、数据等资料必须真实准确,不能有丝毫的差错,更不能造假。

(四)典型性

调查报告的典型性是指调查的对象有代表性,所调查的问题多是当今社会上的热点、焦点问题,所揭示的问题在现实生活中具有普遍性,本身就具有典型性。另外,调查报告所运用的材料也必须是典型的。典型性的材料才能使调查分析研究更具有说服力,才能更深刻地揭示事物的本质和规律。

三、调查报告的种类

(一)反映社会情况的调查报告

反映社会情况的调查报告是比较系统地反映本地区、本部门基本情况的一种调查报告。这种调查报告内容比较广泛,其调研的目的就是掌握某一领域或某一方面的概况。调研的范围比较宽广,调研的对象也比较多,主要是为了弄清情况,引起有关方面的注意,或为领导机关、决策者制定某项方针政策提供资料和依据,如《××省关于进城务工人员子女入学难情况的调查报告》。

(二)总结典型经验的调查报告

总结典型经验的调查报告是通过介绍先进单位的成功做法,总结出典型经验,目的就是推广经验,借鉴经验,推动本部门的工作。总结典型经验的调查报告要求写明先进单位的成功做法和实际效果,分析典型事例,对比本部门的工作原有做法,提出需要改进和提高的事项。这类报告通过树立典型、交流经验,能够推动某项工作的有效开展,起到事半功倍的效果,如《教育公平:责任与措施——北京市海淀区教育均衡化问题的调查报告》。

（三）介绍新生事物的调查报告

这类调查报告主要反映社会生活中出现的具有典型意义的新生事物。新生事物有时预示着事物的发展方向，对推动具体工作的开展有着不可低估的作用。在写作过程中，要做到全面地反映新生事物的基本情况和特点，通过对其产生、发展过程的阐述，让人们了解其特点、意义等，从而获得一定的关注，如《春招生，一路走来不平坦——春招生及春招制度相关问题的调查报告》。

（四）揭露问题弊端的调查报告

这类调查报告是以揭露现实生活中存在的各种社会问题和弊端为目的，实事求是地阐明存在问题的具体情况，对被掩盖、混淆的问题或现象予以揭露，弄清问题的真相，分析其产生的原因，指出其危害性，提出解决问题的办法和思路，以引起有关方面的注意和重视。如《关于中小学在职教师从事有偿补课的调查报告》，就是通过对中小学在职教师违规从事有偿补课的调查和报告，反映了当前教育领域的一个热点和社会各界极为关注的焦点问题，指出了问题的严重性，引起了有关方面的高度重视。

例文借鉴

【例文】

诗歌学习过程中的美感获得评价研究[①]

一、导言

在诗歌教学过程中我们发现，有些学生对诗歌的兴趣相对较少，并且总是认为诗歌没有什么美的，不认同能够在诗歌中获得美感享受的说法。

是什么原因造成这种现象的呢？为了解决此疑惑，我们对学生进行了实际情况的调查，调查问卷包括三大类共二十三个问题，共发放了 200 份调查问卷，回收调查问卷 186 份，共获得有效调查问卷 153 份。这些调查样本来源相对较广，答案真实可靠，能够代表学生在诗歌学习过程中美感获得的真实情况。

二、事实和数据分析

1. 学生的诗歌学习数量和习惯对其在诗歌学习过程中美感获得的影

---

① 屈彦奎、胡炳姝：《诗歌学习过程中的美感获得评价研究》，《现代教育科学》2010 年第 1 期。

响。调查发现,84%的学生表示学习过200—300首诗,82.1%的学生表示只能背诵不到200首诗,明确表示能够背诵300首诗的只有5.1%。

由此可以看出,绝大多数学生的诗歌阅读量相对较小,仅局限于课本之内,并且学过的诗歌也并不能完全背诵。

经常自己找诗歌来读的学生约有30.8%,这一部分学生相对来说诗歌阅读量和背诵量较大,他们阅读诗歌的原因多数选择了喜爱阅读诗歌,或是其他,比如积累写作素材,提升自身思想境界等。53.2%的学生在老师或家长要求的情况下才会读,而有16%的学生明确表示,很少根本就不怎么读。这些学生阅读诗歌的目的主要是为了应付考试或者是老师家长要求,而本身并没有什么这方面的需求。

我们注意到,那些背诵量较大,对诗歌有浓厚兴趣的学生在诗歌学习过程中的美感获得要比那些背诵量较小的学生更强烈。这说明学生自身对诗歌的学习量背诵量越大兴趣越浓厚,其审美获得越强烈,反之越微弱。

2. 学生的兴趣爱好对其在诗歌学习过程中美感获得的影响。在"你认为哪种文学类型最能给你以美感享受"这项调查中,喜欢小说的28.8%,喜欢诗歌的32.7%,喜欢散文的34.0%,喜欢喜剧的1.9%,其他类型2.6%。值得注意的是,诗歌在小说与散文面前没有明显优势,而学生对散文的热爱甚至超过了诗歌。

在各时代的诗歌类型中中国古代的诗歌最受学生欢迎,占53.8%;其次为当代诗人的诗歌(包括歌词),占22.4%。学生最喜爱的诗歌风格依次为豪放雄奇42.9%,婉约清丽30.1%,静穆悠远14.1%,沉抑深邃12.8%。女生在此选项中喜爱婉约清丽的要多于男生,这和男女之间的情感差异是相符合的。

14种学生最喜爱的诗歌类型中排在前四位的是山水诗13.6%,爱情诗13.3%,哲理诗10.4%,田园诗9.9%。排在倒数两位的不能获得美感享受的是农事诗0.3%,徭役诗0.5%。由此可以看出,学生对与自身联系较大较能理解的比较喜欢,而对离自己较远的诗如农事徭役诗则不太喜爱,不容易获得美感享受。

以上分析可以看出,各项数据之间越是平均越是接近,越能体现出学生本身的兴趣爱好和审美倾向,对其在诗歌学习过程中的美感获得的影响差异较大,直接导致其喜欢的诗歌类型和审美获得有重要区别。

3. 学生在诗歌学习过程中美感获得的能力对其在诗歌学习过程中美

感获得的影响。学生对诗歌的美感获得的几种类型依次为意境美34.6%,语言美25.3%,情感美16.7%,画面美11.2%,音乐美9.9%。学生最难获得的美感是诗歌的音乐美,由此可以看出,学生在诗歌学习过程中的美感获得的关注点没有集中在诗歌本身的韵律和节奏上,在这一方面有严重的欠缺。

数据显示,61.5%的学生在阅读诗歌后要视诗歌本身情况才能产生美感享受。35.3%的学生不能引起与作者的共鸣,34.6%的学生不能引用诗歌中的句子,16.7%的学生不能在遭遇相似的情感或经历的时候回想起所学的诗歌。数据说明,有相当大的数量的一部分学生在诗歌学习过程中的美感获得不够迅速,不够直接,也不够长久。学生的美感获得还是偏少。

三、基本结论和建议

通过以上基于事实和数据的分析,我们可以得出以下几点基本结论。

1. 学生的诗歌阅读量与其在诗歌学习过程中的美感获得成正比关系。因此,教师有必要增加学生的阅读量,经过长时间的熏陶,学生应该会感觉到诗歌的魅力,进而产生更深层次的美感获得。

2. 学生对与自身联系大能理解的比较喜欢,而对离自己较远的诗不容易获得美感享受。因此,在诗歌学习过程中要注意学生的审美需求,在了解其个性需要的基础上,挑选其感兴趣的诗作进行引导。

3. 学生对诗歌中的美感深层次的东西感受不够深刻,有相当数量的一部分学生在诗歌学习过程中的美感获得不够迅速,不够直接,也不够长久。因此,教师要采取多种教学方式,采取灵活的教学策略,从不同侧面不同角度引导学生加强其对诗歌的感悟,使其美感获得更强烈更长久。

【简析】

这篇调查报告标题采用文章式标题,直接指出调查的事实,文章的内容针对部分学生不认同能够在诗歌中获得美感享受的这一现象,进行了深入的调查研究,用问卷调查、实地调研等方法,获得了大量的数据资料,并据此分析学生对诗歌美感获得能力的研究情况,从而得出结论和建议。调查方法科学,数据真实准确,具有较强的学术参考价值,提出的建议对诗歌学习、培养学生的美感获得具有很强的指导意义。文章条理清晰,语言准确简明,具有很强的说服力。

写作指导

一、调查报告的格式和写法

调查报告虽然有不同的种类,但它们的基本结构和写法是一致的,包括标题、正文和落款。

(一)标题

1. 公文式标题

由调查对象、调查内容和文体名称构成标题,如《××大学关于毕业生就业情况的调查报告》。

2. 文章式标题

具体的方式多种多样,标题可以是一个问题,或者是作者的观点,或者是直接叙述事实等,如《"问题少年"的出现,原因何在》。

3. 双标题

双标题是由正副标题组成的,其中正标题采用文章式标题写法,而副标题则采用公文式标题的写法,如《远山的呼唤——关于土家族聚居的樟木村人口素质调查》。

(二)正文

调查报告的正文由开头、主体和结语组成。

1. 开头

开头又叫前言。调查报告的前言一般根据主体部分组成的结构顺序来安排,常用的有以下几种类型:

(1)提要式。提要式就是概括调查对象最主要的情况,写在开头,使读者一入篇就对它的基本情况有一个大致的了解。

(2)交代式。交代式是在文章开头简单地交代调查的目的、方法、时间、范围和背景等,使读者在入篇时就对调查过程和基本情况有所了解。

(3)问题式。问题式是在文章开头提出问题,抓住关键问题进行设问,引起读者对调查课题的关注,促使读者思考,让他们循着作者的思路,明确调查报告的主旨或主要内容。

2. 主体

主体是调查报告中的重要部分,是决定调查报告质量高低与成败的关键部分。这部分要紧承导语。导语确立了主题,提出了问题,主体则要紧扣主题,并然有序地回答开头提出的问题,主体可以分几个大的部分与层次作出合乎事物发展逻辑的安排。主体要通过典型事例与重要的数据具体剖析,展开主题,揭示实质。

主体部分的写作,可以根据组织材料表现主题的需要采取层进式、并列式、纵横交错式等构架形式。

(1)层进式。按照调查的顺序、时间的顺序或事实发生、发展层层推进的方式来写。这种结构线索单一,内容集中,前后贯通,形成一条由浅入深、由始及末、由提出问题到解决问题清晰表达主题的线索。

(2)并列式。按调查材料,从几个方面并列地展开,说明主题,比较全面、完整,便于从多方面、多侧面表达主题。

(3)纵横交错式。层进与并列两种结构形式在同一调查报告里并用,大多数情况下全篇总体采用层进式,而主体的某个重要部分采用并列式。

3. 结语

调查报告常在结语部分表达作者的观点,对主体部分的内容进行概括、升华。因此,它的结语往往是比较重要的一个部分。常用方法主要有以下三种:概括全文,明确主旨;提出问题,启发思考;针对问题,提出建议。

(三)落款

调查报告的落款较为灵活,有时落在标题之下,有时落在文章末尾。标题之下或文章末尾的落款一般写明"××调查组""××单位"或个人姓名。具体日期"年、月、日"要写全,一般置于文末右下方。

二、调查报告的写作要求

(一)深入实际,调查研究,广泛占有材料

调查报告包含两个方面的内容即调查和报告。这两个方面反映了调查报告的写作过程是先调查,后撰写报告。细致的调查、认真的研究是写好调查报告的前提。调查研究的方法主要有:会议调查、问卷调查、个别采访、查阅文献和网上调查。

调查报告要用事实说话。多方面占有材料是写好调查报告的基础。调查要尽量掌握第一手材料,针对调查目标,确定调查对象,必要时可以事先拟好调查提纲,制作调查表格,广泛搜集多方信息,准确记录数据资料,同时,还要大量收集间接资料。材料的获取,既要立足于现实,还要注意过去,不仅要掌握现场得到的资料,还要查阅有关的历史文献,在占有全面、丰富材料的基础上,才能得出正确的判断和结论。

（二）认真分析研究，探寻本质规律

占有材料，不等于能写出好的调查报告，写调查报告不能简单地堆积事实材料和罗列数据，还需要把调查得到的素材，加以综合分析，从中找出规律性、本质性的内容，形成全文的写作中心。如撰写一个总结典型经验的调查报告，作者不仅要全面具体地概括这一典型事件的几个主要特征，还要指出有哪些主要成绩和经验，更要深入挖掘成功的原因和核心要素。这样的调查报告才有说服力，才能产生较强的指导作用。

（三）叙议结合，语言准确、简洁

调查报告要采用叙议结合的表达方式，边叙述、边议论，叙事要做到真实具体、简明扼要，议论严谨周密、恰到好处。语言表达要准确、简洁。

模拟训练

一、请对班级同学学习某门课程的学习方法进行调查，撰写调查报告。

二、大学生支教作为一种崭新的教育模式，对农村教育水平具有推动和促进作用，同时在一定程度上也缓解了农村教师资源紧缺的现状，更加有意义的是有利于师范生教育实践能力的提高和自身综合素质的培养。但从实际支教情况来看，还面临许多要解决的问题。请你采用实地调研法、问卷调查法或访谈法等，深入调查大学生的支教情况，以《××师范大学学生支教情况调查》为题，写一篇调查报告。

三、在我国，随着经济的发展和科技的进步，大学生的消费支出逐年增加，且增幅越来越大，大学生已成为不容忽视的特殊消费群体。请你深入调查你所在的学院或班级，了解目前大学生消费状况及消费心理，分析大学生的消费情况，并对下面这篇调查报告《大学生消费情况调查报告》做评析。

大学生消费情况调查报告

当前的消费市场中，大学生作为一个特殊的消费群体受到越来越多的关注，有的人称大学生是一个高消费群体。但我们也应该注意到大学生年纪较轻，有着不同于社会其他消费群体的特点。首先，他们有着巨大的消费需求，同时他们未能获得经济上的独立，消费受到了很大的制约。消费观念的超前和消费能力的不足，都会对他们的消费有着不同程度的影响。就难免存在一些非理性的、不切合实际的消费。为了调查大学生的消费情况(主要是大一新生的消费情况),我们以身边的同学以及我们各自认识的一些外校的大一学生为调研对象(有少数其他年级的)进行一次消费调查,弄清楚大学新生的消费情况,他们的消费是否合理,如果不合理应该怎样改正等。

1. 每月总消费的金额
2. 饮食消费
3. 通讯开支
4. 没有渴望经济独立的意识
5. 没有合理的消费安排
6. 建议

大学生消费的不合理性以及经济独立的意识差是由于他们对社会的认识不深、知道得不多等,不仅需要他们自己去改正,还需要学校、家庭乃至于社会的帮助,同时要社会各方面为他们营造良好的环境。如果学校没有教育学生要树立正确的消费观并帮助他们树立正确的消费观,他们就很难有合理的消费。如果父母都不注意自己的日常消费,给子女造成一种高消费的印象,又怎么让他们进行合理的消费呢?如果社会不停地向大学生推销各种高档的、名牌、时尚的产品,又如何能够让大学生们旺盛的消费需求和欲望得到控制呢?

所以大学生健康、合理的消费需要多方面的配合和帮助,社会要为他们营造一个良好的环境,而不是当他们出现不合理的消费时对他们进行指责,因为这不单是他们的错,社会和教育制度也有他们的责任。

复习与思考

一、什么是调查报告?调查报告有哪些特点?
二、调查报告有哪几种类型?
三、怎样写调查报告?
四、调查报告的写作要求有哪些?

第五节　演　讲　稿

学习目标

1. 了解演讲稿的含义、特点和种类。

2. 掌握演讲稿的内容、结构和写法,学会写演讲稿。

理论知识

一、演讲稿的含义

演讲稿也叫演说词、演讲词,是为演讲准备的书面文稿,即演讲者在公众场合或较为隆重的仪式上,为交流思想、发表主张或激励教育听众而发表的讲话文稿。写作演讲稿是为参加演讲活动作准备。演讲者要用规范的口头语言再现文稿内容,从而使演讲富有逻辑性和完整性,既周密、严谨,又生动、活泼。演讲的成功与否决定于演讲稿质量的高低,写好演讲稿,是演讲成功的关键一步。

二、演讲稿的特点

（一）内容的现实性和针对性

演讲稿的内容要从社会实际出发,针对现实生活中某一问题,面对听众发表自己的意见、见解,从而影响和感召听众。演讲的主旨和材料都来自现实,讨论并且要解决的是现实生活和工作中所关心的问题,是真实可信的。

俗话说,"射箭要看靶子,弹琴要看听众",演讲的内容要有针对性,要根据听众的身份、职业、文化程度、接受能力、兴趣爱好及兴奋点等来确定演讲的题目,针对不同的听众及现场气氛选择相应的内容,尽量选择贴近听众生活实际的事实材料和易于接受的语言,这样才能拉近与听众的距离,打动听众的心弦,收到良好的演讲效果。

（二）情感的感染性和说服性

演讲的目的在于打动听众,让听众认同和接受演讲者的观点或见解,具有很强的说服力,还要让听众在情感上受到感染并产生共鸣。演讲是一种有声音的感染艺术,"动人心者,莫先于情",既要以理服人,又要以情感人。演讲者要把火热的激情洋溢在讲词里,抒发在声调里,才能感染人、打动人。

（三）语言的传声性和鼓动性

演讲是将无声的书面语言转化成规范的、有声的口头语言,这就要求演讲稿具备传声性的特点。演讲稿的句子要简短,句式富于变化,语气要自然贯通,声调高低顿挫得体,便于演讲者调动声音技巧来表情达意。在演讲内容方面,话题要与听众休戚相关,观点主张要与听众痛痒与共,感情抒发要与听众喜怒相通。在语言表达方面,语意要明白,既要通俗易懂,又要生动形象,灵活运用修辞手法,增强感情色彩,激发听众情绪,这样的演讲稿才会富有鼓动性。

（四）表达的临场性和应变性

演讲稿是为演讲者提供的预定讲稿。受演讲场地、环境条件、听众反映等不确定因素的影响,演讲者在演讲时有可能对演讲的内容、材料做些临时性的更改或调整,增加一部分内容或删改一部分内容,或者改变演讲稿的顺序、结构。这就是演讲者对演讲稿的临时发挥。因此,演讲稿写作应充分考虑演讲环境和听众的突变性,在保证演讲内容完整的前提下,注意材料的伸缩性,应恰当运用现场的演讲素材,对演讲内容和结构做适当的删改或调整,这样才能从容面对临场出现的各种情况,从而收到良好的演讲效果。

三、演讲稿的类型

从表达方式上,演讲稿可以分成议论型、抒情型和叙事型三类。

（一）议论型演讲稿

议论型演讲稿是用论证的方法,阐述演讲者的观点、见解或主张,让听众认同并接受演讲者的某种观点,进而产生一定的行动。这种演讲稿往往选择一个有意义的论题,用明确的论点、确凿的论据,进行富有逻辑性的论证,赢得听众的赞同。

（二）抒情型演讲稿

抒情型演讲稿往往借助对一人一事、一景一物的描述,抒发感情,或者直抒胸臆,倾诉自己内心的思想感情,或者融情于景,借物抒情,用真挚、强烈的感情打动、感染听者,引起思想感情上的共鸣。这类演讲稿的语言要求生动、形象,富有情感色彩。

（三）叙事型演讲稿

叙事型演讲稿就是通过对某件事的叙述,阐明观点表达主张的演讲稿。这类演讲稿,多以演讲者亲历的事件为主要内容,一般采用第一人称的叙述方式,既能充分表达自己的真情实感,又能让听众感到真实亲切,乐于接受,从中受到感染和启发。

例文借鉴

【例文一】议论型演讲稿

彼岸繁花只为挑战者绽放

长春师范大学文学院 2018 级　鲁斯文

各位老师、同学：

我今天演讲的题目是《彼岸繁花只为挑战者绽放》。

孟子云："天将降大任于斯人也，必先苦其心志，劳其筋骨，饿其体肤，空乏其身，行拂乱其所为，所以动心忍性，增益其所不能。"我说，一个人要想成就一番大事业，一定会经历重重困难，穿过荆棘，才会实现最终的目标。

成功的关键因素就在于必须勇敢超越极限，超越自己认为不可能战胜的困难。你是否还记得海伦·凯勒？她儿时因患一场大病，从而丧失了视觉和听觉，她的人生陷入了一片黑暗，可她并没有向命运低头，以自强不息的生命态度对待人生，最终以优异的成绩考入哈佛大学。后来她致力于救助伤残儿童，保护妇女权益，争取种族平等。1964 年获得了总统自由勋章。她用亲身的经历告诉我们：要敢于超越人生的艰难险阻，披荆斩棘地闯出一条自己的路来。

古诗云："宝剑锋从磨砺出，梅花香自苦寒来。"愈是艰难的绝境，愈能促进人发挥潜力，超越看似不可征服的极限。红军的长征，在当今世界被誉为奇迹。在漫漫的二万五千里路途中，红军战士面对的是迂回曲折而又地势低洼的草地，这里鸟兽绝迹，人烟荒芜，只能吃草根。为了灾难深重的民族的解放，红军战士们挑战了生理的极限，走出草地，克服重重困难，赢得了中国革命的胜利。

不论是红军过草地，还是海伦·凯勒的故事，都是向我们证明了一个人要想成就一番大事业，一定会经历重重困难。人生路本就是一片撒满繁花又夹杂荆棘的小路，我们应该做的就是心向朝阳，向上生长，而且我们必须要明白的就是彼岸繁花只为挑战者绽放！

记得中央电视台有个节目叫作"挑战不可能"，节目中的很多选手都打破了吉尼斯纪录，而这五个字的象征意义就是对极限的考验。随着时间的推移，纪录被不断打破更新，可见极限不过是个具有时效性的字眼。就像一个物理实验中,桶中看似已装满了石块,但却又可以倒"满"沙子,甚至倒"满"水。很赞同那个学生的观点,"很多事情看起来达到了极限,实际上还存在很大空间"。在座的你我一定会认可,你以为的到达极限,其实还有很大提升空间。

如果现在的你在迷茫彷徨,你必须要懂得有得必有失。人这一辈子,如果不跳出安全区,你就无法知道自己的潜力有多大,你就无法知道你的极限有多高。其实没有什么东西能阻碍你通往成功,你面对的最大的挑战便是战胜自己,突破自己,尽自己所能!

超越自己的极限,作自己人生的勇士。请记住:彼岸繁花只为挑战者绽放!

谢谢大家!

【简析】

这是一篇议论型演讲稿。文章紧紧围绕"挑战极限"这个中心论题,选用了一组很有说服力的论据来论证自己的观点,全文说古论今,从孟子的"生于忧患"中提出了敢于超越的前提条件,从海伦的事迹、红军长征的事迹以及电视节目"挑战不可能"中人们表现出来的勇敢坚强中,说明超越极限的可能性。材料丰富充实,条理清晰,论证富有逻辑性,很有说服力。

【例文二】抒情型演讲稿

大学,人生最美的时光

长春师范大学文学院2018级　王林雯君

老师、同学们:

大家好!很高兴今天我能拥有这样一个机会站在这里,来表达我内心对大学的那份最真挚的情感。

大学,这是一个丰富多彩的世界。酸甜苦辣都是大学的经纬点。大学如酒,或芳香,或馥郁,因为激情,它变得醇厚。大学如歌,或高昂,或低沉,因为憧憬,它变得悦耳。大学如画,或明亮,或暗淡,因为诚挚,它变得精致。

大学,应该是自由与知识的殿堂,是梦想启程的地方。在这里,有浩如烟海的书籍,有知识的交融,有思想的碰撞。在这里,你可以乘着梦想高飞!有人说,梦想就像是七彩的泡沫,在高飞的同时幻灭。而我却想说,梦想是种子,是心中的等待,承诺一个不能立刻被证实的生命奇迹!

有人说,大学在某种意义上说是高中的延伸,还要继续高中时代拼命苦学的日子;也有人说,跨进大学前途和事业都有了最基础的保障,你可放任自我,虚度光阴。而我认为,大学是一幅空白的画卷,大学生活像一块调色板,你可以妙手丹青,可以信手涂鸦,更可以用智慧和热情描绘属于自己的七彩青春。无论这幅画卷是青春激扬、个性张扬,或是自我飞扬,还是提笔书写的坚强乐观,自立积极,独立向上,当时光飞逝四年离去时,我们将收获各自的风采和人生最关键的画卷。

从远古走到如今,从蒙昧迈向文明,千万年的沧海桑田,千万年的风风雨雨,千万年的追梦不息。梦想,是推动人类社会发展的动力。历史的车轮一直在随着人类的梦想向前滚动。曾几何时,我们足不出户便知天下大事,不断追梦,我们已经跨越38万公里的地月距离。在难以度量和把握的时间长河里,梦想是一条隧道,拉近了此时与未来的距离。我要为梦想不断地挑战自我,在挑战中拼搏,在拼搏中成长,在成长中磨砺,更在磨砺中成功。纵然自己一生都未能达到心目中的高峰,但生命的意义,本就在奋斗。你并不一定要等着享受奋斗的果实,而是去感受奋斗的本身所带给自己的快乐,而这就是一种享受。

大学是人生最关键的时期。我和大学有一个约定。

相约大学,开阔着我的视线,丰富着我的思想,洗涤着我的灵魂,滋润着我的生命。

相约大学,捡一片落叶,感觉时光的流逝。成熟的秋天告诉我:生命中最珍贵的东西未必是最闪光的,把握住青春,以最成功的姿态回报四季。

相约大学,把幼稚锁进童年的记忆,仰望高飞的雁群,提醒青春,不要平庸的过活,不可以辜负这人生最美好的时光。

相约大学,拨开心间淅淅沥沥的哀婉,撒下自信的种子,用高昂的基调谱写青春,在梦与梦的边缘,扇起希冀的灵光。大学生活未必是富有的,因为我们要走出校园,面对社会,迎接各种压力的挑战。大学是美好的,它让我们学会了独立,学会了坚强,完善了自我;大学生活是精彩的,是人生富有意义的阶段,是成就梦想、展示自我的平台,是人生一幅最美丽的画卷。

我希冀拥有天使的双翼,我渴求归期梦想的芳园,我甘愿尝试披荆斩棘的历程。我的心愿就是让理想漫过青春,让幸福滋养生命。也许,我有机会牵系昨日的往事之手,有能力珍惜今朝的红尘之烟,有理想勾勒未来的幸福之州,那么飞奔的时间老人会在灿烂的日子里赐予我成长的诗篇!

美好的年华,没有理由不走下去,没有理由不敢走进未来。最后,希望我的大学,有一个美好的开场,动人的过程,完美的谢幕!我知道,这还只是一个起点,未来的路还很长,需要付出的努力还会更多。一个有理想的孩子会一如既往地在这条路上拼搏,将会有成功带来的喜悦和荣耀,也会有失败带来的沮丧和失落,不管怎样,我的选择,我无悔!

我的演讲完毕,谢谢大家。

【简析】

这是一篇抒情型演讲稿。作者通过抒发对大学的憧憬、热爱的真挚情感,热情拥抱大学生活的丰富多彩,抒发了相约大学,播撒希望的种子、放飞梦想的期盼,感情真切,语言生动,自然流畅。好的抒情型演讲稿,应该既有热情的鼓动,又有冷静的分析,把抒情和说理有机地结合起来,做到晓之以理,动之以情。这篇演讲稿饱含作者对大学的炽情,抒写心中的无限向往和憧憬,是一篇极有感染力的演讲稿。

【例文三】叙事型演讲稿

分享我的光荣

四川省巴中市铁佛中学　余利梅

尊敬的各位领导、老师:

我叫余利梅,是来自铁佛中学的一名普通老师,很高兴今天能站在这里演讲。其实我并没有多少令人啧啧称赞的业绩,也没有很多精美绝伦的语言。在这里我只是想和大家分享我的故事,说说我在工作岗位上发生的那些温暖人心的故事。

记得刚毕业不久,我接手了一个慢班,第一次期中考试,我班的平均分就比年级平均分低了二十分,面对这么大的差距,我一点也没有灰心。针对孩子们的学习情况,参考其他老师的教学方法,我总结了一套"五步学习法"。然而正当我信心满满,准备付诸实践的时候,不幸的事情却发生了:一心支持我走上三尺讲台,多次向我说想看看我站在讲台上的样子的妈妈去世了,我也病倒了,住进了医院。病中的我在恍惚听到了孩子们那一声声真诚渴望的呼唤:"老师,老师……"依稀看到了孩子们那求知若渴的眼神,最终我决定收起悲伤,战胜了病痛,回到了学校,把笑脸又重新带给我的孩子们。在师生的共同努力下,那年的期末考试,我们班的语文成绩和班级总成绩都是全级第一名,而我也荣获了学校"优秀老师"的称号,同时也受到了学校、老师、家长的一致称赞。

老师就该爱每一个孩子。有一年新生入学,一名性格孤僻的女生被本该接受她的班级拒之门外。为了不使她辍学,我接纳了她。看着她那双失落的眼睛,我紧紧握住她的手告诉她:"孩子,相信自己,你一定会成为让老师骄傲的学生!"之后的三年里,我一次又一次用真诚的爱去开启她情感的闸门,弥合她心灵的创伤,抓住每个机会,努力走入她的情感世界,对她晓之以理、动之以情、施之以爱、导之以行。终于,她变了,变得积极、活跃、乐观、向上,也是一名令我骄傲的学生,你看,师德的力量多大呀!

曾经有人问我说:教师是世界上最清贫的职业,班主任是世界上权力最小的主任,可你却为什么如此地偏爱这一行呢?我的回答是:不错,我们的职业是清贫的,可我们将会是世界上最富有的人,因为我们会桃李满天下!我们的权力虽小,却掌握着塑造人的灵魂的权力,这是一个巨大的权力!回首过往,我为自己的辛勤付出而快乐,更为孩子们的真情回报而满足。生日那天黑板上大大的祝福、生病时一张张关切的纸条,帽子里的糖果、小卡片,办公桌上时不时多出的小盆栽、小药片……虽然这些只是很小很小的事情,却足以让我在教育的路上越走越远!

故事分享完了,我想用一首小诗来结束我的演讲。

如果 你是湖畔

我愿意是堤岸环绕的翠柳

如果 你是山岭

我愿意是漫山遍野的青草

老师

不一定使自己伟大

但一定可以使自己崇高

我的演讲完毕,谢谢大家!

【简析】

这是一篇叙事型演讲稿。演讲者通过讲述自己在平凡的岗位上发生的故事,分享了她作为一名老师的光荣,真切感人。无须夸大其词,也不用华丽的词藻,那些平平淡淡的事迹就是演讲者亲身的经历,那些很小的细节,生动地诠释了良好的师德师风,也更加生动地表现了作为一名老师的光荣。这就是叙事型演讲稿的独特风格,事件本身就是鲜活的教材。作者使用第一人称叙述,更加真实、有说服力。

写作指导

一、演讲稿的结构和写法

（一）标题

演讲稿标题的拟订一般有以下三种情况。

1. 根据演讲的主旨或主要内容拟订标题

演讲稿的标题要切实根据听众的愿望和要求,弄清他们关心和迫切要解决的问题,有的放矢,力求引起听众的最大共鸣,如《汗水成就美丽的人生》《美女的优势在哪里》。如果是在思想教育性的演讲活动上演讲,就应该针对现实中最新鲜的现象和听众最关心的问题发表见解,要根据听众的需求和愿望拟题。如果是学术演讲,演讲稿的标题必须围绕一个有社会或科学价值、有现实意义或学术意义的特定问题展开,否则,将是无的放矢。

2. 根据活动、会议的名称或演讲的地点、时间确定标题

根据活动、会议的名称来拟订标题的方式,是让听众一听题目就清楚明白演讲活动的基本情况,并对演讲内容产生兴趣,如《校园文化与当代人文精神的思考——在我校首届校园文化节上的演讲》；有时,为了突出演讲活动的时间、地点,还可根据演讲的时间或地点来确定标题,如1883年恩格斯的演讲题目《在马克思墓前的讲话》。

3. 采用正副标题的形式,正标题揭示演讲的主旨,副标题点明事由和文体

正标题突出演讲主要内容,副标题指出演讲的时间和地点等,这种拟定标题的方式,能够让听众从题目中了解演讲的主旨,如《读书无用论是最大的谎言——普林斯顿大学校长2018年毕业演讲》,苏加诺的演讲《让新的亚洲诞生吧——1955年4月18日在亚非会议开幕式上演讲》。

（二）称呼

演讲稿的称呼应根据演讲场合、听者的情况而定,一般按身份、主次排序。如各位女士、先生,各位老师、同学,各位领导、同仁等。称呼要体现出对听众的尊重,称呼的语言要准确、得体,拉近与听众的感情距离,吸引听众的注意力。

（三）正文

1. 开头

开头又叫开场白,好的开头能引起听者的注意,调动听者的情绪,迅速缩短演讲者与听者的距离,从而让听众对演讲内容产生巨大的兴趣。

演讲稿的开头常见有以下几种方式。

(1) 开门见山,揭示主题。开头直接进入正题,揭示主题,概括主要内容。常常用富有哲理性、发人深省的语句引出自己的观点;或者使用名言警句、谚语等引出论题,让听者一听便知演讲的主旨是什么,不转弯抹角,不过多渲染铺垫。这种开头方式适合庄重严肃的演讲。

(2) 介绍情况,说明由来。这种开头方式是在演讲时做一些必要的交代、铺垫,说明演讲内容、主旨的由来。这种方式一定要从演讲的中心出发,若是叙述故事,就要选择主要事件、事件的主要细节进行交代;若是说明事件的原委,就要从引起演讲的角度介绍。不可信口开河,离题万里,让听者不知所云。

(3) 提出问题,引起思考。这种方法是根据听众的特点和演讲的内容,开篇就提出一个或几个能激发听众思考的问题,触动听众的神经或感情,迅速吸引听众的注意力,引起思考的兴趣。这种开头方式能快速缩短演讲者与听众的距离,便于迅速沟通思想感情。演讲者提出的问题一定是让听众感兴趣的热点、敏感问题,要提得适合现场气氛,恰当得体,不可口若悬河,大发厥词。

2. 主体

主体是演讲稿的核心部分。这部分内容要针对演讲题目具体展开,如果是叙事型演讲,就要把人物的动人事迹、感人的经过等叙述清楚;如果是议论型演讲,就要运用事实或理论论据,通过科学的判断推理,以理服人;如果是抒情型演讲,就要渲染气氛,以情动人,让听众的情绪受到感染,产生共鸣。主体部分可根据内容,灵活安排结构,常见的结构形式有以下两种。

(1) 并列式,就是围绕演讲的主题,从不同的角度和侧面延伸出几个分论点,逐个论点分别论述,最后对各个论点综合归纳,从而使人们更全面深刻地认识并接受演讲的主题。

(2) 递进式。这种方式就是一层深入一层地展开主题,从论题的一个侧面、一个角度入手,由表及里,由现象到本质,层层推进,从而将论述的问题讲深、讲透,说理严密,让听众心悦诚服。

3. 结尾

演讲稿的结尾是演讲内容的自然收束,要简洁有力、发人深思,让听众精神振奋、受到鼓舞教育,给人留下深刻的印象。演讲稿的结尾没有固定的格式,或对演讲内容进行简要的总结,或与开头呼应、首尾照应,或对所讲论题进行展望,提出希望,鼓舞斗志。好的演讲稿的结尾要促使听众思考和回味,给听众留下难以忘记的印象。

二、演讲稿的写作要求

(一) 了解听众,有的放矢

演讲稿是讲给人听的,写演讲稿首先要了解听众。了解他们的思想状况、文化程度、职业状况等,了解他们所关心和迫切需要解决的问题,等等。掌握这些以后,就可以决定采取恰当的方式来吸引听众、说服听众,取得好的演讲效果。否则,不看对象,演讲稿写得再生动,演讲人说得再天花乱坠,听众也会感到索然无味、无动于衷,也就达不到宣传、鼓动、教育和欣赏的目的。

(二) 观点鲜明,感情真挚

演讲稿写作要做到观点鲜明、感情真挚。一篇演讲稿只有一个集中、鲜明的主题,演讲内容必须围绕着这个主题去展开分析、论证,显示着演讲者对一种理性认识的肯定,能给人以可信度和可靠感。这样才能使听众产生深刻的印象。演讲稿观点如果不鲜明,就缺乏说服力,就失去了演讲的作用,无中心、多主题、杂乱无章的演讲是没有人愿意听的。好的演讲稿应该既有热情的鼓动,又有冷静的分析,要把抒情和说理有机地结合起来,做到动之以情、晓之以理。这种深厚动人的感情要真切自然,不应是"挤"出来的,而要发自肺腑。

(三) 内容有起伏,节奏有张弛

演讲稿要写得波澜起伏,不能平铺直叙、呆板沉滞,让听众产生厌倦感。如果能掌握听众的心理特征和认识事物的规律,恰当地选择材料、安排材料,内容上有起伏、有强调、有反复、有比较、有照应,就能使听众的注意力保持高度集中,使演讲内容在听众心里激起波澜。

演讲稿的节奏既要鲜明,又要张弛适度。节奏有张弛,是指演讲内容在结构安排上的有张有弛、有起有伏。演讲稿的节奏,不是靠演讲者声音的高低调节,主要是通过演讲内容的变换来实现的。演讲内容的变换,是在一个主题思想所统领的内容中,适当地插入幽默、诗文、逸事等内容,增加行文的变化和波澜,以便听众的注意力既保持高度集中,又与演讲者的思想感情产生共鸣。

(四) 语言生动,深刻幽默

演讲稿的语言要求做到准确、精练、生动形象、通俗易懂,要多用口语化的语言,深入浅出,把抽象的道理具体化,把概念的东西形象化,让听众听得入耳、听得明白。不能讲假话、大话、空话,也不能讲过于抽象的话。

写作演讲稿在语言运用上应注意以下四方面。

1. 语言要口语化，通俗易懂

演讲稿的语言要口语化。"上口""入耳"这是对演讲语言的基本要求，也就是说演讲的语言要口语化。如果演讲稿不"上口"，那么演讲的内容再好，也不能使听众"入耳"，完全听懂。演讲稿的"口语"，不是日常的"大白话"，而是经过加工提炼的规范口头语言，要逻辑严密，语句通顺。

演讲稿的语言要力求做到通俗易懂。写演讲稿时尽量使用规范的口头语言，把长句改成短句，把倒装句写成陈述句，把单音词换成双音词，把生僻的词语换成常用的词语，把不容易听明白的文言词语、成语删掉或改换成惯用语、热词，让听众完全听得清、听得懂。否则，演讲者讲出来，听众没有听懂，这篇演讲就失去了听众，失去了演讲的意义、作用和价值。

2. 语言要准确朴素，风趣幽默

准确，是指演讲稿的语言能够确切地叙述事件原委、阐明事理。要做到这一点，首先要熟悉了解表达的对象，只有认识正确、清楚，语言表达才能做到准确无误，让听众信服；不仅做到语意明确，还要做到用词贴切、句子组织结构合理；同时还要兼顾平实朴素，明白流畅地表达演讲的思想内容，不过分追求词藻的华丽，用最普通的语言表达最深刻的见解。

幽默在演讲中起着相当重要的作用，一句幽默诙谐的话语，往往能引起听众带笑的思考，会对听众产生巨大的感染力和吸引力。演讲稿要运用幽默、风趣的语言，使紧张变得轻松、枯燥变成有趣，在亲切和谐的气氛中畅所欲言，既可调整演讲的节奏，又可使听众消除疲劳，增强演讲稿的表现力。

3. 语言要生动形象，深刻警醒

一篇好的演讲稿，不仅要有深刻丰富的思想内容，还要有生动感人的语言。写好演讲稿，要力求使用形象化的语言，努力做到生动感人。演讲稿写作可运用比喻、比拟、夸张等修辞手法，来增强语言的形象性，把抽象化为具体可感，把深奥讲得浅显，枯燥变成有趣。

演讲稿的语言不能流于空洞的说教和现象的罗列，要围绕主旨对材料的本质内涵加以分析、概括、提炼和延伸，并通过富于深刻警醒的语言点拨、渲染，将听众的思维引向一个更深邃、更崇高的境界，使演讲主旨得以升华，达到演讲宣传、鼓动和教育的目的。

模拟训练

一、有人说:"人生的道路上,每一种创伤,都是一种成熟。"你同意这种说法吗?请写一篇议论型演讲稿。

二、在伟大祖国生日到来之际,请你抒发一下心中的爱国热情,以"祖国,我爱你"为主题,写一篇不少于800字的抒情型演讲稿。

三、联系你的实习或从教经历,以"坚守一方净土,铸就高尚师德"为题目,写一篇叙事型演讲稿。

四、以班级为单位,组织一次以"关掉手机,回到课堂"为主题的演讲会。

一、什么是演讲稿?演讲稿有哪些特点?

二、演讲稿有哪几种类型?

三、怎样写好演讲稿的标题、开头和结尾?

四、演讲稿的主体结构有哪几种类型?

五、演讲稿的写作有哪些具体要求?

第六节 毕业论文

学习目标

1. 了解毕业论文的含义、特点和种类,明确毕业论文的体例、撰写过程和撰写要求。

2. 掌握毕业论文开题报告写作的内容、结构及写法,学会撰写开题报告。

3. 掌握毕业论文的内容、结构、写法及写作要求,学会写毕业论文并通过答辩。

理论知识

一、毕业论文的含义

毕业论文是高等院校的毕业生在毕业前撰写并提交的有一定学术价值的论

文。一般安排在学业的最后一学年。目的在于培养学生综合运用所学习的基础理论、专业知识和掌握的专业技能来解决本学科领域的具体问题,培养学生的科学研究能力,检验学生学习所达到的学业水平。学生须在教师指导下,选定课题进行研究,并把研究的新观点、新见解或创造性的研究成果撰写成论文。毕业论文的写作是对所学知识的运用和深化,是把知识转化为能力的实际训练。

二、毕业论文的特点

(一)学术性

毕业论文是学术论文的一种,具有学术论文的特点。毕业论文所阐述的理论是作者在某一科学领域中对某一课题进行潜心研究而获得的结果,具有系统性和专门性,而不是点滴所得。学术性可以体现在推翻某一学术领域中的某种陈旧的观点,提出新的见解;可以是将分散的材料系统化,用新的观点或新的方法加以论证得出新的结论;还可以在某个学科领域中经过自己的观察、调查、实验,有新的发现、发明或创造。

(二)科学性

毕业论文的科学性,要求作者以辩证唯物主义和历史唯物主义的科学态度和方法研究问题。一方面要求阐述的观点正确,经得起任何科学的检验;另一方面要求尊重客观实际,坚持实事求是,在论据材料上确凿、准确。科学性是毕业论文的灵魂,没有科学性的毕业论文是没有生命力的。

(三)专业性

专业性是文理科毕业论文的共同特点。撰写的论文无论是选题、参考文献、研究方法都有极强的专业性。在写作中,作者须用大量的可靠材料,运用科学的方法,对本质的东西加以剖析,对规律性的进行探讨。这就要求作者不仅要对所研究的对象有全面的认识,而且还要运用专业知识进行论证、阐述,将自己的发现和认识提高到理论的高度。

(四)创新性

大学生在最后一个学年,要集中精力写好毕业论文。在教师指导下,综合运用本专业所学的基础理论、专门知识和基本技能研究专业领域的某一问题。你可以赞成或反对某一理论或观点;可以在前人研究的基础上有所拓展、延伸;也可以对某一阶段、某一学术领域的研究状况作综合归纳,予以综述;还可以纠正前人研究出现的错误或弥补其不足等。提倡创新,不照搬,不抄袭,不人云亦云。要相信自己,独立思考,独立撰写,提高自己的科学研究能力。

三、毕业论文的种类

由于毕业论文本身的内容和性质不同,研究领域、对象、方法、表现方式不同,因此,毕业论文有不同的分类方法。

(一)按内容性质和研究方法划分,可以分为理论性、实验性、描述性和设计性论文

文科生一般写的是理论性论文。实验性、描述性和设计性论文是理工科学生选择的论文形式,又叫毕业设计(第七节具体介绍)。理论性论文又可分为两种:一种是以纯粹的理论为研究对象,研究方法是经过严密的逻辑推理和论证得出结论;另一种是以对客观事物和现象的调查、分析所得到的资料以及有关文献资料、数据为研究对象,研究方法是对有关资料进行分析、综合、概括、抽象,通过归纳、演绎、类比、推理,从而提出某种新的观点和理论。

(二)按议论的方式划分,可以把毕业论文分为立论文和驳论文

立论性的毕业论文是指从正面阐述和论证自己的观点和主张,驳论性毕业论文是指通过反驳别人的论点来树立自己的观点和主张。这两种类型的论文都要求论点鲜明,论据充分,论证严密,以理据和事实服人,其中驳论论文更要注意针锋相对,据理力争。

(三)按论题的大小划分,可以分为宏观论文和微观论文

凡属于全局性、带有普遍性并对局部工作有一定指导意义的论文,研究面比较宽广,具有较大范围的影响,称为宏观论文。微观论文是指研究局部性、具体问题的论文,它对具体工作有指导意义,影响的面较窄。

例文借鉴

【例文】

化蛹为蝶无觅处
——《嘉莉妹妹》中的悲剧意识

长春师范大学文学院 2007 级 刘蕾

摘要:《嘉莉妹妹》被美国文学史家誉为美国自然主义小说发展史上的里程碑,历来引人注目。作者德莱塞在小说中表达了一种因欲望而造成的悲观主义情绪,而这与叔本华的欲望永远无法完全满足、人生来就是痛苦的

悲剧理论基本契合。本文将通过运用叔本华的悲剧理论从悲剧的根源、悲剧人物的性格、悲剧的冲突、悲剧的结局四个方面来分析作品中所表达的人因欲望而痛苦、因欲望而走向毁灭的悲剧意识。

（英文摘要略）

关键词：《嘉莉妹妹》 叔本华 悲剧理论 悲剧意识

（英文关键词略）

德莱塞作为20世纪美国文坛上杰出的作家成功地将自然主义手法运用到作品中。"他的小说突破了维多利亚时代式和豪威尔斯式的胆小与高雅，打开了通向诚实、大胆与生活激情的天地。"①……在这篇文章中，我将以叔本华悲剧理论中造成悲剧的原因和关于对欲望无止境的追求所造成的悲剧为基础从悲剧的根源、悲剧人物的性格、悲剧的冲突、悲剧的结局四个方面来分析作品中所表现出来的悲剧意识。

一、悲剧的根源

每一部小说的创作都会以当时的社会背景为大环境，而这个环境对人物又产生着不可忽视的影响力。在这里，这些打上了社会性和时代性烙印的人的追求和欲望是形成悲剧的基础，也就是悲剧的根源。

（略）

二、悲剧人物的性格

如果说性格决定命运的话，那么在《嘉莉妹妹》中，人物带有悲剧色彩的命运很大程度就是由他们的性格所致。他们听命于一时的境遇和偶然的摆布，忘记了自己，丧失了个性，成了所谓的单面的人，畸形的人，悲剧的人。他们每一个人所意欲做出并确实做出的行为正是由他们的性格主导，再加上社会大环境的作用，最终我们看到了悲剧的上演。

（略）

三、悲剧的冲突

人类的始祖在伊甸园快乐的生活时，是对苹果的欲望促使上帝发怒，让人生而痛苦。如果不是对美丽的欲望，特洛伊就不会争战十年；如果不是对金钱和物质的欲望，嘉莉妹妹可能也是田间快乐的少妇了。但环境不给人以快乐，总是在关键时刻激化人与社会的矛盾以及人本身所固有的性格冲

---

① 栾金凤：《思想性与自然主义创新手法的统一》，《辽宁经济职业技术学院学报》2006年第3期。

突,牵扯出人本悲剧性。在叔本华的悲剧理论中,他将悲剧分为了三种形式,即"某一剧中人异乎寻常的,发挥尽致的恶毒","盲目的命运,也即是偶然和错误"和"剧中人彼此地位和关系的不同"。① 在这三种悲剧形式中后两种悲剧形式不但更为悲惨,而且因欲望而起的冲突表现得更加真实和尖锐。

(略)

四、悲剧的结局

固然人无幸福,可是人却要穷其一生去奋斗,去追求想象中的幸福,却又很少能达到目的,即使达到了目的,往往又大失所望。大多数人就像一叶在茫茫大海里漂泊的小舟,在到达港湾时,其帆、其桅皆都无影无踪了。或者,不管以前曾有过幸福或有过困苦,人结果都是一样的,因为人的生命不过是时常消失的即刻的瞬间,只是已过去了而已。

(略)

在小说中我们同样看到人类追寻的快乐不是所希望的快乐,而痛苦则远远超过所预计的痛苦。无论是从悲剧的根源、悲剧人物的性格、悲剧冲突还是最后的悲剧结局中,我们都看到了欲望带来的巨大毁灭——因痛苦的毁灭、因死亡的毁灭。而欲望给我们揭示的悲剧意识告诉我们:这是一场人生的悲剧,更是欲望的悲剧。

参考文献:

(略)

【简析】

这篇毕业论文选择美国自然主义小说《嘉莉妹妹》作为研究课题,运用叔本华的悲剧理论,从悲剧的根源、冲突、结局及人物的性格几个方面来分析作品的悲剧意识,得出"一场人生的悲剧,更是欲望的悲剧"这样富有启示性的结论。选题在外国文学研究领域具有较高的研究价值。论文观点鲜明突出,结构层次清晰,论据充分、翔实,论证有条理,富有逻辑性,语言表达简练、流畅,格式规范,是一篇优秀的毕业论文。

---

① 马新国主编:《西方文论史》(修订版),高等教育出版社2003年版,第125页。

写作指导

一、毕业论文的准备过程

毕业论文的撰写过程是训练学生独立进行科学研究的过程,学生动笔前要对所学专业某一领域的问题有自己的认识或初步的研究,在此基础上,要选择课题、查阅资料、确定论点,一般需要较长时间的准备。

（一）选择课题

选择课题是准备撰写论文的第一步。确定论文的研究方向,是论文撰写成败的关键。实际上,选择课题就是确定"写什么"的问题,即围绕什么问题展开研究和论述。一般说来,选题应该遵循以下几个原则。

1. 价值性原则

从现实中存在的问题或亟待解决的问题入手,选择适合自己专业的论题进行论文的写作。在平常的生活、学习中,我们总会遇到一些应该解决却未能解决的问题,能够运用自己所学的理论知识对其进行分析、判断、推理,找到事物的内部联系或规律性,探讨解决问题的方法,提出自己的见解,这是非常有价值的。

2. 创新性原则

选题时,尽量选择比较有新意的课题,选择自己能提出新观点、新见解的课题。学术问题总是在前人研究的基础上受到启发,可以从前人研究的空白处和边缘处寻找课题,也可以从发现前人研究的不足或错误入手来选题,开辟别人未涉足的领域,这都是选题创新的好方法。

3. 可行性原则

选择课题应充分考虑课题是否具有可行性。有的同学在选择课题时,只是凭着兴趣,有时选题范围很大,抓不住重点,无从下手;有时选题范围又太小,不利于在理论上展开深入的探讨。因此,选题时一定要量力而行,从自己的专业着手,充分考虑所选课题方向与自己的知识结构、素质结构及写作水平的契合程度,避免眼高手低。同时还要考虑搜集的资料是否充分,考虑自己能否顺利完成论文。再好的课题,没有大量的材料作佐证,是很难写出像样的论文的。

（二）搜集资料

毕业论文的搜集资料就是通过各种途径收集、选取与课题相关的理论、资料和数据,搜集资料是研究课题的基础工作。撰写毕业论文前搜集资料越具体、越详细,掌握课题研究的信息就越全面,专业理论认识就会越深刻,能够产生创造性思考的可能性就会越大,写出来的论文质量就可能越高。因此,大学生在写毕业论文时,首先要学会搜集资料,掌握搜集资料的方法和途径。搜集资料具体有以下三个途径。

1. 查阅文献资料

写毕业论文,必须掌握大量的文献信息资料。查阅文献资料是大学生撰写毕业论文获取资料的最主要途径。去图书馆、资料室查阅相关资料,找到与毕业论文课题有关的书籍、有联系的篇章,大致了解本课题的研究现状、前景和趋势等,还有哪些研究空白以及尚待解决的问题,避免重复别人的研究结论,找到本课题的论证目标,从而理清研究的思路和方向。

2. 调查研究

充分占有资料,是撰写毕业论文的基础。调查研究能获取最真实、最可靠的第一手材料。在进行调查研究时,研究者根据课题的大小、性质以及研究者自身的情况选择适当的方法,如开座谈会、网络问卷、访谈等方式。

3. 实验和观察

实验和观察是搜集数据资料、获得感性认识的基本途径,这种方法在理工科专业研究中较为常用。首先要对观察的问题应有清晰的了解,做到观察目的明确,要善于记录与观察相关的事实,以便事后进行整理分析,进一步提出研究的意见。科学实验具有直观性,通过各种形式的感知,丰富对问题的直接经验和感性认识,在研究时获得生动的表象,是形成、产生、发现和检验科学理论的实践基础。

(三)确定论点

这是论文准备工作的关键一步。论文写作不是堆积资料,而是写作者运用科学理论和系统的方法,对搜集的资料进行分类、选择,然后进行分析、研究,从而发现问题、发现规律,提出独到且有价值的观点。首先要确立论文的中心论点,再确定能够支撑中心论点的分论点,并根据论证过程将各个分论点有序地组织起来。论点确立之后,就要根据论点选择典型、真实、可靠的材料,从而进行严谨、富有逻辑性的论述,展开论文的写作。

二、毕业论文的写作过程

毕业论文的写作过程,包括撰写开题报告、论文两个环节。

(一)撰写开题报告

开题报告是指写作者对确定的论文题目做概要性阐述的专题性书面报告。

开题报告的内容一般包括:论文题目、选题的目的与意义、文献综述、主要内容、论文写作的步骤及目标等。

1. 论文题目

论文题目就是论文名称。名称要准确、规范、简洁。准确就是要求论文的题目要把论文研究的问题是什么交代清楚,论文的题目一定要和研究的内容相一致,不能太大,也不能太小,要用规范、简洁的语言概括出论文研究的问题,题目不能太长,一般不要超过20个字。

2. 选题的目的与意义

选题的目的、意义也就是为什么要研究、研究它有什么现实意义和价值。这些应从现实需要方面去论述,指出本论文的研究有什么实际意义,再写论文的理论和学术价值,都要写得具体且有针对性。主要内容包括以下两方面:

(1) 研究的有关背景。即论题是在怎样的研究背景下提出的,根据什么提出的,作者受到什么启发而选择这一课题的。

(2) 通过分析本校或本专业的教育教学实际,指出为什么要研究此课题,研究的价值有哪些,要解决什么样的问题等。

3. 文献综述

文献综述的目的是帮助我们理清思路,看看前人是怎样研究的,已有哪些研究成果,有哪些尚未研究解决的问题,还有哪些尚待完善补充的领域,要对学术观点和方法进行归纳整理,同时也要有自己的观点和见解,带着本人批判的眼光归纳和评论文献,不是对文献内容的高度概括和总结,更不是对相关领域学术论题的罗列、堆砌,而是寻找有待进一步研究的问题,进而确定本课题研究的平台和突破口。

4. 论文的主要内容

论文内容一般包括围绕论文题目明确研究的对象、问题、方法,扼要阐述本论文写作有关的理论、概念、名词、术语等。论文的主要内容不仅要写得具体、清楚、还要简洁、明确,文字不可太多,一般在200字以内。

5. 论文写作的步骤

论文写作的步骤就是论文写作的总体安排和进度,也就是论文写作在时间和顺序上的计划安排。论文写作的步骤要充分考虑研究内容的难易程度和逻辑关系,通常情况下,都是从基础问题开始,分阶段进行,把整个研究过程分为几个阶段,合理拟订各阶段的起止时间,有计划、有步骤地进行论文写作。

6. 论文写作的目标

论文写作的目标就是指论文要解决哪些具体问题,也就是论文研究要达到的预定目标。确定目标时要紧扣课题,切忌把目标定得过高,切忌因无法完成目标或没有达到预期的效果,而影响论文的质量。论文写作目标的表述,用词要准确、精练、言简意赅,让人一读就清楚知道论文的主要观点、见解是什么。

(二)撰写论文

国家标准局发布的《科学技术报告、学位论文和学术论文的编写格式》对论文的编写格式做出规定:论文由前置、主体、附录、结尾四部分构成。

1. 前置部分

《科学技术报告、学位论文和学术论文的编写格式》规定,论文的前置部分应有封面、封二、题名、序或前言、摘要、关键词、目录等主要项目。各高等院校根据实际情况,对论文的前置部分制定了相关的规定格式,学生只需根据其规定填写相关的内容即可。前置部分包括标题、作者及专业班级、中英文内容摘要和关键词、目录等。

(1)标题。标题要直接表达或揭示主题、概括文章的内容,力求鲜明准确,便于读者把握全文内容的核心,切忌笼统。读者会通过论文题目中的关键词检索论文,所以用语精确是非常重要的。论文题目应该是对研究对象的精确具体的概述,论文题目不仅应告诉读者论文研究了什么问题,更要告诉读者论文研究得出的结论。论文标题写法的要求,与开题报告中对题目的要求一致。开题报告中的题目,如果通过了指导老师的审核,可以直接选用;如果没有通过审核,则要认真修改,再斟酌使用。

(2)作者及专业班级。作者属于论文的责任者之一。根据文责自负的规定,论文应署上作者的姓名,所在院系、专业、班级的名称。

(3)内容摘要。内容摘要是全文的梗概,是正文的附属部分,一般放置在论文的篇首。在这里,作者要用最简短的文字勾勒出全文的整体面目;概括论文主要论点、揭示论文的研究成果、简述全文的结构层次。内容摘要就是让读者在未阅读论文全文时,先对文章的主要内容有个大体上的了解,知道研究所取得的主要成果,研究的主要逻辑顺序,有时内容摘要成了把论文推荐给读者的"广告"。因此,语言要简明、扼要,要有高度的概括力。中文摘要一般在 200~300 字左右。

(4)关键词。为了文献标引工作,关键词应从论文中选取出来。关键词是表示全文主要内容信息款目的单词或术语。一般从论文标题或正文中挑选 3~5 个最能表达主要内容的词作为关键词,以显著的字符另起一行,排在摘要的左下方,关键词和摘要之间不空行,与正文之间空一行。为了便于国际交流,应标注中文对应的英文关键词。

（5）目录。一般说来,篇幅较长的毕业论文,都设有分标题。设置分标题的论文,因内容的层次较多,整个理论体系较庞大、复杂,通常设目录。设置目录的目的主要使读者能够在阅读该论文之前对全文的内容、结构有大致的了解,为读者选读论文中的某个分论点时提供方便、节省时间,以便读者决定是读还是不读,是精读还是略读等。

目录一般放置在论文正文的前面,写作时要做到：

第一,准确无误。用文字表示的目录必须与全文的纲目相一致,要求文章的各项内容,都应在目录中反映出来,不得遗漏。也就是说,论文的标题与目录存在着一一对应的关系。

第二,清楚完整。目录应逐一标注该行标题在正文中的页码,标注页码必须清楚。

2. 主体部分

主体部分是毕业论文写作的核心和重点,专科毕业论文正文字数一般应在5000字以上,本科学士毕业论文通常要求8000字以上,硕士毕业论文一般要求在3万字以上（不同院校要求可能不同）。主体部分一般由引言（或前言、绪论）、正文、结论、注释、参考文献、致谢等构成。

（1）引言。引言又叫作前言或绪论,是论文的开头部分,主要说明论文写作的目的、现实意义、对研究问题的认识,并提出论文的中心论点,起到引导读者领会正文内容的作用。引言要写得简明扼要,不要与内容摘要雷同,不要成为摘要的注释,篇幅不要太长。

（2）正文。正文是毕业论文的本论部分,占主要篇幅,这一部分应详细阐述作者个人的研究成果。作者首先要提出新颖、具有独创性的观点,然后根据论题的性质,或正面立论,或批驳不同的看法,全面周详地阐释问题、分析问题,从而论证文中观点和见解。本部分是最能体现作者的科研能力和学术水平的重要部分,文字量大,篇幅较长。这部分的写作要求,一是论证充分,说服力强;二是结构严谨,条理清楚;三是观点和材料相统一。

毕业论文正文部分的结构一般采用以下三种方式：

第一,横向式结构。将文章的中心论点分解成几个平行、并列的分论点,分别从不同的角度、不同的侧面对问题加以论述。论证的各层次、段落之间是平行并列的关系。

第二,纵向式结构。表现为递进式的层次关系,可以按照认识事物由浅入深、由表及里、由现象到本质的逻辑关系,后一个分论点是前一个分论点的深化,层层深入地安排结构。

第三,纵横交错式结构。以横向式和纵向式结构相结合的方式安排论文的层次。往往是全文以纵向式或横向式结构形式为主,对文中分论点的论证安排另一种结构形式,便于把复杂、深刻的观点论述清楚。

(3)结论。一般用"结语""小结"等标示。毕业论文的结论要明确指出论文研究的成果或得出的观点主张,这是经过严密的逻辑推理和论证所得出的最终结论,并且要对今后的进一步研究工作予以展望、设想。语意明确,语气要充分肯定,语言表达要准确完整、简明扼要。

(4)注释。在毕业论文写作过程中,文中内容涉及引入他人的观点、统计数据等所引资料,要在正文之外加以注释和说明,可以用夹注、脚注和尾注的方式注明。如注释是图书时,要注明作者、书名、出版社、出版日期、版次和页码;注释是刊期时,要注明作者、文章题目、期刊名称、期刊号和页码。

(5)参考文献。一篇论文的完成需要大量的文献资料,将被参考的文献资料的目录清晰、准确地列在论文的末尾,体现出作者严肃的科学态度,也是对文献著者编者的尊重,同时也让读者能够找到该资料的原始出处,便于检索。毕业论文的参考文献按照《文后参考文献著录规则》(GB/T 7714—2015)规定执行。

(6)致谢。致谢为毕业论文写作格式的选择项目,需要时才用,可以在正文后表示致谢。通常应对在毕业论文写作中给予帮助、指导,提供便利条件的单位或个人表示感谢。

三、毕业论文的写作要求

(一)立论新颖,选题创新

题目选择是否合适,是论文成败的关键。本科的论文写作要创新,选题宜小不宜大,只要在学术的某一领域或某一点上,有自己的一得之见,或成功的经验、或新的观点和见解,言之有物、读之有益,就可作为选题。提出自己的观点要突出创新。创新是论文的灵魂,毕业论文立论要新颖,要结合学习、工作实际,根据自己所熟悉的专业和研究兴趣,适当选择有理论和实践意义的课题,不能毫无新意地重复前人的论题,或人云亦云。

(二)论据充分,论证严密

毕业论文必须以大量的论据材料作为自己观点形成的基础和确立的支柱。

材料是写作的基础,材料要准确、翔实,要对所搜集到手的资料进行全面浏览,并对不同资料采用不同的阅读方法,如阅读、选读、研读。毕业论文需在研究资料的基础上,提出自己的观点和见解,进行论证。在论证时,提出问题、分析问题、解决问题的过程要符合客观事物的规律和人们的认识规律,论证要严密、富有逻辑性,对某一问题的分析、某一现象的解释,要体现出完整的概念、判断、推理过程,这样才能使论文有很强的说服力。

(三)结构合理,格式规范

毕业论文写作要合理安排文章的段落层次,从论文全局出发,考虑大小段落的结构是否完整、衔接自然,几个分论点的前后顺序是否合理,结论是否收束全文等。毕业论文还应注意格式的规范性,要严格按照学校对论文格式的要求进行写作,检查语言是否准确简练,基本格式是否正确,各项内容是否合乎字数、字体要求等。总之,要认真对待论文的撰写,这是提高自己学术水平的好机会。

四、毕业论文的答辩

(一)毕业论文答辩的目的

1. 进一步审查论文

毕业论文答辩的目的之一是进一步审查论文,审查毕业论文是否学生自己独立完成,进一步考查和检验毕业论文作者对所著论文论述到的论题的认识程度和当场论证论题的能力等情况。

2. 进一步考查毕业论文作者对专业知识掌握的深度和广度

在答辩会上,答辩小组成员把论文中阐述不清楚、不详细、不完备、不确切或不完善之处提出来,让作者当场回答,进一步检查作者对所论述的问题是否有深厚的知识基础,是否有创造性见解。大学生要顺利通过毕业论文答辩,就必须了解学校组织毕业论文答辩的目的,然后有针对性的准备,继续推敲和研究论文中的有关问题,把论文中提到的基本材料搞准确,把有关的基本理论和文章的基本观点彻底弄懂弄通。

(二)毕业论文答辩的内容

1. 回答专家围绕论文提出的问题

一般情况下,专家会针对论文的中心论点和分论点提出问题,也会对论文中的论据材料等提出疑问,专家总是寻找论文中的薄弱环节提问,以便作者进一步补充、论证。

2. 回复与论文有关的其他问题

如论文的写作动机是什么;读了哪些专业和非专业的书籍;写作前做了哪些准备;该专业其他论文对本论文的影响;论文涉及哪些尚未解决的问题;本论文今后的研究方向、前景等。

(三)毕业论文答辩的注意事项

1. 答辩前应做充分的准备

可从以下方面进行准备:课题研究的价值和现实意义;课题形成的过程;搜集的材料的出处、版本,对论题的阐述有哪些作用;对材料的开掘是否有新意、有深度;论文主体结构的特点;论文撰写过程中遇到了哪些问题,如何解决等。总之,答辩者要对自己的论文要有深刻的认识和理解,做全方位的充分准备来应对专家对论文的审查。

2. 在自我陈述阶段,应紧扣主题,突出重点,言简意赅

不能照本宣科,要把论文最核心、最有特色的部分表述出来。适当调整语速,语速过快,评委听不清楚,会影响答辩成绩。

3. 在答辩阶段,要紧紧围绕老师提出的问题作答,不可强辩

答辩要紧紧抓住问题作回答,不可离万里。阐述要有理有据,理论说得透彻,事实说得清晰,观点鲜明,做到有条理、逻辑清晰。与答辩老师的观点不同时,可以展开适当的辩论;对回答不上的问题,要实事求是地说明情况,不可强辩。答辩要做到语言流畅、态度端正、礼貌得体。

模拟训练

一、阅读下面这篇论文简介,按格式要求完成论文内容的填写。

林××同学非常喜爱汪曾祺的散文,平时阅读了汪曾祺大量的饮食散文作品。毕业论文初步拟定探讨汪曾祺散文的艺术特色。以下是她论文的简介:

汪曾祺是当代文坛一位重要的作家,他的散文语言清新淡雅,文体自由随性,内容更是涉及广泛,人文历史、民俗风情、自然地理、饮食文化诸多方面都有所涉猎。在这些散文中,关于饮食的描写占有重要篇幅,也写得颇具特色。汪曾祺的饮食散文以平常吃食为写作对象,以食物作为媒介,通过对饮食的描述,折射出与食物相关的人、事、物。这些散文对饮食细琢详研,这背后,是从容的饮食态度,是平淡生活中的雅致趣味。尤为重要的是,汪曾祺赋予这些饮食以风致、以光彩,为我们展现了一个温润亲和的,属于他自己同时又属于每一个读者的,文字上的饮食盛宴。我想以汪曾祺的饮食散文为研究对象,分别从汪曾祺饮食

散文的文化意蕴、京派传承与个人特色、饮食情结原因探析、价值与局限这四个方面探讨他的饮食散文创作。

请完成下面结构内容的填写：

1. 标题：_____

2. 署名：_____

3. 内容摘要：_____

4. 关键词：_____

5. 目录：_____

二、以下内容是陈××同学对自己准备撰写的毕业论文的简介，请按照学校要求的格式，帮助他写完开题报告。

《平凡的世界》在我国文坛上有极高的地位，被认为是"现实主义的收获"。《平凡的世界》作为一部励志和现实小说，具有突出的现实意义。目前我国对《平凡的世界》研究主要分为三大块，分别是对孙氏兄弟的研究，对女性爱情的研究，对农民的研究。对于苦难与斗争等自我救赎的研究相对较少。基于对路遥小说的喜爱，我决定以他的作品为毕业论文的撰写素材。

在路遥的作品中，最大的特点是塑造了具有鲜明性格特征和丰富的人生内涵的人物形象。感动于他们在苦难生活中的奋斗精神，拟以《平凡的世界》中的主要人物为研究对象，初步分析研究路遥的作品。

××师范大学本科毕业论文开题报告

学院：文学院　　　　　　　　　　　　　　专业：汉语言文学

毕业论文题目	论路遥小说《平凡的世界》中的现实主义创作特色
作者姓名	
指导教师姓名	
一、论文的选题意义及主要内容（附主要参考文献） （一）选题意义 （二）研究现状 （三）主要内容 （四）参考文献 二、论文工作的总体安排及进度： （一）总体安排 （二）具体进度	

续表

三、论文预期达到的效果
四、指导教师意见 　　　　　　　　　　　签名　　　　　　年　月　日

三、根据自己所学专业,选择一个合适的题目,按照毕业论文的格式要求,写一篇 1000~1500 字的小论文。

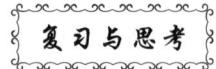

一、什么是毕业论文?毕业论文有哪些特点?
二、根据划分标准的不同,毕业论文可分为哪几种类型?
三、撰写毕业论文应做哪些准备?
四、怎样撰写开题报告?
五、毕业论文主体部分在结构和写法上有哪些具体的要求?
六、毕业论文答辩的目的、内容包括哪些?
七、毕业论文答辩要注意哪些事项?
八、毕业论文的写作有哪些具体的要求?

第七节　毕业设计

学习目标

1. 了解毕业设计的含义、特点和种类,明确毕业设计的撰写过程和撰写要求。

2. 掌握毕业设计开题报告写作的内容、结构和方法,学会撰写开题报告。
3. 掌握毕业设计的内容、结构、写法及写作要求,学会写毕业设计。
4. 了解毕业设计答辩的目的、意义及答辩内容,并通过答辩。

理论知识

一、毕业设计的含义

毕业设计,又叫毕业设计报告,是理工科大学毕业生在教师指导下,运用所学知识对本专业某一课题的研究和设计成果进行书面总结的科技文书。通过毕业设计,学生对某一课题作专门深入系统的研究,巩固、扩大、加深已有知识,培养学生综合运用已有知识独立解决实际问题的能力。同时,毕业设计也是对学生在大学学习阶段的知识结构、专业素质和专业技能的全面检查。毕业设计在本质上是理工科毕业生的科技论文。

根据研究方法的不同,毕业设计可分为理论型、实验型和描述型三种类型。理论型毕业设计的主要研究方法是用理论分析的方法,解决现实工作或工程设计中的实际问题;实验型毕业设计的研究方法是通过设计实验,对实验现象和实验结果进行分析研究,从而解决某些专业问题,巩固和深化所学专业知识和技能;描述型毕业设计的主要研究方法是描述说明,目的是介绍新发现的事物、现象及其具有的科学价值。

二、毕业设计的特点

(一)科技应用性

毕业设计是学生独立地运用所学的专业知识,进行工程设计或解决工程难题的一次研究性综合训练,具有明显的科技应用特点。毕业设计要求学生要全面综合运用本专业的基础理论和专业技术知识,运用计算、绘图、实验、分析数据等技能,在研究分析的基础上,得出富有创建、前瞻性的结论,解决企业、研究部门的实际问题。

(二)综合考查性

毕业设计是大学生在校期间的最后一个综合性的实践教学环节,毕业设计质量反映了大学生对所学基本理论、基本技能的掌握和运用情况,是大学生综合素质的具体体现。

毕业设计是对学生在大学学习阶段的知识掌握情况、专业技能水平的综合

考查,也是对学生工程设计能力的初步考核。考查内容主要包括以下五个方面:

第一,考查运用原理(机械、电子、计算机等)的能力;

第二,考查搜集文献资料的能力;

第三,考查绘图能力;

第四,考查分析模型数据的能力;

第五,考查实验能力。

一篇有实用价值和学术价值的毕业设计能够反映出作者的专业素养和分析解决问题的能力。

(三)解释说明性

学生对毕业设计成果的解释说明,不仅要对所研究的对象有全面的认识,而且还要运用专业知识进行论证、阐述,运用科学的方法,对本质加以剖析,对规律进行探讨,将自己的发现和认识提高到理论的高度。毕业设计成果的原理、应用范围、技术参数、工作流程等具有很强的专业性,外行人不容易接受,只有通过准确简明的文字表述,加以必要的图纸解释说明,才容易被人们了解、接受并认同。这也是逻辑思维能力、语言表达能力在工科毕业设计中的综合体现。

(四)创新实践性

毕业设计可以培养大学生的社会意识,对其进行科学研究的基本训练,是教育与生产劳动和社会实践相结合的重要体现,也是培养大学生的创新能力、实践能力和创新精神的重要实践环节。毕业设计一定要结合自己实践中某项具体项目而设计,如果是对某具体课题的独立论证,设计内容要有创新性,如果是对前人论点的研究,或是对已有论据材料的研究,都需要有自己独特的想法和见解。

毕业设计是以实验或设计为基础的,学生在写作时必须参与实验或设计的整个过程,并且要详细记录实验现象、数据,利用各种原理图、流程图、表格、曲线等来说明问题,在实际操作和研究分析中,发现问题,获取信息,而不是凭主观虚拟数据或想象设计方案。

例文借鉴

【例文】

三维分块结构化网格下有限体积法导热计算程序开发[①]

北京航空航天大学能源与动力工程学院2009级 张天麒

【摘要】

本毕业设计是开发一个导热计算程序,作为开发涡轮传热CFD平台的基础工作。……本文将从导热问题入手,设计导热计算程序,并将本文程序的计算结果与成熟的商用软件的计算结果进行比较。通过本文的工作,可以得到一个处理复杂几何模型、变物性、非稳态导热问题的计算程序,为建立涡轮传热领域的CFD软件奠定了基础。(英文摘要略)

【关键词】涡轮传热,分块结构化网格,导热计算,程序开发(英文关键词略)

【目录】(略)

1. 绪 论

1.1 课题背景

航空工业的发展水平,不仅是一个国家工业发展程度的重要指标,也是国家综合国力的集中体现,它对于巩固国防、促进经济和科技的发展都有着十分重要的意义。航空发动机涉及的学科十分广泛,同时对于机械制造业的依赖程度也非常高,世界上目前可以自主设计制造发动机的国家也是屈指可数,我国也一直没有停止过追赶国际先进发动机水平的步伐。

(略)

图1.1为典型涡轮叶片冷却结构数值模拟结果。(图略)

可以看出,CFD软件在航空发动机涡轮传热领域内,得到了广泛的应用。究其原因,一方面是由于计算机硬件工业的发展为其提供了坚实的物质基础;另一方面,理论分析和实验的方法都有较大的限制(例如由于涡轮叶片内高温流动传热问题的复杂性,既无法作分析解,也因费用昂贵而难以进行大量实验),而数值模拟的方法具有成本低和能模拟较复杂或较理想的

[①] 本文获北京航空航天大学2013年本科毕业设计奖。

过程等优点,经过一定考核的数值模拟软件可以拓宽实验研究的范围,减少成本昂贵的实验工作量。因此,CFD 已经成为涡轮传热研究的一个重要手段。

1.2 CFD 软件的发展现状

CFD 的实现建立在软件功能的基础上。目前,CFD 软件种类繁多,针对不同的物理问题的流动状态,不同的软件也有不同的功能特点。根据源代码的开放程度,主要分为两类,一类为商用 CFD 软件,一类为开源 CFD 软件。

(略)

2. 非正交六面体网格有限体积法离散理论

本章以微分方程为出发点,在非正交六面体网格基础上,基于有限体积法思想,推导复杂几何结构的导热离散方程。

2.1 单元类型

本文采用的控制体为非正交六面体。如下图所示。(图略)

2.2 基本方程

导热微分方程

$$\frac{\partial(\rho c T)}{\partial t} = -\nabla \cdot \vec{q} + \dot{Q}_s$$

(略)

本文采用了上述雅克比点迭代以及 GS 点迭代法。除此之外,目前已经有很多成熟的迭代方法,如线迭代,ADI 迭代,等等,这些功能有待进一步开发。

3. 程序计算流程及理论验证

3.1 程序功能简介

本程序的功能是计算复杂几何结构固体的导热问题。用户可通过编辑求解参数文件,来设定物理边界条件,控制物性随温度变化,控制时间步长以及求解总时长,控制时间格式,控制迭代残差及松弛因子,从而控制程序的求解过程。边界条件文件格式及注释如下图所示。(图略)

3.2 程序原理

在本程序的求解器中,不同的块之间,温度数据是以一类边界条件的形式传递的。例如,块 1 在 E 面的相邻面是块 2 的 W 面,则将块 1 的 E 面边界类型设为一类边界条件,边界温度为块 2 的 W 面温度。在内迭代计算中,每个块根据自身6个面的边界条件独立进行迭代求解。在每个外迭代步开始前对每个块的边界条件进行更新。如图3.2(图略)所示。

根据如图3.2所示的相邻关系处理边界条件。将块1的E面边界条件类型设为1类条件,边界温度为块2的W面温度,如图3.3(图略)所示。

求解器计算完毕之后,程序将输出一个TECPLOT文件,来供用户观察全局温度场的瞬态变化。(图略)

3.3 程序的操作步骤

(略)

4. 程 序 验 证

本章计算了涡轮叶片中几种典型的复杂几何结构导热问题,并将本程序的计算结果与Fluent软件的计算结果进行了对比,从而对本程序针对复杂几何结构计算能力进行验证。(略)

5. 结 论

作者在借鉴相关理论的基础上,在导师指导下,从零开始,独立完成了基于三维非正交六面体网格的离散方程推导,将网格分块数据交换理论、计算流体力学三层迭代模型在程序中真正实现,并完成了和商用网格生成器及数据后处理程序的数据格式转换等大量理论推导、程序设计、编程及调试工作,实现了基于分块结构化网格复杂几何的非稳态、变物性导热计算功能。通过多个基本理论算例及若干涡轮叶片复杂内冷结构导热问题的算例,验证了程序的正确性。

1. 获得了基于非正交六面体网格的导热离散方程推导过程合理、正确,可用于指导编写三维复杂几何导热计算程序。

2. 编写了三维分块结构化网格下有限体积法导热计算程序,且该程序在计算对称问题时可获得理想的对称解。

3. 该程序可以处理复杂的涡轮叶片模型,并正确计算其变物性、非稳态导热过程。

通过本文导热计算程序的编写和验证,在离散方法、程序顶层设计、功能模块方面均有所积累,从而为自主开发涡轮传热CFD软件奠定了坚实的理论和实践基础。

致谢(略)

参考文献(略)

【简析】

这篇毕业设计以数值传热算法作为研究课题,设计并完成了一个三维导热数值模拟软件。选题在计算流体力学领域具有一定的基础研究价值,作者在现有计算流体力学理论指导下,充分借鉴商用软件和开源软件的技术和方法,构建了具有自主知识产权的数值模拟软件框架。这篇毕业设计基于非正交六面体网格的导热离散方程推导过程合理、正确,可用于指导编写三维复杂几何导热计算程序。三维分块结构化网格下有限体积法导热计算程序设计合理,在计算对称问题时可获得理想的对称解,同时具备处理复杂三维结构的能力。这篇毕业设计结构层次分明,语言表达简练,公式推导清晰,格式规范,是一篇优秀的毕业设计。

写作指导

一、毕业设计的准备过程

（一）选择课题

选题是毕业设计的关键。一篇毕业设计有没有一定的应用价值,有没有新意,很大程度上取决于选题。好的选题能强化理论知识及实践技能,使学生充分发挥其创造力,圆满地完成毕业设计。毕业设计的课题可从以下几个方面综合考虑。

1. 选择能够综合学生所学专业知识的课题

从兴趣或专业知识强项出发选择课题,只有掌握扎实、钻研透彻的专业知识,应用起来才会得心应手。同时选题要考虑学科教学的延伸、多学科知识的综合,多角度挖掘课题,寻找课题的研究方向,提高毕业设计的撰写质量。

2. 选择有一定应用价值的课题

选择能够解决生产、生活实际中的具体问题,注重课题的应用价值。学习的最终目的是应用。针对生产实际、能够解决问题的课题才有研究价值。学生可以通过实习调研,独立深入与毕业设计课题有关的单位、部门了解课题的来源及提出的依据,了解与毕业设计课题有关的生产设备、生产过程、检测手段、生产特点的实际知识。收集有关的数据、图表、文献、资料,并进行分析、归纳、整理及研究,对课题设计方案起到指导作用。尽量选取最适合教学内容又贴近生产实际的课题,与实际结合的课题能激发学生的研究兴趣,提高毕业设计的实际应用价值。

3. 从有必要进行补充或纠正的课题中选题

学术问题总是在修正错误中,或扩大应用领域中,或在与其他知识相结合中发展的。因此,选题时可以从有必要进行补充或纠正的课题中选题,考虑从这个方向选题,容易找到有新意、有价值的论题。

选题的方向不仅有以上三种,从毕业设计的价值来看,选题的理论意义和现实意义是首要的,在此前提下,可以发现生产或科研中亟待解决的问题、中外学术观点的异同问题、事关国计民生的问题、学科的现状与发展前沿性的问题。

无论怎样选题,都必须考虑毕业设计的时间要求和容量要求,以及自身的学术水平和研究条件。太简单的课题将使部分能力较强的学生产生轻视的态度,草草了事,或过早地完成设计而影响毕业设计的质量;而太难的课题使部分基础较差的学生感到无从下手、产生畏惧感,最后得由教师手把手地教,甚至由教师一手包办,使毕业设计流于形式,起不到应有的作用。选题切不可脱离实际,即不能选择方向虽好但无法完成的课题。

(二)搜集资料

所谓材料是一切写作活动的前提条件,收集专业学术资料是撰写毕业设计的重要组成部分,对毕业设计的优秀与否起着重要作用。首先,我们在确定毕业设计题目之后,需要找寻与课题直接相关的材料,包括文字、图片、相关数据,在收集这方面资料的时候,需要注意材料的真实性和准确性。其次,还要关注与自己论题相关的他人的研究成果。这方面的材料是可以借鉴的,这也可以作为我们资料的一部分。搜集资料的途径有两条:一条是通过实习或实践调研的途径获取,直接获得与生产有关的数据、图纸说明书以及生产技术资料等。另一条途径是通过图书馆、资料库或互联网等信息平台,查找与本课题有关的内部期刊、国内外学术期刊资料及学术会议论文等。搜集资料越具体、越详细,掌握课题研究的信息就越全面,专业理论认识就越深刻,能够产生创造性思考的可能性就越大,毕业设计的质量就可能越高。

二、毕业设计的写作过程

毕业设计的写作过程和毕业论文一样,包括撰写开题报告和毕业设计两个环节。

(一)撰写毕业设计的开题报告

毕业设计开题报告的内容主要包括:选题目的意义、设计任务要求、设计方案或技术路线、计划进度安排。这部分最主要的是设计方案和技术路线,主要写自己为了完成计划,采用什么手段,怎样做,是理论计算,还是工程设计,具体操作的步骤是怎样的。

除了上述内容不同外,毕业设计的开题报告和毕业论文写法和要求基本一致(详见本章第六节内容)。

(二)撰写毕业设计

毕业设计的撰写与毕业论文大体一致。详见本章第六节相关内容。

三、毕业设计的写作要求

(一)选题要体现创新性

毕业设计的选题力求新颖,富有创新性。要结合学习、工作实际和个人能力,根据自己所熟悉的专业和研究兴趣,选择有理论和实践意义的课题,并使课题能够在自己的努力下完成。和毕业论文一样,内容上有创新和突破,撰写的设计报告才能更有价值。

(二)内容要有科学性

毕业设计是科技文书,在撰写过程中,要始终保持严谨的科学态度和求真务实精神。设计内容要体现出技术和性能的科学性和先进性,对工程设计原理的关键技术和核心问题要进行科学的阐述,实验验证的数据及图示、模型的展示要精确无误。可采用对比的方法,对同类工程或产品的性能、质量、成本进行比较,进而说明此设计工程或产品性能有何改进,质量有何提高。图表、图示等内容要规范,与文字说明保持一致。

(三)综合运用叙述、说明、议论等表达方式

毕业设计是一种报告形式的文书,写作要综合运用多种表达方式,文字叙述要清楚、有条理,要注重解释说明的技巧,利用数字说明体现科学、严谨态度,充分利用图示、图文结合的说明方式,达到直观、准确的技术效果。论据充分,论证过程严密、富有逻辑性。

四、毕业设计的答辩

(毕业设计的答辩内容和要求与毕业论文大体一致。这一部分内容见本章第六节毕业论文答辩的相关内容。)

模拟训练

某工科同学从指导教师给出的毕业设计题目中遴选了一个题目。按毕业设

计的要求，帮助他完成相关内容的填写。

课题意义：

随着人们生活水平的不断提高和观念的逐步改善，汽车租赁行业作为一个新兴的行业，具有很大的发展空间。传统的汽车租赁管理需要管理人员进行大量的手工操作，这容易造成不必要的错误而且效率低下。随着汽车租赁行业的不断发展和业务需求的不断增长，传统的汽车租赁管理模式已经严重阻碍了行业的发展，成为行业发展的瓶颈。互联网技术和计算机技术为提高工作效率提供了有效的手段。开发和利用汽车租赁管理系统进行自动化管理已成为一个趋势。

主要内容：

对汽车租赁管理系统的系统需求分析、系统设计、系统实现、数据库设计以及系统测试作详细的阐述。

目的要求：

上述功能的整合使得整个系统具备了对于汽车租赁过程进行信息化管理的能力。系统各个功能模块符合用户需求，系统操作步骤简便，适合普通用户使用，系统具有一定的安全性和可靠性，满足用户需求。

请在下划线处补充相关内容：

1. 标题：_____
2. 署名：_____
3. 内容摘要：_____
4. 关键词：_____、_____、_____
5. 目录：_____

复习与思考

一、什么是毕业设计？毕业设计有哪些特点？

二、撰写毕业设计要作哪些准备？

三、怎样撰写毕业设计的开题报告？

四、毕业设计的结构和写法包括哪些内容？

五、毕业设计的写作有哪些具体要求？

第八节 申 论

学习目标

1. 了解申论的含义、申论考试的特点。
2. 了解并掌握申论考试基本内容及试卷结构。
3. 学习申论作答的原则、方法和要求。

理论知识

一、申论的含义

"申论"一词,最早出自孔子《论语》的"申而论之"。从字面来理解,"申"为申辩、申述,"论"为议论、论证,"申论"则指提出观点并展开论述。从 2000 年开始,我国在选拔录用国家机关工作人员的笔试中采用"申论"这一考试科目。作为一种专门用于选拔录用公务员的考试模式,申论是一种模拟了公务员日常工作性质的能力测试,它适当地借鉴了我国古代科举应试中"策论"的一些经验与做法,但在内容上比"策论"更具有现实针对性,在形式上比"策论"更加灵活多变。申论考试是根据目前机关工作的需要,对考生理解认识能力、分析解决实际问题能力及文字表述水平的一种综合考查,它是在充分兼收策论、基础写作和公文写作优点的基础上,发展成为一种以测查考生实际能力为目标的科学的测评方式。同时,申论考试更加注重对应试者政治素养和行政管理能力的考查,达到为国家选拔高素质行政管理人才的目的。

二、申论考试的特点

(一)试题内容的广泛性

目前,我们国家高度重视提高公务员队伍整体的综合素质,作为选拔录用国家公务员的申论考试,更加注重对国家公务员执政综合能力的测查。为了实现这一现实要求,申论试题所给资料的范围极其广泛,内容涵盖了政治、经济、法律、文化、教育、环境、资源等社会生活的诸多方面,让应试者对社会热点或焦点问题有所认识和思考。申论给定资料所反映的问题一般都已经有定论,这主要立足于考查应试者的分析和判断能力;也有反映的问题尚无定论或存在争议,这不仅要考查应试者的理解、判断能力,还要考查其发现和解决实际问题的能力。

（二）考查目的的针对性

我国现行的申论考试,适当地借鉴了我国古代科举应试中"策论"的一些经验与做法,但在内容上比"策论"更具有现实针对性。"策论"大多要求应试者就一些重大问题展开论述,即论证国家的某个政策或对策的可行性与合理性,侧重于考查应试者解决问题的能力。申论考试虽然涉及的内容非常广泛,但其考查目的是相当明确的,具有很强的现实针对性,即主要考查应试者的阅读理解能力、综合分析能力、提出问题和分析解决问题能力及文字表达能力。申论考试要求应试者从反映社会现实问题的材料中发现问题、解决问题,注重考查应试者发现问题、分析问题的思辨能力,特别是解决实际问题的能力,充分体现了信息时代的特征,也适应当今国家对公务员实际工作的需要。

（三）应试者身份的设定性

申论考试是公务员选拔考试,主要测查应试者从事公务员工作应当具备的基本能力和基本素质。应试者的作答身份将直接决定作答方向和行文风格。应试者无论什么身份,都要假定自己是一名考题中设定的某部门的公务人员,以公务员的身份阐述自己的观点。申论考试要求应试者牢记自己的身份职责,从党和政府的角度出发,拥护党和国家的路线、方针、政策,不断提高自己的思想素质,站在人民的立场去分析问题、解决问题,正确把握材料、理解材料,分析给定的资料,并给出解决问题的方案。

（四）应试者作答的灵活性

申论的考试试题全部为主观性试题,内容具有很强的综合性,全面测查应试者的各种能力,测试往往没有固定、唯一的答案,这就给应试者留下了自由灵活发挥的空间,可以充分地展示自己的真实能力和水平,同时也有利于政府职能部门选拔到满意的各类人才。申论考试内容涉及记叙文体、说明文体、议论文体、应用文体等多种文体形式。应试者可以根据给定材料、作答要求恰当选择适合的文体进行写作。在写作时,应试者虽然受到给定材料、文字数量等限制,但可以根据自己对材料的理解,恰当地运用叙述、说明、议论等多种表达方式,按照自己的习惯或喜欢的表达方式灵活应答。

三、申论考试的基本内容和试卷结构

（一）申论考试的基本内容

申论考试内容根据每年考试大纲的要求而确定。如《2020年中央机关及其

直属机构年度考试录用公务员公共科目考试大纲》(简称《大纲》)明确指出:"中央机关及其直属机构2020年度考试录用公务员公共科目笔试分为行政职业能力测验和申论两科,主要测查从事公务员工作应当具备的基本能力和基本素质,特别是用习近平新时代中国特色社会主义思想指导解决问题的能力。""申论为主观性试题,考试时限180分钟,满分100分。"《大纲》还指出:"申论考试按照中央机关及其省级直属机构职位、市(地)级及以下直属机构职位的不同要求,分别命制试题。中央机关及其省级直属机构职位申论考试主要测查报考者的阅读理解能力、综合分析能力、提出和解决问题能力、文字表达能力。市(地)级及以下直属机构职位申论考试主要测查报考者的阅读理解能力、贯彻执行能力、解决问题能力和文字表达能力。"按照每年申论考试大纲的要求,申论考试的所有试题都是主观性试题。考试内容主要通过对给定材料的分析、概括、提炼、加工,测查考生解决实际问题的能力。给定材料通常涉及某一个或某几个特定的社会问题或社会现象,并要求应试者准确理解材料所反映的主要内容,全面分析问题的各个方面,在把握材料主旨和精神的基础上,形成并提出自己的观点、意见或解决方案,准确地用文字表达出来。社会在不断发展变化,申论的命题也会与这种发展趋势相适应,题型、题量和结构也不断变化。申论考试中,给定的材料内容通常具有很强的时代性和现实针对性,在给定材料的选择上会体现出一定的不可知性,可能涉及公众较为关注但尚未达到一致认同的问题,还可能触及社会发展过程中悬而未决的问题,因此,命题中所给定的材料内容往往涉及面广,问题复杂,但不管人们的见解多么莫衷一是,最终问题都需要在考生的作答中提出解决方案。

申论考试除了所给出的材料部分外,其答卷一般由四部分组成:概括部分、分析部分、对策部分和综合部分。概括部分需要应试者在有限的时间内快速阅读并掌握资料的内容,迅速概括出材料所反映的主要问题;分析部分需要在概括的基础上对材料进行进一步的分析,还要就给定资料自拟题目展开论述;对策部分和综合部分写作主要是常用公文的写作和议论文体的写作。这些作答内容涉及多种文体形式,应试者可以根据给定材料、作答要求选择恰当的文体进行写作。

(二)申论的试卷结构

《大纲》指出:"申论试卷由注意事项、给定资料和作答要求三部分组成。

1. 注意事项部分

对应试者作答提出明确要求和指导性建议,一般包括:

（1）说明试卷的结构、作答时限及建议的时间分配。

（2）说明填涂答题卡的要求和答题区域。

（3）指出作答的起始时间和使用现代汉语答题等相关要求和事项。

2. 给定材料部分

通常给出约 5000~10000 字的材料,每段材料之间通常没有必然的逻辑关系,内容可能涉及政治、法律、教育、文化等多个领域社会现象的诸多方面。从近年来的考试实际看,材料篇幅的伸缩性较大。

3. 作答要求部分

对应试者如何运用给定材料分析与解决问题,提出明确和直接的要求,是申论考试的核心部分。从近年来的考试情况看,作答要求主要涉及三个方面的内容:

（1）对给定材料进行梳理、归纳、概括。

（2）用给定的公务员身份,对材料中所反映的问题提出对策和可行性方案。

（3）用限定的篇幅,就材料中具体问题,对提出的观点、见解、解决方案等进行阐述并加以论证。

例文借鉴

【例文一】

给 定 材 料

前些年,小张辞去了城里的工作,回家乡的镇上当了一名快递员。下面是他讲的"三农"新故事:

前些年,快递公司刚进这个镇时,全镇每天收发的包裹只有几十个。到村里送快递,碰到下雨天,三轮车陷入泥里,经常要下来推车,送完快递回来,鞋子上总会沾上半斤烂泥巴。那时挺后悔把城里的工作辞了,感觉很失落。

这几年大家的生活水平上去了,网购的人越来越多,我的业务也好了起来。特别是前年,镇上的快递公司联合农林服务中心、电商协会给大伙上起了包装技术培训课,现在咱这里的瓜果蔬菜都用上了真空包装、低温保鲜技术,快递公司也更乐意接这种订单。有了销路,家里种的农产品就不愁卖了。

比如说吧,咱这里的枇杷很有名。以前,乡亲们摘回枇杷后,要乘两个多小时的公交车到几十公里外的城里火车站广场叫卖。那时,品质优良的枇杷也卖不上好价钱,有时连本钱都挣不回来。如今,镇里的枇杷大部分是通过电商平台销售的。每到枇杷采摘季,镇里的文化广场就会成为快递员的临时收揽点,乡亲们排着队邮寄,场面好不热闹。

现在咱镇里的电商差不多有500多户了。去年镇里投资建了个农产品电子商务产业园,把大家拧在一块闯市场,今年镇上的生意就更好了。加上上个月新开的那家快递公司,我们镇里已经有了4家快递公司。

如今大家腰包里有了钱,心气足了。我同事杨大哥这几年靠送快递,摘了帽,主动要求退出了低保。大伙对生活也讲究了起来,希望村子能漂亮些、路能好走些、闲时有地儿跳跳舞、下下棋。这不,政府投了很多钱搞建设,镇里几个大的村子,都通上了柏油路,路边插上了太阳能路灯,现在我们送快递方便多了。镇边上,搞旅游的那个村子,街两旁不仅修了排水沟、统一摆上了垃圾箱,还把老百姓的房子都整了整,青瓦白墙的,远远看,像画里似的。

最近从城里回来的人,越来越多。要么像咱一样,做做快递,或者在镇里的企业打打工;要么回家接班,种点养点啥,通过快递卖出去,不比打工挣得少,还图个自在。原来乡下的钱往城里跑,现在城里的钱开始喜欢往村子里跑。城里人来我们这投资的越来越多,要么开工厂、搞农产品加工,要么办民宿、搞乡村旅游。

和刚回来那会儿比,我现在心里踏实多了。上个月和爱人商量,打算承包村西头一块撂荒的地,再把周边几家的田一起租过来,像村里老李他们一样,也办个家庭农场。我想只要好好干,生活会越来越好的!

问题:根据"给定材料",请概括小张家乡出现的新变化。(15分)

要求:准确全面,条理清晰。不超过200字。

(选自2019年国家公务员考试(地市级)申论真题,略有删改)

【参考答案】

1. 我国经济迅速发展,网购人数增多。农产品销售接入电商平台,销路变广;电商和快递公司增多,建设农产品电子商务产业园,农副产品有了销路。

2. 农村人民生活水平逐年提高。有信心、有安全感,群众逐渐脱贫,退出低保。

  3. 乡村基础设施建设得到改善。柏油路和路灯普及,修建了排水沟,统一垃圾箱,环境变得更加优美。

  4. 资源回流农村:返乡人员增加,投资人数变多,投资种类多样。

  5. 心态发生转变:由失落变得更加踏实、积极、自信。

【简析】

  此题主要考查应试者对问题的归纳概括能力和文字表达能力。根据"给定材料"出现"根据……"一词,提示我们只需阅读给定材料。"请概括小张家乡出现的新变化",说明此题为单一题,只作答"变化"这一要素即可。"变化"从时间轴层面来讲,即与家乡原来的情况相比,有所不同的地方,可能是新做法及做法带来的影响等,也可能是出现的新现象等。按照"准确全面,条理清晰"的作答要求,首先注意要依据材料,避免主观臆断,语句表达要遵从原文,优先使用材料里表述规范的原词原句,如果原文明显口语化、啰唆或过于抽象时,需要对其进行概括归纳,使之更加规范、准确;其次,做到"全面",要将资料中"小张家乡"出现的所有"新变化"都归纳出来,不超字数的前提下尽量写全要点;最后,要做到"条理清晰",最好分条撰写,标清序号,不超过200字。

  参考答案基本合乎作答要求,准确全面,条理清晰,分条撰写。

【例文二】

给 定 材 料

  自古以来,我们的祖先就关注现实,关注生命,关注生命层次的提升,将"为国利民"作为至善的人生追求。

  中国核潜艇第一任总设计师彭士禄,在他3岁时,母亲蔡素屏不幸被捕就义,第二年,父亲彭湃在上海被捕,慷慨赴死。年仅4岁的彭士禄成为孤儿,过起了姓百家、吃百家饭、穿百家衣的逃亡生活。1962年,这位历尽苦难长大的孩子,开始主持我国潜艇核动力装置的论证和主要设备的前期开发。当时,他手里仅有的参考资料是,从报纸上翻拍的两张模糊不清的外国核潜艇照片和一个儿童核潜艇模型玩具。1967年起,他在大西南深山组织建造潜艇核动力陆上模式堆。那些日子里,他吃住在阴暗潮湿、毒蛇蚊虫肆虐的工地上,靠着原始的计算尺和手摇计算器验证了核潜艇数不清的数据。1974年8月,我国自行研制的第一艘核潜艇正式服役。从投身核潜艇研制到项目解密,隐姓埋名近30年,彭士禄始终忘不了周总理嘱咐他的话:小彭,记住,无论什么时候,无论走到哪里,你都要记住你姓彭,是彭湃的儿子!

苏和被誉为"沙漠愚公"。2004年,曾任阿拉善盟政协主席的苏和,回到老家额济纳旗,在大漠中的黑城遗址旁植树造林,那一年他57岁。黑城遗址是一座有着近千年历史的西夏古城,沙化严重。苏和回忆说,小时候听长辈们讲,这附近林草茂密,胡杨、红柳密得骆驼进去都找不见,可20世纪五六十年代后,生态日趋恶化,大片植被枯死,风沙天气越来越多,额济纳旗甚至成了沙尘暴的策源地。他说:"周围风刮过来的沙子堆得和城墙一样高,眼看黑城快要被埋掉了。我当时有个想法,黑城不能在我们这辈人手上消失。"10年间,他种植的梭木林一点点扩大,达到了3000亩。最初在房后种植的两棵胡杨也长成了大树,老人被太阳和风沙磨砺过的坚毅的脸上刻满皱纹,满是伤痕的大手上,老茧褪了一层又一层。

从河南南阳市镇平县城出发,一路向北,经高丘镇,沿山路盘旋而上,攀至海拔1600多米的山顶,再顺山路蜿蜒而下,下到海拔600多米的谷底,才能到达张玉滚任教的黑虎庙小学。这所学校被层层大山包围,村里流传着一句顺口溜:上八里、下八里;羊肠道、悬崖多;还有一个尖顶山。从学校走到镇上,需要10多个小时。然而,就是在这样的环境下,当年21岁的小伙张玉滚来到这里当小学教师,一直坚持到现在。张玉滚之所以选择留下来,是因为前任校长吴龙奇的一句话:"玉滚,泥巴砖头垒个灶台,顶多能用个十年八载。咱们教学生认的每个字,他能用一辈子。你要不来,这个班就开不了课,孩子们就得上山放羊去。"17年间,张玉滚教过500多名孩子,村里出的大学生从1名增加到了16名。

阎肃是我国著名的艺术家,作品影响了几代人。他曾经感慨说:"我没有决定过自己一生的道路,或者说去想我这一生必须要怎么样。跟着时代的大潮往前走,尽到我所有的力量,做好我要做的事情。不要去挑生活,让生活来挑你。时代也好、组织也好、环境也好,需要你做什么事,努力把它做好,对你自己就是一件非常快乐的事情,别人也会觉得快乐。我的一生作品不少,只要能在老百姓的心里留下一点记号,那我此生无憾。我对我的子女也是这样的要求,不去安排自己的人生道路,听时代的招呼,做一个对社会有用的人,对得起这个时代就够了。"

问题:"给定材料"提到"跟着时代的大潮往前走,尽到我所有的力量,做好我要做的事情",请深入思考这句话,自选角度,联系实际,自拟题目,写一篇文章。(40分)

要求：

(1) 观点明确,见解深刻;
(2) 参考"给定资料",但不拘泥于"给定资料";
(3) 思路清晰,语言流畅;
(4) 字数 1000~1200 字。

(选自 2019 年国家公务员考试(地市级)申论真题,略有删改)

【参考答案】

顺应时代潮流　争做时代有为之人

长春师范大学　李会杰

新时代给我们青年人一个千载难逢的机会,提供了一个展示自身才华的大舞台。当下,站在全面建成小康社会,推动生态、科技、教育等全面发展的时代大潮面前,我们应把关注现实和生命当作个人价值实现的渠道,把为国利民当作人生的至善追求。因此,我们要怀揣历史使命感,秉持社会责任感,尽己所能,做顺应时代需求之事;以一己之力,争做时代的有为之人。

作为一名时代青年,我们应追随时代,担负起自己肩负的历史使命,砥砺前行,争做时代的有为之人。青年人要站在历史与时代的高度,清醒地看待自己的责任,积极承担社会使命,主动关注现实疾苦。云南80后的"白发干部"李忠凯就是这样的人民公仆,一心为百姓办实事,以个人绵薄之力推进全面小康的建成,小小举动充满了人性的光辉。还有无数新兴企业以市场为导向,研发新产品,开拓新服务,不断满足人民日益增长的美好生活需要,以无数创新成果推动国家发展和社会前进。他们立足新时代,激流勇进,解放"小我",成就"大我",他们是勇立时代潮头,创新发展的"弄潮儿"。

然而,时代的发展不会一帆风顺。面对复杂的社会环境,我们要尽己所能,不畏险阻,迎难而上,有知其不可为而为之的勇气。从"沙漠愚公"苏和坚持植树造林,筑起祖国北疆的生态屏障,到"中国核潜艇之父"彭士禄隐姓埋名30年,为中国核动力的研究设计做出开创性工作;从铁人王进喜带领队员"人拉肩扛运钻机",到杂交水稻之父袁隆平几十年如一日致力于提升粮食产量。他们听从时代的召唤,在各自的岗位上,攻克一个又一个难关,一生从未停止过奋斗的脚步。因此,我们要脚踏实地,立足自己的本职工作,有一份热发一份光;我们要把自己融入时代发展的巨轮中,以时代所需为己任,无惧艰难,一往无前。

我们要始终明确自己的目标,勇于担当、不忘初心,牢记时代赋予我们的使命,创造出真正的价值。既要有民族自豪感,又要有强烈的紧迫感;既要有脚踏实地、实事求是的优良作风,又要有开拓创新、勇于承担责任的意识。我们必须认识到,虽然每个人的社会分工不同,但都是社会这个巨型机器运转不可或缺的一部分。即便是看起来不起眼的基层工作,也可能会牵动着社会发展的一个脚步。就像祖国乡村大地上无数不知姓名的基层工作者,他们把自己融入基层的土地中、群众中、生活中,才让更多的群众看到共同富裕的曙光。

新的时代,世界正朝着东方露出灿烂的微笑。曾国藩有云:"坚其志,苦其心,勤其力,事无大小,必有所成。"展望未来,我们唯有志存高远,顺应时代潮流,相信自己大有可为也大有作为,积极在时代大潮中建功立业,成就人生,才能不负青春,不枉时代青睐!

【简析】

问题要求写成一篇议论文,主要测查应试者综合论证能力和文字表达能力。从"给定材料"中分析提炼文章写作的主旨为"跟着时代的大潮往前走,尽到我所有的力量,做好我要做的事情"。应试者要深入思考这句话的深刻含义:首先,要注意紧紧围绕这句话,确定文章的主旨为"跟着时代的大潮往前走,尽到我所有的力量"或者"跟着时代的大潮往前走,做好我要做的事情",不能写成其他主题。其次,针对这一主题,应试者可以思考的写作角度有:第一,"时代的大潮""尽我力量、做好事情"分别指什么,要注意结合资料中典型事例、具体表现等去确立论点、寻找论据;第二,结合资料,分析为什么要"紧跟时代大潮,尽我力量,做好事情",可以分析其产生的意义;第三,怎么做,要结合资料找到相应的对策、意义、影响等,也可联系自己的实际找到材料外的论据。自拟题目时要突出文章主旨。

参考答案提供的文章以《顺应时代潮流 争做时代有为之人》为题目,紧扣"顺应时代潮流"这个关键词语,从认准方向的重要性谈到"顺应时代潮流,做顺应时代需求之事,争做时代的有为之人"这一深刻、新颖的主题,结构层次清晰,论据充分,论证过程逻辑性强,语言表达简洁、生动、形象。

写作指导

一、申论作答应遵循的基本原则

（一）从政府角度出发，明确国家公务员角色意识

申论考试是录用国家机关工作人员、模拟政府具体工作的选拔考试，从政府角度出发，是申论文章写作应遵循的一个重要原则。应试者必须站在政府的角度来看问题，所阐述的观点要符合社会主流价值观，并同中央政策精神保持一致，体现社会责任意识、服务意识、大局意识等。同时，应试者要具有鲜明的角色意识，即作为国家公务员身份来看问题，只有找准角色位置，把握角色要求，才能正确面对客观实际问题，找到解决问题的正确方法。

（二）作答内容应具有高度的政治性和思想性

申论考试首先测查的是应试者的政治素质，即能否熟练地把党的方针、政策及习近平新时代中国特色社会主义思想贯彻运用到申论写作中。申论文章主题要求鲜明、准确、突出，往往要上升到人民群众的根本利益或社会的发展、稳定、和谐等思想高度。申论考试中，应试者一定要贯彻中央精神，牢牢把握国家方针、政策，在国家方针、政策指导下概括、阐释和论述问题，透过纷繁复杂的现象找到问题内在的本质，把对问题的认识、分析和解决上升到一定的理论高度。

（三）把解决问题作为全部作答的最终目的

《大纲》明确指出："中央机关及其直属机构2020年度考试录用公务员公共科目笔试分为行政职业能力测验和申论两科，主要测查从事公务员工作应当具备的基本能力和基本素质，特别是用习近平新时代中国特色社会主义思想指导解决问题的能力。"这就要求应试者要有解决问题的意识，能够针对具体问题提出具有可行性、可操作性的对策，才符合申论的作答要求。申论写作，无论文章前面有多少分析和论述，其最终目的都要归结于对问题的解决，这是全部作答的核心内容。申论作答要把主要精力放在怎样解决问题上，只有把解决问题的对策讲得明确而充分，才能达到作答的最终目的——解决问题。

二、申论作答的基本方法

（一）阅读材料

阅读材料是指应试者对给定材料的阅读理解。阅读理解是申论考试的基础

部分,同时也是申论考试的关键部分,是分析综合、提出对策等环节的前提。申论的给定材料大都是从不同的角度来呈现问题、现状、危害、意义、原因等内容,基本类型有案例型材料、数据型材料、观点型材料等。阅读材料应把所有材料系统地串起来,梳理出材料的脉络结构,找出给定材料所反映的主要问题,达到对一个社会问题从表面到本质的认识。阅读材料可采用以下三种方法。

1. 整体性泛读

从整体上把握给定材料的内容,找出材料反映的主要问题,同时,理清材料脉络结构。材料阅读的核心其实不在"读",而在摘取信息,如阅读案例型材料,要在最短时间内找到案例的核心问题,并把这些问题进行相应的归类整合,最好在材料中一一划分出来,便于作答时归纳、分析。

2. 目的性精读

目的性精读是要从某个材料中提取答案要点,是带有目标指向性的阅读。精读是通过反复阅读主体段落、核心句、关键词等,边阅读边思考,迅速将材料排列组合,分清主次,确定取舍,进一步明确对相关问题的认识。如观点型材料中,像领导人讲话或专家学者的意见等关键语句,要潜心深入阅读。只有吃透材料,才能认清材料的性质、意义,找到材料中反映问题的产生原因、影响及解决对策。

3. 精准性细读

首先,要仔细读题干,认真审题,从题干中审出答题类型。题干后面的要求也非常重要,有时隐含了命题人的命制导向,一般会出现"全面""准确""有逻辑性"这几点要求,这是测查的基本要求,也是申论考试的评分标准之一。其次,要仔细阅读要点内容,这部分内容体现在具体材料中。如给定材料中的数据型材料,基本都是数据的罗列,文字比较少,数字较多,阅读要仔细对比数字的前后变化,思考数据显示的问题情况,往往会很容易就找到答题要点。

(二)归纳概括

申论考试第一道题目通常情况下都是归纳概括题。归纳概括的范围是给定材料,要求考生完成阅读后,集中精力深入分析材料,找出问题,提炼要点并准确概括出来。应试者从几千字的材料中提取出200字左右的内容,阅读量很大,需要掌握一些方法和技巧。

1. 审清题目,全面归纳

在作答时应紧紧围绕材料,从多个角度全面理解材料,再归纳主旨,不可遗漏。审题时,首先要明确材料范围,明确是从全篇材料还是片段式材料中找要点,然后确定作答对象和题型;其次,要看一看题干有没有特殊的要求,题干中会出现"概括""简述""概述""总结"等词汇,按照要求进行归纳;最后,还要审清作答范围和字数要求。如根据给定材料,概括S市在乡风文明建设方面的举措。要求:全面、准确,不超过150字。审清题目后,就要找到S市的主要做法,把所有举措都归纳出来,最后用简练的语言概括出来。

2. 突出主旨,准确深刻

归纳概括材料一定要抓住材料要表达的主旨,在全面分析问题涉及的各个方面的基础上,针对材料反映的主旨,突出重点问题,概括要点力求准确、深刻。如给定材料中列举了新形势下呈现的一些社会现象,请归纳概括这些社会现象对形成社会风气的影响。(要求:紧扣给定材料,准确全面、条理清楚,不超过250字。)在审清题目后,要先回到材料中寻找新形势下的社会现象有什么,再看这些社会现象对于社会风气产生了什么样的影响,经过深入分析,最后概括出要点。

(三)综合分析

综合分析能力是申论考试能力测查的核心。综合分析是在完成阅读、准确理解材料主要内容的基础上,全方位、多角度地对问题展开分析,通过分析问题,查找经验(危害)或提出对策,最后得出结论,从而有针对性地解决问题。申论此类考试题一般有解释型综合分析题和评论型综合分析题两种类型。针对这两种题型,可采用以下三种方法进行综合分析。

1. 问题与原因分析法

首先要从给定的材料中查找出具体问题,然后从这些问题出发,与我们的行政职能紧密结合,从多个角度分析产生问题的原因,最后找出问题存在的症结。如材料要求中有提到"谈谈你的看法、认识、分析、理解"的语句,就可判定为综合分析题,在作答时,首先要简单解释这句话,点明其本质;然后分析主要问题,分析其表现、影响等;最后得出问题存在的根本原因。

2. 问题与经验(危害)分析法

这一方法根据给定材料中的相关内容,进行全面的综合分析,运用举例、比较等方法,从呈现问题的现状中,总结材料中的人物的典型事迹、事件的成功经验(或分析指出问题的危害、后果等),最后指出值得推广的经验(或避免产生此类危害),得出结论。综合分析题往往针对某种现象、做法、观点谈谈看法。

3. 问题与对策分析法

申论考试给定材料多与社会现实生活联系紧密,需要根据自己已有的知识、生活阅历、经验,以政府公务员的身份、站在政府或公众的立场上分析问题,提出合理、可行的方案或对策。

（四）论证表达

申论考试中最后一题一般是议论文或其他应用文体的写作，根据给定材料，自选角度，自拟题目。这一部分字数多，分值高，是申论考试的核心。

1. 论证的内容

申论文章写作往往要求应试者根据给定材料，切入问题的关键，从而提出观点、见解，并进行分析论证。给定材料涉及面广，背景也较为复杂，应试者要深刻理解给定材料的内容，从现实社会生活和工作实际出发，选择可以回答社会上亟待解决的问题，或是涉及某部门工作最敏感的问题作为论证内容，这样的文章才会有深刻的社会意义和重要的社会价值。

2. 论证的结构与方法

申论文章写作时可本着提出问题、分析问题和解决问题的思路构思全文，行文的要求与一般议论文的写作要求基本一致。

（1）提出问题

申论写作注重文章思想内容的高度性和准确性，这就要求应试者能够根据给定材料的内容，针对材料实际，提出明确具体的问题。文章所阐释的论题应正确、鲜明、集中、突出。

（2）分析问题

申论写作中，提出问题只是第一步，还需分析问题，提出解决问题的对策。应试者要对给定材料进行加工、处理，对材料进行正确的分析综合，弄清材料反映的问题是什么，哪个是主要问题，产生的原因是什么。这样才能针对问题，抓住要害，找到解决问题的思路与办法。同时，要求应试者明确自己的角色身份，站在时代和人民的认识高度，联系自己的工作实际，对具体的社会现实问题进行深入、准确和全面的分析，从维护人民群众的根本利益或社会的稳定、和谐等思想高度出发，探讨解决问题的路径和方法，使解决问题的对策更合理、具体，便于落实。

（3）解决问题

这一部分应明确提出解决问题的切实可行的对策和方案。首先，提出的对策要合法、合理、合情，即合乎国家的法律法规，遵守党和国家的路线、方针、政策，合乎社会伦理道德规范，也体现在面对具体情况、解决具体问题时，要合情合理，顺应法规；其次，应试者还要紧紧抓住材料反映的主要问题，针对问题，突出重点，按照解决问题的步骤或逻辑关系有条理地阐述对策方案；最后，提出的对策和方案要有可操作性和可执行性。提出解决问题的对策应明确执行对策的主体与执行步骤、条件,也就是说,提出对策方案必须充分考虑解决问题需要的主客观条件,如果不具备这些条件,只能是一纸空文。

三、申论作答应注意的事项

(一) 平时要关注国家时政,熟读并深入领会国家政策、法规

申论考试《大纲》明确提出了对应试者贯彻执行能力的测查:"能够准确理解工作目标和组织意图,遵循依法行政的原则,根据客观实际情况,及时有效地完成任务。"国家机关的工作人员依照法规行使职权,这就要求公务员必须对我国现行的政策、法规有深入的理解和领会,只有正确把握理解政策的背景、意图,才能更好地帮助我们理解具体工作目标和组织意图。申论考试通常涉及某一个或某几个特定的社会问题或社会现象,往往都是围绕一个或几个国家政策展开的。应试者在明确给定身份的职责前提下,需要平时关注时政,关注社会热点、焦点问题,增强对各种社会现象的敏锐观察力和深入思考力,熟读并深入领会国家相关政策、法规,准确把握阐释问题的角度,避免从个人的立场和角度出发,对某些社会问题产生局限性的认识。

(二) 作答内容应紧扣题意,源于材料,高于材料

申论写作主要是根据给定材料和作答要求的"依据材料写作",这就要求作答内容要紧扣题意。紧扣题意是指要根据题目的具体要求,按题作答。作答时审题一定要细致、认真,仔细揣摩、理解和体会题旨,找出作答要求文字表面下的潜在信息、隐含思想,明确题意要求。

源于材料要求申论作答内容一定要从材料出发,依据材料立论。应试者要对给定材料中反映问题的实质、要害、成因、影响等进行分析,忠于材料原意,涉及的问题、分析、对策等都要与材料的主旨保持一致,尤其是文章写作,必须与材料的整体立意一致,不可有所偏颇。申论写作无论怎样自由发挥,怎样创新,都不可以脱离材料,阐述一些与材料内容毫不相关的内容;也不要生搬硬套,照抄材料;更不要表达与材料本意相反的意见或者其他过激的言论。

高于材料则是指应试者还要在准确理解把握材料的基础上,应有自己独到的见解,不囿于材料的束缚,应联系具体工作的实际,针对实际问题进行分析论证,从而在进行科学决策、贯彻领导意图、执行公务过程中,提出自己的见解和处理意见。

(三) 注意文章体例的规范与结构的完整

申论写作的文体,一般都与公务员特定的身份有关。公务员写作经常使用

的文体主要是议论性文体和公务文书等应用性文体,议论性文体包括政论文类、策论类、评论类等。应用性文体主要包括报告类、通知、建议书、讲话稿、发言提纲、汇报材料等公务文书。议论性文体的写作,应注意根据主旨的需要,在行文中对材料作出合理的组织和安排,无论是采用总分式结构、并列式结构,还是递进式结构,都要考虑行文结构的严谨与完整,统筹全篇,条理清晰,格式规范。应用性文体的写作也要做到体例规范,严格按照文体的结构要求行文。如请根据给定材料,以"海纳百川聚四方之才"为题,为S省省委人才发展局有关负责人撰写宣讲会上的推介讲话稿。按照讲话稿的写作体例和结构要求,讲话稿的标题和称谓是不能省略的,应试者不能只考虑正文的写作,还要认真拟定标题、书写称谓等内容。如果忽视或完全没有考虑标题和称谓等部分内容的写作,就不符合讲话稿体例、格式上的规范要求,即使正文内容再充实具体,也会因结构上的缺失或不完整,造成文章表达上的不通畅。

(四)语言表达要准确、规范、简洁、流畅

现行申论考试《大纲》对省市两级申论考试的文字表达能力提出了具体要求:"熟练使用指定的语种,运用说明、陈述、议论等方式,准确规范、简明畅达地表述思想观点。""对事件、观点进行准确合理的说明、陈述或阐释。"申论作答要注意语言表达方式的合理运用。申论作答通常会运用说明、叙述和议论的方式,很少用到描写和抒情的表达方式,语言使用力求真实准确、严谨规范、简明扼要、平实易懂。作答时对字数的要求较为严格,因此,无论是概括主要内容,还是综合分析论证,提出对策,一定要精练、简洁,不可啰唆,语句重复。

模拟训练

下面是2018年国家录用公务员考试《申论》真题卷(地市级)的作答要求。(试卷真题见二维码)认真阅读给定材料,完成下面几个问题。

(一)给定材料1和给定材料2反映了改革开放以来我国农村土地承包政策的发展过程,请你概述这一发展过程。(10分)

要求:(1)准确、全面、有条理;(2)不超过200字。

(二)给定材料2中,L村村支书面对村民土地调整的要求,发出感慨:"这样一来,我们的压力很大,看来村里的土地调整也不是一个简单的事。"请根据给定材料2,分析他为什么感到压力很大。(10分)

要求:(1)全面、准确、有条理;(2)不超过200字。

（三）给定材料4提到，"城市建设与管理的目的如果仅仅是为满足经济或某种美观诉求，显然是片面的，甚至是短视而危险的。"请根据给定材料3和给定材料4，谈谈你对这句话的理解。(20分)

要求：(1) 观点明确，分析全面，有逻辑性；(2) 不超过300字。

（四）S市将举办"城市样板工程展示会"，请你根据给定材料5，就其中地下管廊建设情况撰写一份讲解稿。(20分)

要求：(1) 紧扣材料，内容全面；(2) 逻辑清晰，语言准确；(3) 不超过400字。

（五）给定材料6中提到了老子关于"有"和"无"的观点。请你围绕给定材料反映的城市建设理念中的问题，联系实际，以"试谈'有'与'无'"为题写一篇文章。(40分)

要求：(1) 自选角度，见解深刻；(2) 参考给定材料，但不拘泥于给定材料；(3) 思路清晰，语言流畅；(4) 总字数1000字左右。

资源链接

2018年国家录用公务员考试《申论》真题卷(地市级)

复习与思考

一、什么是申论？申论考试有哪些特点？

二、申论作答应遵循哪些基本的原则？

三、简述申论作答时阅读材料的方法。

四、简述申论作答中归纳概括的方法。

五、什么是问题与对策分析法？

六、申论作答应注意哪些事项？

第三章 教学工作文书

内容要求

1. 了解学校教学工作文书的含义、特点及种类。
2. 掌握教学工作文书的结构、写法及写作要求,学会写教学工作计划、教学工作总结、教学设计、说课稿、教学反思、教学案例、教学札记及教学论文等文体。
3. 通过对教学工作文书的写作训练,提高学生运用文体知识解决教学工作实际问题的能力。

第一节 教学工作计划

学习目标

1. 了解教学工作计划的特点、种类和作用,重点掌握教学工作计划的结构、写法和写作要求。
2. 能够运用所学知识,借鉴例文,学会写教学工作计划。

理论知识

一、教学工作计划的含义

教学工作计划是教学单位或个人根据一定的教育目的和培养目标,依据本部门和个人的实际情况,针对未来一定时期内的教学工作制定的指导性文件。

教学工作计划是学校教学工作的指导性文件,是对教学工作的总体描述,应该贯穿整个教学工作的始终。教学工作计划解决教学工作在什么条件下做,怎么做,做到什么程度的问题。教学工作计划是制订教学设计、教学进度和开展教学活动的依据。

二、教学工作计划的特点

（一）科学的预见性

教学工作计划是针对未来一定时期内需要完成的教学工作或教学活动而制订的，在制订时要对今后可能出现的问题和遇到的困难进行分析判断，并提出相应的对策和措施。

（二）明确的指导性

教学工作计划是今后工作的指南，只有目标明确，计划才有指导性。计划目标确立后，做什么、怎么做、什么时间完成、达到什么效果等内容的具体要求和措施必须明确，这样才能保证教学工作有序进行。

（三）内容的可行性

教学工作计划的目标必须恰当，如果定得太高，经过努力不能实现，就容易挫伤教师工作的积极性；如果定得太低，则不易调动教师工作的积极性。教学工作计划只有切实可行才能保证计划的顺利实施。

（四）执行的约束性

教学工作计划一经制订，就要对完成教学任务的实际活动起指导和约束作用。教师就应当严格按照计划执行。教学工作可参照计划对教学工作进行有效的督促和检查，也可以作为评估工作效果的依据。因此，计划本身对计划执行者有一定的约束力。

三、教学工作计划的种类

按照学校教学工作范围，教学计划主要包括学校教学工作计划、教学单位教学工作计划和个人教学计划。

（一）学校教学工作计划

学校教学工作计划要依据学校教学工作目标，统筹协调，对各年级、各学科教学提出明确的要求，并制订相应的检查措施，对各项主要教学工作作出具体安排。学校教学工作计划是各教研组和任课教师制订教学工作计划的依据。

（二）教学单位教学工作计划

学校教学单位，如教研组、备课组或实习组等部门，应依据学校教学工作计划，结合本学科特点，对本学期各项教学工作作出具体安排，经全组教师讨论通过后，于开学后一周内交教导处（科）审定存档。教研组长、备课组长等为计划执行的具体负责人。

（三）个人教学工作计划

个人教学计划由各任课教师制订，在开学后一周内完成。各任课教师在制订计划时要充分理解学校教学工作计划的总体精神，熟悉课程标准，明确本学科、本学期总的教学任务，明确教材各章节内容在教材中所处的地位，以及各章节内容之间的相互联系，充分估计完成教学任务可能遇到的问题和困难，结合具体教学实际，拟定教学进度，提出教学中应注意的问题和解决办法。

四、教学工作计划的作用

"凡事预则立，不预则废。"教学工作计划对于教师完成一定时期的教学工作和教学任务具有十分重要的意义。

（一）使党和国家的教学工作方针、政策和上级教学主管部门工作部署得以更好地贯彻落实

党和国家的教学工作方针、政策和上级教学主管部门的工作部署是制订计划的依据，同时，教学工作计划通过各相关单位或个人的安排或打算，具体地把教学工作方针、政策落实到工作实处，提高贯彻落实的效果。

（二）避免盲目性、增强主动性，提高工作效率

教学工作计划具有指导的功能，规定了教学工作的目的、任务等，能够统一思想，统一行动，协调一致地开展工作，避免盲目性、增强主动性，提高工作效率。

（三）教学工作计划是决策部门科学管理的重要手段

教学工作计划形成以后，教师可以按照计划提出的任务、步骤、要求等积极主动地工作，监督部门又可依此进行对照检查和考核，看是否按时保质保量完成了工作任务，使计划成为推动工作前进的动力，促进教学工作的圆满完成。

例文借鉴

【例文一】表格式教学工作计划

2017—2018学年度第一学期教学工作计划表

学校为贯彻落实长春市经开区教育局教学工作会议精神，以提高质量为核心，以更新观念为前提，本着"坚持立德树人、推进教育改革"的工作目标，为推进师德师风建设，进一步提高教师整体素质和教学质量，整体提升

教育教学管理水平,本学期制订如下教学工作计划:

周次	教学工作内容	备注
一	1. 学期初教学工作例会,进行常规教学检查 2. 教师课程调整落实 3. 召开全校开学典礼	
二	1. 加强对教师的备课指导,开展一次集体备课活动 2. 开展一次主题教研活动 3. 重视新教师培养,为新教师搭建成长平台,举行青年教师观摩课活动	
三	1. 学校教学领导和每位科学实验课任课教师签订安全包保责任书,落实到人 2. 开展体育课安全检查,在保证安全的前提下完成教学任务	
四	1. 在全校教师中开展"深入学习课标"及"教材解读"活动,促进教师业务水平提升 2. 加强实验教学、体育课的管理,保证教学活动安全有序	
五	1. 开展教师听课互评活动 2. 安排并实施青年教师网络化教学水平提高活动 3. 组织教师参加各级培训	
六	国 庆 节	
七	1. 第一次教学意见征求会 2. 开展教学说课、讲课、评课教学活动 3. 教学说课、讲课、评课活动工作总结	
八	开展新教师"五个一"活动。内容:一次课堂教学汇报展示	
九	开展新教师"五个一"活动。内容:一次读书论坛	
十	开展新教师"五个一"活动。内容:一次书法比赛	
十一	开展新教师"五个一"活动。内容:一次诵读比赛	
十二	开展新教师"五个一"活动。内容:一次演讲比赛	
十三	开展"骨干教师引路课"活动。骨干教师围绕学科主题进行选课、备课,教学领导和组内成员听课、研讨课	

续表

周次	教学工作内容	备注
十四	1. 结合教学活动,在师生中开展"思维导图"活动 2. 开展"阅读之星争霸赛"活动,让书香溢满校园	
十五	实验教师继续制作高质量微课,保证微课平台的上传数量	
十六	继续深入研究并实践 Paid 课堂、无纸笔课堂以及教学助手活动,提高课堂效率	
十七	加强设备的管理与使用,检查、维修。	
十八	1. 进行各年级的质量检测,重点检测毕业班 2. 期末考试工作	

长春市经开区××小学
2017 年 8 月 2 日

【简析】

这是一篇学校教学工作计划,采用表格式写法,先把学校各项教学工作内容按照周次划分为几个栏目,再把制订好的各项具体计划内容填入栏目中,形成表格。运用表格把学校多项教学工作安排得全面、细致且富有条理,使人一目了然。用这种结构方式制订计划,能够把复杂的事情条理化,眉目清晰,便于执行和检查。

【例文二】条文式教学计划

教师教学工作计划

吉林省松原市宁江区第二中学　仝秀梅

一、指导思想

新学期里,本人将认真完成学校交给的各项教育教学任务,以强烈的事业心和责任感投入本职工作,以求真务实的态度和踏实肯干的精神,从每天做起、从细节做起,认真完成所承担的数学课教学任务,争取在本学期取得令人满意的成绩。

二、主要工作目标

(一)加强业务学习,努力提高自己的教学水平

（二）积极开展教育科研活动，加强校本培训，扎实做好校本研修和课题实验研究，争取在教育科研取得突破性的成效

（三）发挥自身的专业特长。把校本研修与教师的专业成长、课改有效结合起来，在研修中提升教育教学能力，形成自己的教学风格

（四）加强常规管理，全面提高学生的素质

（五）合理利用互联网和多媒体进行教学，努力提高应用信息技术与课堂教学的能力，提高课堂教学效率，坚决杜绝课堂教学的盲目性和随意性

三、实现目标的主要措施

（一）重视教学常规管理，提高教学质量

1. 提高教学质量，促进自己的专业发展。在备课时，做到既备教材又备学生，充分有效地运用多媒体进行教学。

2. 注重向老教师学习，自觉学习教育教学理论。积极主动在学校内听其他教师的课，认真做好听课记录，汲取老师们的宝贵经验。

3. 上课时，要求自己把十足的精力投入课堂，把自己的情感融入文本，并且做到关注和爱护每一位学生，既要注重基础知识的传授，也要注重知识应用能力的训练，既要教给学生数学知识、学习数学的方法，更要让学生养成良好的学习习惯。

4. 关心学习上的"学困生"。在教学中，找到"学困生"身上的亮点，做好"学困生"的转化工作，促进他们的成长。

5. 做好数学单元质检卡，认真做好学生的考评工作。

6. 培养学生养成良好的书写和认真完成作业的习惯，在班上定期检查并展示学生的优秀作业和优秀单元质检卡。

（二）积极参与教改课题的实验研究工作

1. 教学中大胆进行教改课题的实验，把实验中的点滴发现及时记录下来，进行研究分析，探索出新的教学方法和教学模式。

2. 在教改实验中，注重思维导图在课堂教学实践的应用，在实践中积累和总结经验，提升实验能力。

3. 根据学校确定教改课题的实验目标，主动承担学校安排的教改实验任务，争取拍摄一节数学实验课例，向全校展示。

2019年3月6日

【简析】

这是一则个人教学计划,采用条文式的写法。个人教学计划是根据学校分配给自己的各项教育教学任务和本人的教学工作情况而制订。这则计划内容具体,从指导思想、主要工作目标和实现目标的主要措施三个方面拟订。教学计划充分估计了完成教学任务可能遇到的问题和困难,拟订了教学进度,提出教学中应注意的问题和改进措施。主次分明,重点突出,有层次,有条理,语言简洁、明确。

【例文三】文表结合式教学工作计划

七年级语文教学工作计划

吉林省松原市宁江区第二中学　于淑梅

一、基本情况

(一)学情分析

对于初一下学期的学生来说,已初步适应了初中的学习节奏。在语文的学习上仍保留积极回答问题,大胆发表自己看法的好习惯。在老师的督促下书写也规范了很多。但学生们在回答问题时仍缺乏条理性,语言表述有时词不达意。最主要的是不能认真思考,总是急于表现。写作上,大多数学生仍然不能独立按要求完成作文,他们习惯啃老本,用以往用过的老旧的素材或四处搜集资料,作文内容很少有自己的、新的东西。在阅读上,因农村孩子居多,大多数学生没读过什么课外书。因此,本学期除了培养学生独立思考能力,养成独立作文的习惯外,还应该在阅读指导以及培养阅读兴趣上下功夫。

(二)教材分析

人教版的《语文》(七年级下册)板块非常清晰,一册六个单元,每个单元都有自己的主题。每个单元后还有与这个单元主题相关的写作训练。每两个单元安排一次综合性学习,每三个单元安排一次名著导读和课外古诗词诵读。

具体来看,第一单元是人物,侧重体现人物精神;第二单元是家国情怀,侧重抒情;第三单元是"小人物"的故事,侧重表现他们身上的优秀品格;第四单元是从不同角度展现了中华美德以及时代对这些美德的呼唤;第五单元学习借景抒情和托物言志的写法;第六单元是探险和科幻,激发学生探索自然世界和科学领域的兴趣与想象力,从体裁上看,除了引导学生把握记叙文、散文这两种文体,还要让学生了解什么是科幻。

本册教材除了指导学生朗读外,还要指导学生学会精读和略读。学习方法上学会圈点批注和赏析。在这个过程中培养学生独立思考自主学习的能力,并且培养学生合作探究的学习方式,提高学习效率。

二、教学目标

(一)知识与技能目标

培育学生热爱祖国语言文字的情感,增强学习语文的自信心,养成良好的语文学习习惯;能熟练使用字典词典,并能熟记课文中出现的生字词的音、形、义;能够正确、流利、有感情地朗读课文,并养成默读的习惯,提高阅读速度,扩大阅读范围;初步掌握精读和略读的方法;在通读课文的基础上,能够理清文章思路,体味并推敲重点词语在语言环境中的意义和作用;了解常用的语法知识和修辞手法;学会观察生活,写出语言生动、形象并有真情实感的文章,本学期作文仍以记叙文为主;能够朗读并背诵古代诗词及文言文,并注重积累、感悟和运用。

(二)过程与方法目标

通过朗读,让学生感受文本中所传达出来的作者的情感;通过讨论,明确文章的整体框架,理清文章思路;通过圈点勾画和批注,理解重要词句在文中的意义和作用;通过研讨,使学生把握课文的主要写作手法;通过拓展与探究,扩大学生的阅读与积累;通过仿写和练笔,以及课后作文训练,提高学生的写作能力。

(三)情感、态度与价值观目标

在语文教学过程中,首先要培养学生的爱国主义情感,树立家国情怀;激发学生对那些杰出人物的敬意,唤起他们对于理想的憧憬与追求;使学生认识到普通人身上也有优秀的品质,也可以活得很精彩;通过语文教学,不仅要培养学生健康的审美情趣,更要培养学生积极乐观的人生态度。通过欣赏那些美文佳作陶冶情操、净化心灵,感悟社会人生;利用探险和科幻的文章,激发学生的好奇心,也激发他们探索自然世界和科学领域的兴趣与想象力。

三、教学具体措施

一是根据所教班级的学生特点,采取灵活多样的教学方式。精心设计和组织教学活动,重视启发式和讨论式教学,充分、有效地运用多媒体教学。

二是根据学校"以学定教,先学后教"的教学原则,通过课堂提出问题的方式,先给学生自主学习的时间和空间,再讨论答疑,精讲点拨,充分发挥学生在课堂教学中的主体作用。

三是阅读教学时引导学生抓住文本,积极思考,通过重点词句,把握主要内容和情感,并能说出自己的理解和感悟。

四是阅读教学时重视朗读和默读。朗读提倡自然,努力改变学生唱歌式的腔调。可采取朗读比赛等方式,激发学生朗读兴趣。

五是写作方面除落实教材的写作训练外,还应多安排练笔。内容多贴近学生生活,如季节、节日、时事,读后感,等等。题目不宜太难,重在培养学生写作的兴趣和自信心。指导学生养成写日记的习惯,培养学生观察、思考、表达和创造的能力。

六是作业方面,重视质量,强调书写。培养学生规范书写,独立思考,自主学习,自我管理的能力,并加强课代表及小组长的带头和监督作用,巩固学习成果,提高学习效率。

四、教学进度及安排表

周次	日期	教学内容	课时
1	2.25—3.1	《邓稼先》《想和做》	5
2	3.4—3.8	《回忆鲁迅先生》《孙权劝学》	5
3	3.11—3.15	《写出人物的精神》《黄河颂》《老山界》	5
4	3.18—3.22	《土地的誓言》《木兰诗》	5
5	3.25—3.29	《学习抒情》《天下国家》	5
6	4.1—4.4	《阿长与山海经》《老王》	4
7	4.8—4.12	《台阶》《卖油翁》	5
8	4.15—4.19	《抓住细节》《名著导读》	5
9	4.22—4.26	《课外古诗词诵读》	5
10	4.28—4.30	《叶圣陶先生二三事》	3
11	5.5—5.10	《驿路梨花》《最苦与最乐》《陋室铭》	6
12	5.13—5.17	《爱莲说》	5
13	5.20—5.24	《怎样选材》《综合性学习》	5

续表

周次	日期	教学内容	课时
14	5.27—5.31	《紫藤萝瀑布》《一棵小桃树》《外国诗二首》	5
15	6.3—6.6	《古代诗歌五首》	4
16	6.10—6.14	《文从字顺》《伟大的悲剧》《太空一日》	5
17	6.17—6.21	《带上她的眼睛》《河中石兽》	5
18	6.24—6.28	《语言简明》《我的语文生活》	5
19	7.1—7.5	《名著导读》《课外古诗词诵读》	5
20	7.8—7.12	期末复习及检测	5

2019年2月20日

【简析】

这是一篇教研组（备课组）教学工作计划，采用文表结合式，由说明部分和教学进度表两部分组成。在说明部分，作者写出学生的基本情况分析、教材分析、教学目标的确定、教学措施等方面的内容。教学进度表以表格的形式，按学期周数安排教学内容，分配教学课时，列出了教学进度。这则计划有四个特点。一是计划内容项目全面具体。二是学情分析深刻、透彻，有理有据，对知识与技能目标分析得精要。三是制订的教学措施针对性强，具体周到、切实可行。四是教学进度表填写齐全，课时安排合理。这则教学工作计划操作性强，对教学工作有明确的指导性。

写作指导

一、教学工作计划的写法

（一）表格式计划的写法

1. 前言

前言，也叫引言。制作表格式计划时，首先应写好前言，前言是计划的总纲。主要写制订计划的政策依据、指导思想，包括党和国家的方针政策、上级的指示精神等；本单位的基本情况，包括当前的形势、特点分析及分析得出的有利因素和不利因素;计划的总目标或总任务。这部分内容应写得简要、概括。内容单一的表格式计划或安排等可省略前言部分。

2. 表格

制作表格就是把各项内容划分为几个栏目,再把制订好的各项具体计划内容填入栏目中,形成表格。这种方式适用于时间较短、范围较小、方式变化不大、内容较单一的具体安排,如班级读书计划、团支部活动计划等。

(二)条文式计划的写法

一般由标题、主体、结尾和落款组成。条文式计划关于前言的写作方法与表格式计划的基本一致,以下不再具体说明。

1. 标题

标题由四个要素组成:单位名称、适用期限、计划内容和计划种类,如《××学院 2016 年教学工作计划》。有时标题也省略其中的某些要素,或省略时限,或省略单位,或省略单位和时限,如《2010—2011 年度教学工作计划》《××学院××专业计算机培训计划》等。

若计划是尚不成熟或未经批准的,则在标题后的圆括号内加"草案""讨论稿"等字样。

2. 主体

主体是计划的核心,包括具体的任务、目标、措施、步骤和注意事项。可采用序号或小标题的方法展开内容。

(1)任务和目标。"任务"是指"做什么","目标"是指"做到的程度"。计划应写出一定时间内要完成的工作任务,要达到的目标。这一部分要写得主次分明,重点突出。

(2)措施和方法。写明采取什么方法、利用什么条件。措施和方法要具有科学性、具体性,使人明白"怎么做"。

(3)步骤和注意事项。写明实现计划分哪几个步骤、计划的进展程度及完成期限、实施计划应该注意的问题,使人明了"什么时候""做到何种程度"。这一部分要写得周全、简明、有条理,以便执行、检查。

3. 结尾

结尾即结束语。可提出希望,发出号召,鼓励本单位全体人员为实现计划而努力,也可视情况不写此部分内容。

4. 落款

落款要在正文的右下方署上制订计划的单位名称或个人名字,在署名的下行写上日期。如标题中已经写明作者和日期的,此部分可省略。

（三）文表结合式计划的写法

文表结合式计划即表格式和条文式相结合的计划。一种形式是先采用条文式,写清制订计划的任务、目标、措施和方法等,再用表格写出完成计划内容的具体时间、做法、步骤等；另一种是将计划的各项内容填进表格后,再用简短的文字作解释说明。文表结合式计划在写法上可参照表格式计划和条文式计划的写法。

二、教学工作计划的写作要求

（一）从实际出发,统筹兼顾

无论撰写长期计划还是短期计划,都必须从实际出发,要充分分析客观条件,所撰写的计划既要有前瞻性,又要留有余地,使计划执行者通过一番努力能够完成。

（二）突出重点,主次分明

计划写作必须分清轻重缓急,突出重点,以点带面,要有重有轻,点面结合,有条不紊。这样才有利于工作的全面开展,达到事半功倍的效果。

（三）目标明确,表述准确

计划在时间、数量、质量上要力求准确,目的、任务、要求、方法、措施、步骤、分工都要具体写明,以便执行检查。

模拟训练

一、某大学团委拟举办"五四"青年节庆祝活动,届时将举行多种纪念活动,包括举行篮球比赛、读书报告会、文艺联欢会、电影专场、青年书画展等。请拟一个表格式活动安排表,计划名称、计划表及说明均要求具体明确,有关内容如时间、地点、负责人等可以虚拟。

二、王强英语成绩不理想,快要放寒假了,他想提高英语成绩,争取在今年的英语四级考试中顺利通过,请你用条文式计划代他拟订一份寒假英语学习计划。

三、张老师是某初中数学组的备课组长,他草拟了学年组《教学工作计划》的提纲,请你用文表结合式计划帮助张老师制订详细的教学工作计划。

初中数学组教学工作计划

一、指导思想

二、本学期主要工作

（一）认真学习新课程标准，提高教师自身素质

（二）加强教研组的常规管理

（三）提高教研质量，开展校本教材研究

（四）加强资料建设

（五）开展课题研究

（六）继续开展"培优辅差"第二课堂活动

三、具体安排

复习与思考

一、什么是教学工作计划？

二、教学工作计划有哪些特点？可分哪几类？

三、教学工作计划撰写对教学工作有哪些指导作用？

四、教学工作计划的写法有哪些？

五、教学工作计划有哪些写作要求？

第二节　教学工作总结

学习目标

1. 了解并掌握教学工作总结的含义、特点及种类，明确写好教学总结对教学工作的重要意义。

2. 掌握教学工作总结的内容、结构和写法，学会写教学工作总结。

理论知识

一、教学工作总结的含义

教学工作总结是教学单位或个人对过去一段时期内的教学工作或任务进行

全面回顾、分析和研究,评价得失,从中找出经验和教训,探求规律性的认识,用以指导今后教学实践活动的一种应用文书。

总结的含义可以从三个方面进行理解:一是回顾过去;二是评估得失;三是指导未来。教学工作总结阐述的是在某个学年、某个学期或其他教学时段已经"做了什么""如何做的""做得怎么样"。总结有利于教师养成理论联系实际的工作作风,学会及时发现问题和分析问题,改进教学工作,提高思想认识水平和教学工作能力。

二、教学工作总结的特点

(一)客观性

总结要回顾自身教学实践活动的基本情况,应当还原过去工作实际,忠实于客观事实。所使用的材料必须真实准确,不能人为夸大成绩,回避问题,报喜不报忧,更不能无中生有,总结出的经验、教训一定是从自身教学实践中得出来的,做到客观、真实。

(二)经验性

经验和教训都是我们从事教学工作的宝贵财富。教学工作总结的目的是把教学实践中的成功经验归纳出来,把教训总结出来,将感性认识提高到理性认识。教学工作总结不是简单地罗列事实,记流水账,要在归纳总结的基础上对教学工作进行反思,在行文中还要进行富有逻辑性的分析,突出总结的理论指导意义。

(三)简明性

教学工作总结的内容要简明扼要,概括基本情况要简洁,总结经验教训要突出重点。在文字表达上,教学工作总结通常只作概括叙述、简要说明或直接议论,不作多方论证。

(四)时效性

教学工作总结要根据目前的教学工作情况及时发现典型,推广经验。如果做得不及时,往往容易时过境迁,错过发现问题、纠正问题和解决问题的大好时机,因此,学校各部门每过一段时间就要进行一次教学工作总结,多方面总结工作得失,提高教学工作效率。

三、教学工作总结的种类

根据不同的分类标准,教学工作总结可以分为以下几类。

按教学范围划分,有学校总结、教学单位(包括学年组、班级)总结和个人总结等。

按教学内容划分,有学科教学工作总结、教材单元教学工作总结、教学活动总结、教学科研总结等。

按教学时间划分,有阶段总结、月份总结、学期期中、期末总结和年度总结等。

按教学性质划分,有综合性教学工作总结和专题性教学工作总结。

例文借鉴

【例文一】

2016—2017学年第二学期教学工作总结

本学期即将结束,吉林省长岭县第三中学在党委的正确领导下,紧密围绕学习新课程,不断更新教学理念,全面贯彻落实党的教育方针,坚持求真务实,突出重点,狠抓落实的原则,各项工作都取得了很大的成就,下面就这一学期教学工作总结如下。

一、创建良好的师德师风,加强师资队伍建设

(一)加强学习,创建良好的师德师风。学高为师,德高为范。学校以抓课堂教学为突破口,规范教师的从教行为。加强师德培训,邀请德育名师现身说法。为培育良好的师德师风发挥积极作用。

(二)以校本研训为抓手,努力提高教师业务素质。本学期,学校按照研训计划,围绕"以学为中心,提高教师课堂提问的有效性"研训主题,多次开展校本研训活动,研训活动取得一定成效,教师业务素质有一定幅度提升。

(三)邀请名师来校引领教学。教师的教学业务水平提高显著。

(四)开展教师基本功比赛。"三笔一话一画"是我校教师的教学技能训练的基本功。学校展出了教师的"三笔一话一画"优秀作品,赢得家长的一致好评。

(五)组织教师参加省教师培训管理平台自主选课项目培训,提升教师业务素质。学校鼓励青年教师参与培训,专任教师参训率达100%。

(六)开展教学科研活动,增强教师科研意识。本学期学校先后组织教师参加县级教学新常规新设计和教学论文评比,获得了五个奖项。

二、求真务实,提高教学质量

(一)注重过程管理,提高教学质量。万丈高楼平地起。提高教学质量,必须从基础抓起。落实教学"五认真"管理,规范教师的教学行为。

1. 学校认真组织教师学习贯彻《吉林省教育厅关于切实减轻中小学生过重课业负担的通知》等文件精神,并以此来指导教学工作。

2. 为了落实上级文件精神,学校建立教学常规管理目标。

3. 建立教学常规视导制度,教务处管理层人员定期或不定期下教学一线开展教学视导,随堂听课,查看备课本、作业本、试卷,肯定成绩,提出不足及改进意见。

4. 建立教学常规考核制度。

(二)规范教学管理,落实教学常规

1. 检查备课工作。本学期,学校从上课课件齐全、课时充足、教案格式规范、撰写详案、写教后感等五个方面对老师备课工作进行综合评价。

2. 重视作业批改工作。认真批改作业,注重二次批改,是我校老师批改作业的工作常态。

3. 及时检测、监控教学质量。备好课,上好课,质量检测是教学工作的主要环节,环环相扣,缺一不可。

4. 做好后进生帮扶。不让一个学生落下是教师们的教育理念,大家重视对后进生的帮扶。

(三)开展课程改革,提高教学质量

1. 学校启动"爱阅读"工程。课外阅读的重要性已得到全体语文老师共识,并付诸实施。一是让学生有书可读。各班建立班级图书角,并配备了书柜、书箱,让学生有书可读。二是开展阅读活动。全体语文老师步调一致,共抓课外阅读,写读书笔记,全面提升了学生语文素质。

2. 增加写作总量,以量变促质变。任何技能的形成,靠不断训练。同理,提高写作水平,必须反复训练。全体语文老师重视写作教学,增加写作总量,旨在提高学生写作水平。

3. 落实课标精神,开展语文综合性学习活动。

4. 开展英语周活动。英语组老师重视英语课外活动,营造浓厚英语学习氛围,对全面提高学生英语教学质量发挥积极作用。

三、后勤保障有力，为教育教学服务

加强硬件建设和维护。加强装备管理，定期保养，及时维修，确保教育教学工作的正常开展。

四、存在的问题

在看到成绩的同时，我们也清醒地看到，学校还存在不少问题：

（一）家庭教育与学校教育不协调。部分家长由于各种原因把孩子放在学校，对自己孩子学习不够关心。老师与家长沟通不畅，给学校教育带来难以解决的问题。

（二）学校信息技术装备水平需继续提高。今后，我校将采取积极有效措施，千方百计，通过多种渠道多方筹措资金，搞好学校信息技术装备工作。

（三）远程教育资源的应用落实不够。今后学校要提高认识，利用多种途径有效方式，如加强集中学习、自学和外出学习的机会和时间，努力提高教师创新教育理论水平和研究能力。

（四）学校的课题研究刚起步，教研活动还仅仅停留在常规的以听评课为主要形式的校本教研活动上，"阳光社团"心理健康课题研究也在萌芽阶段。今后学校需要加强课题研究的师资队伍建设，加大教育装备资金投入力度，努力提高教师的课题研究水平。

本学期在学校董事会、校委会的领导下，经全体教职工不懈努力，学校各方面工作取得长足进步，学校办学水平不断提高。成绩已成历史，今后尚须努力。本学期里，我校以"完善制度"为保证，以"加强课改"为突破，以"远程规划、持续经营"为导向，以"学校、教师、学生的共同成长"为目标，进行了许多务实的改革，在实践与探索中，各项工作已有序开展。我们相信，有上级教育主管部门的直接领导，有广大家长及社会上关心教育的有识之士的大力支持，我们有信心、有能力排除干扰，克服困难，把学校的各项工作做好，学校未来一定能有更好的发展。

吉林省长岭县第三中学

2017年6月26日

【简析】

这是一篇综合性教学工作总结。标题采用公文式标题的写法，概括文章的内容。正文针对学校一个学期的教学工作进行综合总结，从师资队伍建设、提高

教学质量和后勤保障等几方面进行概述,介绍做法,总结经验,找出存在的问题,最后指出今后教学努力的方向和工作决心。行文内容集中,叙述具体、细致,结构条理清晰,语言表达准确、简洁。

【例文二】

激发兴趣　夯实基础　提高学习成绩

吉林省长岭县第三中学　田春梅

　　本人本学期担任高三年级两个实验班的语文教学工作。经过一个学期紧张有序的教学实践,学生的学习成绩提高较快,收到了令人满意的教学效果。现将本学期的教学工作总结如下。

　　一、本学期开展的主要工作

　　(一)本人注意激发学生的学习语文的兴趣,注重夯实学生学习基础。为了进一步提高语文课学生成绩优秀率,我在完成学校下达的教学任务的同时,注重教学方法的探索和经验的积累。从课堂教学入手,努力实践学校提出的"先学后教,当堂训练"的教学模式,在教学过程中积累了一些自己的教学经验。

　　(二)考点训练及时、准确,单元过关检测落得实。课堂教学上,坚持以学生为主体,充分调动学生的思考的积极性,进一步优化课堂教学,在课堂教学中突破重点、考点,严抓训练,做到教师精讲、学生多练,进一步突出探究合作学习的地位和作用。

　　(三)本学期以来,我完成语文教材授课任务,同时对教材进行了系统的梳理,完成5个专题训练及会考模拟测试工作。

　　二、教学工作取得的成绩

　　(一)注重常规教学,提高教学效率。

　　本学期,本人严格按照授课计划进行授课,顺利完成全部新课任务及复习任务。学校先后举行三次质量检测考试,我所教班级成绩稳步提高。同时,我认真分析成绩,寻找差距,及时解决教学中存在的问题,对学困生多鼓励、多指导,做到抓两头、促中间,利用好现有资料,对习题进行精选,使全体学生的学习成绩有较大的提高。

　　(二)注重提高学生学习语文的兴趣,调动学生的学习积极性。

　　在教学过程中,注意采用多种教学形式、各种教学方法和教学手段,吸引学生。在教学中多思考、多动脑筋,多留心做好课前准备的工作,精心备课,不仅仅要备知识、备教材,更要备学生的学情。学生学习语文的积极性就被调动起来了,学习语文的兴趣浓厚了,学习成绩也提高了。

（三）注重"双基"教学,夯实学生的学习基础。

重视"双基"教学,夯实学生基础,让学生从基础着手,不断提高学生分析问题和解决问题的能力。在教学过程中,教师要不断地传授学习方法、分析方法、渗透语文知识、语文技能和技巧。

（四）密切联系社会生活实际,抓好知识的应用。

语文是一门基础性很强的学科,要与日常生活和社会热点问题联系起来,以增强学生的社会责任感和使命感。着力于知识与生活的联系与结合。

（五）研究高考命题方向,讲究复习策略。

研究近几年高考试题,发现试题均以新课程标准的目标、理念、资料为依据,全面体现了"知识与技能、过程与方法、情感态度价值观"三个方面的要求。在此基础之上,讲究复习策略,重视学生的个体差异,注重培养学生的良好学习兴趣和学习习惯。在历次模拟考试中,本人所教班级语文成绩比较优秀,及格率100%,优秀率85%,平均分105分,较好地完成了学校布置的教学任务。

三、教学中存在的问题

（一）学生对教材中的一些难点、重点问题理解掌握起来比较困难。一些题目难度较高,要求比较灵活,一少部分学生掌握起来有困难,导致学生成绩偏低。

（二）个别学生学习态度不够端正,目的不明确,平时学习劲头不足,抄袭作业现象严重,还有些同学上课不注意听课,学习不够扎实,成绩提高幅度不大。对此类问题,本人严肃教育,耐心说服,加以引导,使学生从思想上有所认识和改进。

四、今后教学工作的努力方向和设想

为了进一步搞好今后教学工作,本人作如下的工作设想。

（一）认真细致地备课,钻研教材,研究教法,突破重点、难点,把握考点,抓好课堂教学,落实课堂教学环节。详细及时批改作业,深入教室及时跟班辅导,解决学生当天学习存在的问题。在教学过程中,严管学生、严抓训练,对学困生多鼓励、多指导,增强学困生提高学习成绩的自信心。

（二）培养学生学习语文的兴趣,把教材知识与生活实际联系起来,引导学生采用探究式、启发式、合作式的学习方法。培养学生观察、分析、解决问题的能力。

（三）虚心向别人学习，采取灵活多样的教法，调动学生的积极性，力求课堂教学高效化、优质化，进一步提高教学质量。

语文教学工作在高三阶段十分重要，在压力大、任务重的情况下，本人始终努力教好每一节课，把提高教学质量放在首位，让每一名学生都能取得最优异的成绩。

2018 年 8 月 10 日

【简析】

这是一篇个人教学工作总结。标题采用文章式标题的写法，作为一名语文教师，作者首先概要地介绍了本学期开展的教学工作，然后简要列出教学工作取得的五点成绩，总结经验，找到教学中存在的问题，最后，谈到今后教学工作的努力方向和设想。文章结构上采用"三段式"结构模式，基本工作情况概述简明，总结经验、教训突出重点，思路清晰，结构完整，文字表述简明、流畅。

写作指导

一、教学工作总结写作的内容

（一）概述教学工作的基本情况

总结首先要回顾过去实践的全过程，教学工作总结也一样，先要对过去一段时间的教学工作进行回顾，遵照客观事实，如实展开。概述基本情况一般包括三个方面的内容：一是在什么时间段、什么环境、什么背景下开展的教学工作；二是做了哪些工作；三是怎么做的，做的结果怎样。

（二）归纳教学工作的成绩与经验

总结的目的是积累经验，改进工作方法，拓宽今后工作的思路，利于下一阶段工作更好地开展，因而，成绩与经验内容是总结的重点。这部分要详细写教学工作的具体做法，写明在什么思想指导下，做了哪些工作，遇到具体问题时采取了哪些行之有效的措施，取得了哪些主要成绩，其主客观原因是什么，有哪些体会等，从教学效果显著的做法中总结出能够指导今后教学工作的经验。

（三）找出教学工作存在的问题与教训

概括基本情况要客观全面，既要肯定成绩，也要指出缺点和不足。针对教学工作中缺点与不足，找出教学工作过程中存在的具体问题，分析缺点与失误产生的主客观原因，指出造成的工作损失或负面影响，明确应当汲取的教训，以便下一阶段教学工作引以为戒。

（四）指出今后努力的方向和设想

总结的最后内容要谈今后应注意的问题和努力方向。这一部分要先说明教学工作中有哪些尚待解决或者未完全解决的问题，提出今后的工作设想和打算，指明努力的方向。

二、教学工作总结的结构和写作要领

教学工作总结一般由标题、正文和落款三部分组成。

（一）标题

教学工作总结的标题一般有以下三种形式。

1. 公文式标题

由单位名称、时间期限、事由和文体组成，如《××师范大学××学院2015年教学工作总结》。还有一类标题多用于综合性总结，这类标题也可省略单位名称或时间期限，如《中小学骨干教师示范课巡回教学活动总结》《地理实验区教学总结》。

2. 文章式标题

即概括文章的内容或基本观点的标题，标题中不出现文种"总结"两字，这种标题一般用于专题性总结，如《教学交融　培养素质　激发创新》《数学"探究式"课堂教学的实践与研究》。

3. 正副式标题

这种标题的正题揭示主题或概括经验体会，副题标明单位、时限、事由和文种等，如《西部地方高师院校本科教育内涵建设的研究与实践——第×届高等教育国家级教学成果奖推荐成果总结》《以科研促教学，教会学生学习——××省英语"四位一体"复习教学方法实验总结》。

（二）正文

总结正文一般由开头、主体和结语构成。

1. 开头

总结开头要求概述教学基本情况，通常简要叙述教学工作或任务是在什么背景下，遵循什么方针或理念完成的，要写出教学工作的指导思想、依据和成果，给人一个总的印象。介绍内容要有所侧重，或重在单位基本情况，或重在指出成绩。不论哪一种形式，开头都要开门见山，统领全文，紧扣中心，简明扼要，有吸引力。

2. 主体

主体是教学工作总结的重点部分，一般要写清三方面的内容。

（1）基本做法、成绩和经验。写明在什么思想指导下，做了哪些教学工作，采取了哪些措施，取得了哪些成绩，既要分析其原因又要写出体会。成绩和做法是基础材料，经验体会是重点。在写作中，写做法要简明扼要，不能把具体事实材料进行简单罗列或作面面俱到的叙述，要用事实、用数据说话，要点面结合，详略结合，叙议结合。只有做到重点突出，数据精准，才能具有较强的说服力。

（2）问题与教训。写总结要客观地看待问题，要找出工作中存在的问题与不足，并分析其主客观原因及得出的教训，对今后工作的开展是十分有利的。教学总结需要注意安排好问题与成绩的关系，不要因为有一定问题存在，就把总结写得像检查一样。成绩是主要的，问题和教训要写得简略、中肯且有针对性。这部分的内容，因其在具体工作中呈现效果不同，可以根据不同内容做出灵活安排。

（3）今后工作的目标和努力的方向。这部分内容可以根据上面总结的经验教训，具体明确指出今后教学工作的任务、努力方向，或简单地表明态度和决心，可以写成条款式，即不作具体展开。

主体部分的结构形式主要有五种。

（1）"三段式"结构模式，由教学工作概况、经验体会和今后打算构成。首先简明扼要地叙述总结所涉及的时间、背景、任务、效果等工作概况，然后重点谈经验体会，最后说明今后的努力设想。

（2）"两段式"结构模式，由工作情况和体会构成。先概述基本情况、主要做法、成绩与缺点等；然后集中谈体会、经验、教训及对存在问题的认识等。

（3）"阶段式"结构模式，根据教学工作进展的几个阶段，按时间先后顺序分成几个部分来写。每一部分既讲情况、做法，又讲经验教训及存在问题。

（4）"总分式"结构模式，首先概述总的情况，然后分若干项主要工作逐一进行总结。各部分对每项工作进行总结时，都要求把做法、成绩、经验、教训等有机地结合在一起写，一般采用条文式的结构方式。综合性教学总结一般采用这种写法。

（5）"条文式"结构模式，是把总结的内容大致分成几个部分，将教学工作的典型经验、方法及失败的教训等内容，按性质和主次轻重逐条排列，分条列项总结出规律性的认识。通常用序号标明分段顺序。

3. 结语

结语部分可以概括全文，提出今后的工作设想和打算，指明努力的方向；也可以强调好经验带来的效果；也可以表明决心，展望前景。但有些教学总结没有结语，正文主体结束即结束全文。

（三）落款

教学总结的落款，一般要在正文右下方，写明总结单位、个人的名称和日期。如果是用于上报的总结，在单位名称后应加盖单位公章。但无论单位总结还是个人总结，如果在标题中已署名，那么落款可省略。教学总结的署名也可以写在标题下面居中的位置。

模拟训练

一、回顾自己到中小学见习或实习的经历，就某一学科的教学实践或某一项教学活动的开展写一份工作总结，概述你的成功做法并总结经验，也要指出不足，以便在今后的教学工作中扬长避短。

二、指出下面这则教学工作总结存在的主要问题并进行修改。

高三语文教学工作总结

这一学期对于我而言是一种挑战，从高一到高三，从暑假就开始工作，这些学生完全陌生而且据其他老师所说有这样那样的问题，心里有压力是正常的。等我真正接手之后发现，这些学生的语文学习的基础要比我预想的要差了不少，我所面临的困难也要比预想的大了许多。

一、语文教学注重从基础抓起，从学生出现的问题开始，刚开始就发现这些学生语文基础知识很薄弱，经过一段时间的学习，让学生慢慢有收获。

比如文言文语法方面，我就从学生最需要也最薄弱的语法知识入手，从简单的主谓宾定状补开始，一个知识点一个知识点慢慢地讲解，并且跟学生日常学习过程中相关的语文课文结合起来，让学生发现学习语法并不是一件枯燥的事情而是一件很有趣又很有用的事情。并且在第一轮的复习过程中始终贯穿这些内容，让学生在复习的同时又更为深入地夯实基础，而且又不觉得浪费时间，更不会觉得语文学习是没有谱的。

二、从学生的最害怕的文言文学习入手,逐渐增强学生语文学习的信心,明确语文学习的方向。第一轮的文言文复习,既发现了学生过去文言文学习的效率低,还发现了学生对文言文的畏难情绪。为此,我从必修一开始,每一篇重点的文言文,复习目标明确,复习重点突出,而且要求学生尽可能做到字字落实,篇篇过关。该背诵的文章一定要落实过关。在这个过程中大部分学生慢慢尝到学习的收获与些许的成就感,甚至慢慢找到了文言文学习的一些规律与方法,于是对语文学习也开始有了一定的信心。

三、拓展学生的知识面与视野,鼓励学生加大阅读力度。根据新高考的要求,考试的阅读量明显增加,阅读的难度也提高了不少。为此,我开了一节阅读课,让学生借阅书籍,保证这一节阅读课能够专注阅读,逐渐养成一种安静阅读的习惯。同时也让学生去积极搜集一些最新的阅读资料,保证学生能够对当下这个社会生活的变化有足够的了解。

不足与困惑:

一、这些学生由于以前打下的基础不好,习惯不好,要学生提高成绩绝对易事;这是需要老师跟这些学生进行比较艰巨的"斗争",既要靠脑力,还要靠体力,必须始终如一跟住这些人,但是还是有一些学生的习惯暂时难以改变,所以学生出现反复懈怠是经常事

二、语文学习不是一朝一夕的事情,是需要一个长期积累的过程,有些学生长期养成了懒散不爱学习语文的习惯,是需要老师经常与之沟通交流,是需要老师不仅足够的耐心,还要有足够的沟通能力与交流能力,这并不是一件容易的事情。有些学生的改变是很难的,是需要老师锲而不舍地努力,再努力,才有可能。但是现实并非如此。要想彻底改变不太可能,只能靠我的努力一点一点地推着学生慢慢进步。至于结果如何,我还不敢肯定。

复习与思考

一、什么是教学工作总结?

二、教学工作总结有哪些特点?

三、根据不同的分类标准,教学工作总结可分哪几类?

四、教学工作总结写作的内容有哪些?

五、怎样撰写教学工作总结的标题?

六、教学工作总结主体结构形式有哪几种?

第三节 教学设计

学习目标

1. 了解教学设计的含义和特点,理解现代教学设计的基本理念。
2. 掌握教学设计的基本内容、结构与写作方法,学会写教学设计。

理论知识

一、教学设计的含义

教学设计是教师为了顺利实施教学活动、达到预期的教学目标、圆满完成教学任务,根据课程标准的要求和教学对象的特点,将教学各要素有序安排,确定的合理教学方案的计划和设想。教学设计一般包括教学目标、教学重点和难点、教学方法、教学步骤与时间分配等环节。教学设计的目的是优化教学效果,使学生在一定时间内能够学到更多的知识,更大幅度地提高学生的素养。

二、现代教学设计的特点

现代教学设计又不同于传统备课,打破了其形式和要求,实现了教学设计的现代化、科学化和规范化,体现了新课标的精神和要求,是教学上的一次深刻革命。它具有以下特点:

(一) 以学生为中心,以学论教,强调学的设计

"以学生为中心"是现代教学设计是基础和关键。深化教育改革,培养新型人才,需要我们顺应时代发展的要求,转变教育观念和人才培养模式,以课堂教学改革作为突破口,与时俱进,坚持以人为本,以学生发展为本。深化课堂教学改革,使现代课堂教学在为学生今天的学习或成长服务的同时,还要为学生明天的可持续发展奠定基础。因此,现代课堂教学设计体现"以学生为中心"是时代发展所赋予的要求。

(二) 立足于学生的实际需要,着眼于学生的发展

教师要明确现代课堂教学设计首先是为学生的有效学习服务的。教学设计应首先着眼于学生学习实际的学情而确定,根据学生学习的实际起点来确定适应于学生学习的教学过程,以书本知识为本位的价值观转向以学生发展为本位

的价值观。现代教学设计强调以学生发展为本位的价值观,并非不传授书中知识,而是要把传授书本知识服从、服务于促进学生有个性、可持续、全面和谐的发展。

(三)从以静态教案为本位的传统教学的备课观向以动态方案为本位的设计观转变

教学设计的主体工作需要在课前完成,但需要在教学过程中不断调整,教学设计贯穿于教学的过程中。从本质上讲,教学设计是一个分析教学问题、设计解决方法、对解决方法进行试行、评价试行结果,并在评价的基础上修改方法的过程。因此,教学设计是一个也应该是一个动态的过程。教师要从以静态教案为本位的传统教学的备课观转向以动态方案为本位的设计观。

(四)适用的范围更宽,运用的资源更丰富,手段更先进

现代教学设计不仅以教案等文本形式存在,更以教学软件、教学媒体等作为载体,表现为课件,大大地增加了知识容量,显示了生动、形象的视听功能,整合了不同知识信息之间的内在联系,大大地强化了教学设计效果。

总之,现代教学设计给我们耳目一新的感觉,远远超越了教案本身,是对教案在三维上的扩展和延伸。现代教学设计使新课程标准及其反映的先进理念在备课中得以充分体现,能够促进教学效率和教学质量的提高。

三、教学设计的原则

(一)指导性

教学设计是教师为有效顺利地组织和指导教学活动而精心设计的施教方案。教师对即将进行的教学活动的整体、具体的设想,都清晰地反映在教学设计中。因此,教学设计整体方案完成并付诸实施的时候,它就成为指导教师实施教学活动的基本依据和指导方案。教学活动进行的具体步骤、教学活动的具体环节及其衔接、各项具体活动的组织与形式等方面都会受到教学设计方案的约束与控制。因此,教师在进行教学设计工作时,要在认真思考的基础上,对教学活动进行全面的规划,注重提高设计方案的科学性、合理性与可行性,保证在课堂教学活动中有效发挥设计方案的指导性功能,保证教学活动的顺利进行。

(二)整体性

教学活动是由多种教学要素所构成的一个复杂系统,从一定的意义上说,教学设计过程就是在系统科学的方法的指导下,对这诸多要素进行系统安排和统筹组合的活动。整体性要求教学设计活动对教学活动诸多构成要素进行综合与

整体的规划与安排。根据教学设计的目标要求,全面考虑和分析教学活动的各个要素,力求使它们在达成教学目标的过程中能够有机地配合,充分体现教学设计的完整性与整合性特点。

(三) 操作性

教学设计为教学理论与实践的有效结合提供了现实的结合点,教学设计中理论应用的重要价值在于它指导并服务于教学实践。在科学合理的教学设计方案中,教学目标被分解成具体的可操作性的目标、方案中对教学内容的安排、教学时间的分配、教学活动的组织与调控、教学方法的选择与运用、教学评价方式与手段等必须体现具体的可操作性。

(四) 创造性

教师进行教学设计活动并不是简单的机械性或重复性劳动,而是一项发挥教师才智、焕发生命活力的一种具有个性化特点的创造性活动。为了能够满足学生多样化的学习需求,教学设计非常强调教师能够针对教学的具体情况灵活地、创造性地设计教学。同时,每位教师的教学经历、教学风格和教学手段等方面都有着鲜明的个性化特征,因此每位教师的教学设计都会在不同程度上体现本人的个性化风格和色彩。

例文借鉴

【例文一】

《氨和铵盐》复习课教学设计[①]

广东省广州市禺山高级中学　李洪艳

一、教材分析

本节课是一节化学(高三)复习课,主要复习元素化合物性质。授课内容是人教版高一必修一第四章第四节有关"氨"的内容。本节课的主要教学任务是帮助学生掌握氨的性质,氨气的实验室制法,了解铵盐的性质等。氨气作为中学化学中唯一一个碱性的气体,对它性质的掌握有着重要意义。

二、设计理念

在复习此内容之前,学生已经学习了氯、硫等非金属及其化合物的知

[①] 本设计获2007年广东省教育学会教学设计评比二等奖。

识,经过高二的学习,学生还掌握了《化学反应原理》中化学平衡的知识,具备了一定的理论知识。作为一节高三复习课,既要做到复习元素化合物的性质,还要培养学生应用化学平衡等原理解决实际问题的能力,力求做到温故而知新。考虑到教学对象掌握知识的实际情况,在教学过程中既要注重基础学习,同时还注重启发引导,通过复习使学生的能力提升到一定的高度。本节课是以"问题—探究—发展"为主要教学模式,结合高三学生学习特点,把课堂还给学生,多给学生思考与交流、总结归纳的机会,鼓励学生多采用对比学习、实验探究性学习及小组讨论等多种方式,培养学生的分析归纳、实验设计能力以及创新思维能力,充分调动学生的学习主动性,来达到提高复习效果的目的。

整体模式为:提出问题—讨论分析—交流评价—归纳总结—综合应用。

三、教学目标

(一)知识目标

通过复习使学生掌握氨的性质、制法和用途,铵盐的性质及检验方法。学会应用化学反应原理中的化学平衡,离子反应等知识分析有关氨水成分、氨气制备、铵盐检验等问题。

(二)能力目标

培养学生观察、分析和实验探究能力,分析问题、归纳总结和应用知识的能力。

(三)情感目标

培养学生学会用联系的观点认识事物的能力;提高学生从现象到本质的认识及理论指导实践的能力;培养学生热爱科学、热爱生活的态度。

四、教学重点

氨的化学性质,制法,铵根离子的检验方法。

五、教学难点

应用化学反应原理解释有关"氨水的成分"等问题,实验室简易制氨的方法。

六、教学准备

(一)布置学生复习必修一"氨"内容和有关化学平衡移动原理。

(二)准备多媒体教学课件。

(三)实验室准备学生分组实验所需的仪器和药品。

七、教学过程(略)

八、教学反思

这节复习课既做到了复习基础知识,还注重了化学反应原理在此的应用。课堂容量相当大,教师提出的问题较多,学生相互讨论和思考的时间充分,大部分学生能配合老师积极思考,大大提高了复习效率。

在新课标的指导下,我们更加注重的是过程学习,从学生学习化学可持续发展出发,本节课较多考虑到如何让学生多思考、多实践代替老师的讲解,注重培养学生良好的思维习惯和学习方法,使新课标的教学要求得到进一步的落实。

在具体实施过程中,我们发现学生在应用化学反应原理解决实际问题方面不很熟练,迫使思考的时间拉长,学生还存有依赖心理。因此,今后还要就此加强训练。

附件:实验室制取氨气的装置

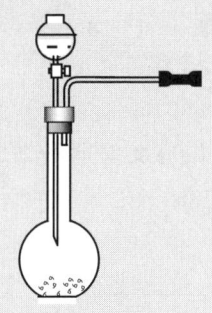

九、巩固练习(略)

【简析】

这篇教学设计是根据《普通高中化学课程标准》(2017年版)和教材的要求,针对高三学生的知识能力基础和学习需求而精心设计的一节化学复习课。教学目标设置简明、具体,教学重点、难点把握准确,采用适合课堂教学的多种教学方法,以学生为主体,注重培养学生的主动思考的习惯和动手能力,充分体现了现代教学设计的理念。这篇教学设计格式规范,教学步骤清晰、完整。特别是在授课后有深刻的教学反思,对掌握"碱性的气体"的意义以及今后这部分内容的教学有指导意义。条理清晰,语言表述简练、恰当,是一篇值得借鉴的优秀教学设计。

资源链接

《〈氨和铵盐〉复习课教学设计》

【例文二】

《郑板桥题联赠渔民》教学设计

长春市经济技术开发区兴隆山镇中山小学 姜占平

教学目标

一、认识"斛""艘"等7个生字,会写其中6个字。

二、有感情地朗读课文,体会"半湾活水千江月,一粒沉沙万斛珠"这副对联所描绘的意境。

三、通过本课的学习,初步了解有关对联的知识,激发学生对"对联"这一汉语言独特艺术形成的喜爱之情。

教学重点

通过本课的学习,初步了解有关对联的知识,激发学生对"对联"这一汉语言独特艺术形成的喜爱之情。

教学难点

体会"半湾活水千江月,一粒沉沙万斛珠"这副对联所描绘的意境。

教学准备

一、搜集有关作者(郑板桥)的相关资料;

二、搜集对联和关于对联特点的相关资料。

课时安排:1课时

教学过程

一、设疑解题

(一)板书课题,初读题目,请学生谈一谈自己对文中人物——郑板桥的了解。

(二)介绍郑板桥。清代书画家、文学家,为"扬州八怪"之一。其诗、书、画世称"三绝",独具风格。有《板桥全集》等。

(三)对联知识简介。

(略)

二、初读课文,读准字音

(略)

三、细读课文,理解内容

(略)

四、理解课文内容,解决学生质疑的问题

(略)

五、再读课文,体会当时作者见到的情景,细读品味,想象对联描绘的意境

(略)

六、再次欣赏对联

(略)

七、总结

这节课,我们不仅欣赏到了这么优美的对联,还认识了郑板桥这位有名的书法家、文学家,希望同学们多读读郑板桥的作品。

八、板书设计

郑板桥题联赠渔民

半湾活水千江月,一粒沉沙万斛珠

　　景色美丽　　　　物产丰富

九、拓展延伸

(略)

【简析】

这是一篇小学五年级阅读课教学设计。教师根据《小学语文新课程标准(2017年版)》和教材的要求,根据教学内容而设计教学环节,以学生为中心设计教学活动,全面考虑学生的需求、认识规律和学习兴趣,善于抓住课堂中生成的新的教学资源进行灵活教学设计。教学目标具体、可实施,教学重点、难点突出,教学环节设置清晰、有条理。语言表达流畅、简洁。

资源链接

《〈郑板桥题联赠渔民〉教学设计》

写作指导

一、教学设计的基本环节及写作方法

教师在进行教学设计时的依据是本学科《课程标准》(以下简称《课标》)和教科书(教材)。同时,教师又要根据学生的实际情况、教学的环境、教师自身能力、社会科学技术的发展变化,还要考虑教育教学思想理念的变化等因素的影响,又不完全依赖《课标》和教科书,充分发挥主观能动性,在课堂教学中展示出自己的教学特色。

(一)课前部分——分析探究

这部分内容是教师在课堂教学前的准备工作,即备课。教师根据学科《课标》的要求和本门课程的特点,结合学生的具体情况,选择最合适的教学方法和教学手段,以保证课堂教学的顺利进行。可从以下几个方面作分析探究:

1. 教材分析

教材分析部分的写作,有以下三方面的要求:

(1)分析《课标》的要求。

(2)分析每课教材内容在整个《课标》中和每个模块(每本教材)中的地位和作用。

(3)分析不同学段、不同年级每课教材相关内容的联系和区别。

2. 学情分析

学情分析部分的写作,有以下三方面的要求:

(1)分析学生已有的认知水平和能力状况。

(2)分析学生的学习需要和学习行为。

(3)分析学生存在的学习问题。

3. 教学目标的确定

教学目标部分的写作,有以下三方面的要求:

(1)确定知识目标。

(2)确定能力、方法培养目标及其教学实施策略。

(3)确定引导学生情感、态度、价值观目标的教学选点及其教学实施策略。

4. 教学重点与难点的确定

教学重点与难点部分的写作,有以下两方面的要求:

(1)确定本堂课的教学重点。

（2）确定本堂课的教学难点。

5. 教学方式的选择

教学方式部分的写作要求：

介绍进行课堂教学所要采取的方法与技巧。

6. 教学软件、教学媒体的使用

这部分的写作，有以下两方面的要求：

（1）教学环境的设计与准备。

（2）教学软件、教学媒体的设计与准备。

（二）课堂部分——教学过程

课堂教学过程包括复习提问、导入新课、讲授新课、课堂总结和课后作业等几个环节的设计。

1. 复习提问

首先，应考虑复习哪些旧知识，以引入新知识的学习；其次，要考虑如何设计提问、提问哪些学生、需用多少时间等；最后还应注意激发学生学习新课的兴趣，集中学生的注意力。

2. 导入新课

导入新课部分的写作要求：依据本节课具体教学内容设计每节新课的教学导语，教学导语要起到"凝神、起兴、点题"的作用。

3. 讲授新课

这部分内容的写作有以下几点要求：

（1）突出学生的主体地位，写清教学的基本步骤和师生互动的活动安排。

（2）从学生的问题出发，营造教学情境，设计教学问题并引导学生探究、解决问题。

（3）设计师生互动方式。

（4）针对不同群体学生，准备两三种教学安排形式。

（5）对教材内容作适当的处理，发掘出教材内容之间的内在逻辑联系及思想教育因素。

（6）减少统一讲解，让学生自主探究，增加学生的分组讨论时间。

另外，在教学结构设计中要注意以下两方面的要求：

（1）写出每步设计的设计目的（设计意图）。

（2）设计每节新课的教学结构（板书结构）。

4. 课堂总结

课堂总结部分的写作要求：

（1）设计针对教材知识内容的系统的回忆巩固问题及方案。

（2）设计发散、扩展、升华学生思维的问题及复习巩固方案。

5. 课后作业

课后作业部分的习题设计要求：

（1）巩固学生对教材知识点的记忆、理解与掌握。

（2）突出学生的概括能力，分析、比较、评价能力。

（3）能够引导学生运用所学知识分析问题、解决问题。

（三）课后部分——教学反思评价

1. 教学评价

对教学的效果进行全面的评价，并根据评价的结果对以上各环节进行修改，教学评价部分的写作要求：

（1）评价每节课的教学设计的实施结果。

（2）对每节课的教学设计进行及时的修改、补充及完善等。

（3）写出教学感想、心得或体会。

2. 教学反思

教学评价与反思根据学生课后学习的效果填写。这部分要反思的主要内容有：

（1）教学目标实现了没有？

（2）教育、教学理念转化为具体的教学行为了吗？通过什么方式转化？

（3）有没有创造性地挖掘和利用教学资源？

（4）教学设计最突出的亮点是什么？存在的问题和症结在哪里？

（5）针对存在的问题，提出改进的策略。

二、教学设计的写作要求

（一）课堂教学目标要具有唯一性、可实施性和可检测性

教师要根据课堂教学的实际情况撰写课堂教学目标，注意将课程的知识与技能、过程与方法、情感态度与价值观融入每一节课中去。每一节课中，课堂教学目标有三条左右的具体目标，一般不多于三条。课堂教学目标的设置还要明确具体，具有可实施和可检测性。每一节课的教学目标应当具有唯一性，只能用于本节课，而不能用于其他课。

（二）教学重点、难点的设置要准确、具体

教师课堂教学中一项重要工作就是确定教学重点和难点。教学重点是指本节课主要讲授的重点内容，教学难点是学生在本节课中的难以理解和接受的内容。教师要完成课堂教学的认知目标，就必须解决好"突出重点"和"突破难点"这两个常规问题，这就要求教师在设计教学时必须找准重点和难点，突出重点、讲清难点，以便课堂上帮助学生理清头绪，从而有效地提高学习效果。教师在备课时，应根据教学内容有针对性地确立教学重点、难点，同时还要考虑教学的环境、学生的认知能力、理解能力和接受能力等，进行精心设计，做到准确、具体。语言表达应简明扼要，书写准确、清晰。

（三）教学过程和方法的设计要有创新意识

在遵循教学基本规律的前提下，教师要勇于创新。课堂教学的五个环节即复习提问、导入新课、讲授新课、课堂总结、课后作业是基本的教学步骤。在45分钟的教学过程中，教师一般会自觉不自觉地遵循基本的教学环节，同时也应大胆创新。

学无止境，教无定法。教学的方法有多种，如讨论法、发现法、读书指导法、演示法、实验法、导学法、辅导法、谈话法、任务驱动法、交流法、互动法、练习法、开放方式教学法等。在教学设计的书写中，可以写出本节课中采用的最主要的几种教学方法。

（四）板书设计和演示文稿的内容要简明扼要、突出重点

板书必须有"章、节、目"三级目录和本节课中的内容摘要等内容。板书设计的内容要突出重点，书写规范、清晰、醒目。

演示文稿可以展示提纲要点、图片、影片和动画等，不可多用，不可代替实物展示、教学挂图、演示实验、体验操作等。

模拟训练

一、请你根据以下链接材料，对《高中语文〈边城〉教学设计》进行评析。

资源链接

《高中语文〈边城〉教学设计》

二、在你进入某中学实习之前，根据你所学的专业，就中学语文、外语、数

学、物理、化学或生物等某一学科,写一篇教学设计。

三、在你进入某小学实习时,根据你所教班级的具体情况,向指导老师请教,写一篇小学语文或数学的教学设计。

复习与思考

一、什么是教学设计?现代教学设计有哪些特点?
二、教学设计的基本环节有哪些?
三、根据教学设计的基本步骤,说说教学设计的写作方法。
四、教学设计的写作要求有哪些?

第四节 说 课 稿

学习目标

1. 了解说课的含义,明确写好说课稿对提高教师教学能力的重要意义。
2. 掌握说课稿的内容、结构和写法,学会写说课稿。

理论知识

一、说课及说课稿的含义

说课是教师以教育教学理论为依据,向同行、专家口头表述自己对某一次课的目标设定、内容理解、方法选择、环节设计等的总体设计和具体安排,以期充分表达教师的教育教学观点,供大家交流、研讨的一种教研活动。说课本质上是集体教学研究活动,是通过说课达到互相交流、共同提高的一种教学研究和师资培训活动。

说课稿就是为说课而撰写的书面文稿。要说好课,就必须在说课前写好说课稿。说课稿不同于教案,教案只说"怎样教",说课稿包括"教什么""怎样教""为什么这样教"三部分内容。重点说清"为什么要这样教",写好"为什么这样教"是写好说课稿的关键。

二、说课的意义

(一)促进教学研究活动的开展

说课是一种促进教学交流、反思教学理论应用的教研形式,是学校开展教学研究活动的一个重要组成部分。说课为教师从事教学研究活动提供了交流、切磋的平台,使他们的教学思想在说课过程中充分体现出来。说课教师从与同行的互相交流,从同事们对自己的评价中获得反馈信息。这不仅可以提高说课的水平,更重要的是提高教师的学术水平和教学能力。同时,参加说课活动的教师也能从中获取教学经验。教学研究活动的目的就是提高群体教学能力,说课能够促进教研活动的开展,进而提高教学质量。

(二)提升教师职业素养

说课有利于提高教师理论素养和驾驭教材的能力,有利于提高教师的语言表达能力,更有利于提高教学研究的效率。无论是上课前的说课,还是上课以后的说课,说课稿的内容都要讲清自己备课时怎样进行教学设计、估计学生的达标程度以及教学中如何落实教学目标等,这些内容都涉及相关的教学理论,通过亲身的教学实践和教学研究,教师的理论素养和专业知识能得到不同程度的提高,对授课者本人提高教学水平具有重要意义。说课过程中,同行和专家的评论,尤其是经验丰富的同行专家的指导,对授课者来说,从说课中受到启迪,这些都可能成为一生教学工作的"财富"。

说课不仅是提高一线教师教研水平的重要手段,也是教师职业招聘、教师技能考核等的重要手段。认真撰写说课稿,是说课获得成功的前提,也是教师提高职业素养的一条有效途径。

(三)提高课堂教学质量

教师通过说课可以增强备课的针对性,克服备课的盲目性;还可以克服讲课中的随意性,保证课堂教学的时效性。更重要的是通过说课活动,能够促进教材研究、教学改革,积极借鉴并实践现代教育教学理论和教学方法,从而促进教学质量的提高。

例文借鉴

【例文】

高中语文《春江花月夜》说课稿

吉林省农安县实验中学　孙　萍

一、说教材

《春江花月夜》是人教版普通高中课程标准实验教科书选修教材《中国

古代诗歌散文欣赏》第二单元"置身诗境缘景明情"中的第一篇课文,属于赏析示例篇目。所谓置身诗境,是指借助联想和想象,再现诗人所描绘的意象和画面,沉浸在想象世界中,得到审美享受。"缘景明情"则指在具体阅读某一篇作品时,根据作品中意象的特点、组合方式,以及情景之间的关系,采取相应的欣赏方法,体会独特的意境,领悟作者的感情。(略)

《春江花月夜》这首诗是唐代诗人张若虚最具代表性且流传千载的名篇,被誉为"盛唐第一诗""孤篇压全唐",闻一多曾给予高度评价"诗中的诗,顶峰上的顶峰"。是写景抒情诗中的典范,集景物美、哲理美、情感美为一体。所以安排在这个单元,要求学生通过"置身诗境缘景明情"的鉴赏方法,在情与景的变化中,发挥想象,体会和品味中国古典诗歌特有的意境美和诗人细微的情感变化。

二、说学情

我所任课的高二年级一班是本校快班。学生素质整体上较好,有一定的诗歌鉴赏的基础,对如何鉴赏中国古代诗歌已经有了一定的了解,并且初步掌握通过意象鉴赏诗歌意境的方法。(略)

三、说目标

(略)

基于高二学生的学情,结合本单元的教学目标及新课标的要求,确定如下教学目标:

(一)知识与技能:学习"置身诗境缘景明情"诗歌鉴赏方法,品味诗歌意境,反复诵读,抓住意象,展开联想和想象,体会诗歌的意境美,领会作者在诗歌中寄寓的思想情感。

(二)方法与过程:引导学生根据诗歌中的意象的特点以及情景之间的关系,重点抓住"月"这一意象,深刻理解作品蕴含的丰富情感和深邃哲思。

(三)情感态度与价值观:通过体味诗歌的意境让学生感受自然之美和诗人的情感之美,深切体会诗人虽有对人生短暂的感伤,但并不是颓废与绝望,而是缘于对人生的积极追求与热爱。

四、说重点

《春江花月夜》沿用乐府旧题,从音乐角度刻画描绘了一幅动人的春江月夜图,借景抒情、情景交融,体现出了春江花月夜幽静的意境美。指导学生在诵读的过程中,发挥联想和想象,感悟画面的意境美,体悟春江花月夜的新意。

五、说难点

（略）

带领学生在自主合作探究中，抓住"月"这一意象，深刻理解作品蕴含的丰富情感和深邃哲思。

六、说教法与教学过程

运用配乐诵读法、情境教学法、启发点拨法和合作探究法等多种教学方法，引导学生进行自主探究性学习。

（一）配乐诵读法——朗读吟诵，感受意境

（略）

（二）情境教学法——启发想象，意境再现

（略）

（三）启发点拨法——引领启迪，拨云见雾

（略）

（四）合作探究法——自主发现，分析综合

（略）

在"把握意象析脉络　月色动人探月蕴"环节中，将学生分成若干小组进行合作探究，结合文本，回顾旧学，温故知新，探究"月"这一意象在中国传统文化中的丰富蕴涵，体会诗中"月"的思想情感内涵。

1. 引发了作者对生命本源和宇宙无穷思索

（略）

2. 在月夜中思妇的思念之情

（略）

3. 游子的思归之情

（略）

总之，通过这几种教学法的综合运用，教师引领学生将月与江、月与夜、月与花、月与人结合，体会随着月升月落，春江月夜的风景绮丽变换，把握诗中逐渐丰富的意蕴，将初月的纯洁无瑕，悬月的明净永恒，月下游子、思妇的思乡怀远，深刻地印入学生的脑海，从而领会江花月夜的恬静、幽美。

七、说作业

诗人对月光的观察极其精微，月光荡涤了世间万物的五光十色，将大千世界浸染成梦幻一样的银灰色。因而"空里流霜不觉飞，汀上白沙看不见"，浑然只有皎洁明亮的月光存在。细腻的笔触,创造了一个神话般美妙的境界。课后,为了巩固这节课和本单元的教学效果,教师可要求学生运用抓住诗歌意象、置身诗境、缘景明情的鉴赏古诗的方法,把高中必修一、必修二所有学过的有关"月"的诗词集中在一起,写一篇500字的鉴赏文章。

八、说板书设计

> 春江花月夜
> 张若虚
> 置身诗境:月夜春景——如画如歌
> 缘景明情:由景入情——至深至真

【简析】

这是一篇内容完整、格式规范的说课稿。从说教材、说学情、说目标等层面,按照"教什么""怎么教""为什么这样教"的基本思路,讲清了每个环节安排的教学步骤及理论依据,结构层次清晰,重点突出。对学情了解细致、深入,注重理论的分析和运用,综合运用多种教学方法和手段,引领学生进行美文美读、体会诗的意境、培养高尚的审美情趣,能够有效地完成预设的教学目标,是一篇值得师范生借鉴的说课稿。

资源链接

《高中语文〈春江花月夜〉说课稿》

写作指导

一、说课稿的结构和写法

说课稿的格式比较固定,一般由标题、署名和正文三部分组成。

(一) 标题

标题由授课者所讲教学内容的标题和文体组成,即"《××××》说课稿"。

(二) 署名

在标题下面居中书写说课人的单位和姓名。

（三）正文

说课稿正文的内容一般包括说教材、说学情、说教学目标、说教学重点和难点、说教学方法、说教学过程和说板书设计等。

1. 说教材

说教材就是教材分析，具体讲述这几方面的内容：

交代清楚说课稿内容的科目、册数、所在单元或章节；概要交代主要教学内容及包含的知识点；说明本课内容在教材中的地位、作用和内容前后的联系；明确本学科《课程标准》对这部分内容提出的要求；确定教学目标。一般从知识目标、智能目标、德育目标几个方面来确定，明确指出教学重点和难点。

2. 说学情

说学情就是学情分析。说课人要掌握学生的生理、心理特点，分析学生的个体差异，首先要对学生已有的认知基础和经验进行分析，即针对本节课或本课程的教学内容，确定学生需要掌握的知识、具备的生活经验，然后分析学生是否具备这些知识经验；其次，还要分析学习知识时可能会遇到的困难，教师能够及时发现并帮助学生克服学习上的困难，具体分析这些困难产生的原因，采用有针对性的具体教学策略，创造出教学效果的最优化。说学情是对"以学生为中心""以学定教"的教学理念的具体落实。

3. 说教学目标

教学目标是在以教材为依据、以课标为标准的基础上确定的。教学目标的制订要符合所教授学生的实际认知水平，以学生终身发展为目的。它是教学的出发点和归宿，也是衡量教学效果的标准和尺度。教学目标要说得准确、具体、全面，并切合实际。具体要求如下：

（1）准确。要根据课程标准、教学大纲和教材的要求说，结合教材的地位说。

（2）具体。在知识与技能、过程与方法、情感态度与价值观等方面，明确规定出具体目标，便于在教学实践中实施和课后检查、评价。

（3）全面。在知识与技能、过程与方法、情感态度与价值观等方面不要有缺漏。

4. 说教学重点和难点

说课者要认真钻研教材，准确把握教材的特点，进而采用相应的教学策略和方法。确定教学重点和难点的主要依据是课程标准和学生的实际，结合教学内容确定教学重点、难点，不仅要指出什么是重点和难点，还要指出解决重点、突破难点的方法和手段。

5. 说教学方法

说教学方法包括教法的选择、学法指导和多媒体教学资源的运用。

（1）教法的选择。说课者要综合分析教学的目标任务、内容的特点、学生方面的因素、教学媒体资源等多种因素，选择最恰当的教学法，把多种教学法有机地结合起来，创造性地加以运用。说教法时要讲明以下问题：为什么选择这种教法；从理论和实践两个方面阐述如何运用这种教法；运用这种教法的具体教学程序。

（2）学法指导。学法包括学习方法的选择、指导及良好的学习习惯的养成等。在拟定时应突出地说明学法指导的重点、具体安排、实施途径，也就是要教给学生哪些学习方法，培养学生的哪些能力，如何激发学生学习兴趣、调动学生的学习积极性等。

（3）多媒体教学资源的运用。在信息化教学手段迅速发展的今天，互联网、多媒体及其教学资源的作用越来越突出，恰当地选择与运用多媒体教学对提高教学效率非常重要。说课者要根据教学目标、内容、对象和条件等说明选用了什么媒体，该媒体在教学中的作用及选用的依据是什么。

6. 说教学过程

这部分内容实际就是说课堂教学设计，说课者既要有具体步骤安排，又要阐述相关的理论依据。在撰写时应重点讲清楚每个环节安排的基本思路及其理论依据，还要做到前后呼应，使教学内容落到实处。说课者可根据具体教学内容，从以下几个方面作简要说明。

（1）课前预习准备情况；

（2）完整的教学步骤（主要包括：如何导入、新课教授步骤、练习设计安排、如何小结、时间如何支配、如何通过多媒体辅助教学等）；

（3）扼要说明作业布置和板书设计；

（4）教学过程中双边活动的组织及调控、反馈措施；

（5）教学方法、教学技术手段的运用以及学法指导的落实；

（6）如何突出重点、突破难点以及教学目标的实现情况。

7. 说板书设计

好的板书是一部微型教科书，可以帮助学生一目了然地看清知识结构，使学生形成完整的认知体系，加深对所学知识的理解和记忆。说课者应重点说出板书设计的特色，清晰直观，便于学生理解和记忆，理清文章脉络，可以简明地将授课内容传递给学生，体现教学过程与教学目标的统一。

8. 说教学评价与反思

如果说课者在教课后写说课稿,就需要写这部分内容。其内容包括教学的成功之处,也应说到不足之处,回顾、梳理课堂教学的疏漏、失误,深刻地反思和剖析,以便今后吸取教训。

二、撰写说课稿的注意事项

(一)突出重点

说课分课前说课和课后说课两种形式。不论是课前说课还是课后说课,说课者必须把说课内容阐述清楚,着重说好"为什么这样教",做到重点突出。不可眉毛胡子一把,不分主次,重复教学环节,把说课稿写成流水账。

(二)条理清晰

教师在撰写说课稿时必须说明教学设计的总体思路、具体内容及其理论、实践的依据。按照"教什么""怎么教""为什么这样教"基本思路来安排说课稿的层次,做到结构合理,格式规范。

(三)语言简洁

在语言表述上,既要把问题论述清楚,又切忌过长,避免陈词滥调,泛泛而谈,力求言简意赅,用词准确,语言富有针对性。

模拟训练

一、某中学初、高中部招聘各学科教师若干名,根据所学的专业,选择中学某一学科的具体内容进行备课,然后写一篇应聘的说课稿。

二、阅读下面这篇说课稿,回答文后的问题。

初中地理《骑在羊背上的国家——澳大利亚》说课稿

吉林省农安县实验中学　张　影

我说课的内容是人教版义务教育课程标准实验教科书七年级地理下册第八章第四节《澳大利亚》。下面我从以下七个方面呈现说课的内容。

一、说教材

分析和理解教材是上好课的前提条件。本节教材属于世界地理的国家地理部分,在世界地理中占有重要的地位。学生在教材前两章已有了学习区域地理的基础,以后还将学习美国、巴西等国。澳大利亚这一课在教材中具有承上启下的作用。

在教材中,本节内容主要是介绍骑在羊背上的国家——澳大利亚。教材重点介绍了澳大利亚牧羊带的分布特征,从东南沿海和西南沿海向内陆的牧羊带分布的特点必须让学生把握。教材内容还有澳大利亚牧羊带与自然环境之间的关系,自然环境对牧羊带的分布有什么影响需要学生掌握。通过本节内容的学习,学生对澳大利亚会有更深的理解,对下节课的学习也打下了基础

二、说学情

合理把握学情是上好一堂课的基础,本次课所面对的学生群体具有以下特点:

七年级的学生已学习了亚洲及其周边一些区域地理知识,掌握了学习区域地理的基本方法,为本节课的学习奠定了基础。七年级的学生的地理思维还不够系统。根据这一特点,我在教学过程中采用多媒体课件展示等直观、感性的手段辅助教学,使学生易于理解并产生兴趣,加深学生对重点难点的理解。

三、说教学目标

根据新课程标准,教材特点,学生实际,我确定了如下教学目标:

【知识与技能】

1. 使学生认识澳大利亚的位置、范围、首都和主要城市的分布,从而培养学生读图分析能力。

2. 让学生了解澳大利亚特有的动物以及形成原因,从而使学生形成分析总结的能力。

3. 让学生掌握澳大利亚地形和气候的分布、特征,从而培养从地图中获取信息的能力。

4. 通过对城市、人口的分布特点的分析,让学生理解澳大利亚的人文特征,从而培养学生对问题的分析理解能力。

【过程与方法】

1. 通过引导学生自主学习、小组探究提高学习兴趣,记住主要动物名称和生活特性。了解澳大利亚很早以前就孤立存在于南半球,形成独特的自然环境,因而有了独特而古老的生物。

2. 通过引导学生采用合作学习、小组探究的活动方式分析本国的自然环境与农牧业分布的关系,通过填图记忆主要的地形区和气候分布。

3. 读图,采用自主学习法找出人口、城市、矿产的分布,再通过小组研究分析出区域地理要素间的内在联系。

【情感态度与价值观】

1. 通过探究澳大利亚人与环境的关系,初步形成正确的可持续发展观;

2. 通过澳大利亚发展农牧业和工矿业的情况介绍,增强对因地制宜发展经济重要性的理解。

四、说教学重点、难点

根据现有的知识储备和知识点本身的难易程度,学生很难构建知识点之间的联系,从而确定了本节课的重点、难点。

【重点】掌握澳大利亚农牧业的分布与地形、气候的关系;了解澳大利亚发达的农牧业、工矿业。

【难点】澳大利亚有独特古老生物的原因;分析区域地理各要素间的内在联系。

由于本节课理论知识强,在教学过程中,引导学生自己观察,再利用观察猜想、探究讨论、体验精神等活动,充分发挥学生潜能,使学生从知、情、意、行等方面有所发展。

本节课中我采用"引导—探索—启发"式教学方法,引导学生层层深入挖掘知识内在联系,运用材料分析法、读图发现法、归纳总结法、直观教学法等。

五、说教学过程

环节 1:导入新课

(略)

环节 2:新课教学

(略)

环节 3:巩固提高

(略)

环节 4:小结作业

(略)

六、说板书设计

(略)

七、说教学反思

(略)

请回答下列问题:

1. 这篇说课稿在"说教材"这部分内容上还有哪些需要补充的?在"说学情"部分,哪些地方值得学习借鉴?

2. 说课者确定的教学重点和难点的依据是什么?

3. 说课都运用了哪些教学方法和手段?教学方法上有哪些改革与创新?

资源链接

《初中地理〈骑在羊背上的国家——澳大利亚〉说课稿》

复习与思考

一、什么是说课？

二、说课稿对于说课活动有什么重要意义？

三、说课稿写作的内容有哪些？

四、怎样说教材？

五、怎样说学情？

六、怎样说好教学的重点和难点？

七、写好说课稿要注意哪些事项？

第五节 教学反思

学习目标

1. 理解教学反思的含义，认识写教学反思对提高教师业务水平的重要意义。

2. 掌握教学反思写作的内容、结构和要求，学会写教学反思。

理论知识

一、教学反思的含义

教学反思是指教师以自己的教学活动过程为思考对象，对自己的教学实践、决策以及由此产生的结果作出审视和分析的活动，它贯穿于教学活动的始终。教学反思作为一种应用文体，是指教师把反省、思考、分析自己教学中的得失和解决问题的办法、策略等记录下来的一种教学应用文。

教学反思写作就是教师对教学实践的再认识和再思考。通过不断的反思，教师能够从自己的教育实践中来反观自己的得失，以此来总结经验教训，进一步提高教育教学水平,是一种非常有益的思维活动和再学习活动。

二、教学反思的意义

（一）有利于提高教师的理论水平

教学反思有利于提高教师的理论水平,是教师成长进步的重要途径。教师既是教学活动的实践者也是思考者,通过不断反思自己在教学过程中的得失,归纳自己的授课感悟,从某种意义上就使教师对现有教学活动的感性认识上升为理性认识,有助于教师自我更新教学理念,提高理论水平。同时,教师只有通过对自己教学观念、教学方法、教学过程和教学效果等方面的反思,才能正确地认识和把握教学活动的本质特征,不断总结教学经验,汲取教训,成为一名清醒、理智的教学实践者。

（二）有利于优化教师的知识结构

教学反思是教师对自己的教学工作自我诊断的一种有效手段,对提高教师授课水平、优化教师的知识结构是大有益处的。经常性的教学反思能够使教师重新审视自己的教学过程,积极探索新的教学理念和教学方法,从而使今后的教学更加符合课程标准的要求和学生的学习实际水平,并根据反思的问题,对自己下一阶段的教学方法、手段及教学任务等进行调整,采取切实可行的教学策略,使教学更具有针对性、实效性。所以,教学反思能够优化教师的知识结构,一直以来,是教师提高自身素质和业务水平的一种有效手段。

（三）有利于教师进行研究性的学习

一个优秀教师的成长过程应该是一个不断总结教学经验、反思教学实践的过程。教学反思能够激发教师进行创造性学习的积极性,有利于提高教师的教学科研水平。通过不断的反思教学,教师会不断地发现教学中的困惑,在无数个困惑的解除中,教师会把教学研究与教学反思结合起来,增强了问题意识和研究意识,提升了教学科研水平。不断的反思教学,开展创造性学习,有助于教师的教学思想、教学观念不断更新和完善,也能使教师体会自己工作的价值和意义,从而提高教师进行研究性学习的自觉性和积极性。

三、教学反思的内容

教学反思有教学前、教学中和教学后三种情况下的反思,无论是哪种反思形式,都应围绕教学活动以及影响教学的相关因素进行。从反思的对象上看,包括对课程资源的反思、对教学行为的反思、对教学理念和态度的反思、对学生的反思、对教学环境和条件的反思等,具体内容主要有以下几个方面。

（一）对教学内容和教学过程的反思

教师对教学内容的反思体现在教学过程的各个方面，如教学目标的制订是否合理，是否做到让学生在学到知识的同时，促进能力及情感的全面发展；教学计划是否适合学生需要及实际教学情境；教学策略和课程实施方案能否顺利实施；还有教师在教学中的体态、动作、言语、学生的状态等，教师结合具体教学实践，可将教学方法上的改革与创新等，详细得当地记录下来，供以后教学时参考使用，并可在此基础上不断地改进、完善、推陈出新。

对教学过程的反思主要包括反思教学内容、教学练习及教学设计等方面的合理性；反思教学方式和手段是否适合学生的学习特点；总结成功的教学经验，反思教学中的失误；记录教学中的学生的见解，记录课堂教学的突发灵感，反思教学目标的落实情况、反思课堂组织形式等。

（二）对学生学习效果的反思

教学的最终目的是促进学生的发展，学生是学习的主体，教师对学生学习效果的反思涉及学生学习活动的各个方面。其中包括对学生的知识背景、思维与理解水平、及其个性差异情况等方面进行反思，反思学生的学习和掌握知识的特点，反思学生的学习困难，反思师生关系等。同时，教师在教学反思的过程中还应关注学生的反应，反思自己的教学活动是否结合了学生的兴趣、爱好和学习需要等，从学生的课堂反应、接受效果中来反思自己教学的得失。教师对学生学习效果的反思是一切教学反思的出发点和归属点，这种反思应贯穿于教学的整个过程中。

（三）对教材的反思

教材是知识传递的有效载体，对教材的反思主要是指教师在深刻理解课程目标的基础上，结合现有的教学条件及学生的学习要求，对教材进行创造性的补充、改编和整合的活动。通过对教材不断的反思，教师能够更准确地理解教材内容和编者意图，深入探索开发课程资源，丰富课堂教学内容。教师对教材的反思不仅有助于合理地设计教学环节、选择合适的教学策略和方法，更有助于构建师生互动机制，教师在理解、钻研和反思教材的基础上，把对教材内容的进一步认识与学生一起探讨，能让学生灵活、深入地掌握知识，拓宽视野，从而更有效地提高学生的学习效率。

（四）对教学理念和教学态度的反思

教师对教学实践中所持有的教学理念和教学态度应进行必要的反思。教师反思自己的教学理念，就是在思考教学的目标、教学的本质、学生的发展等。如教师反思"以学生发展为本"教学理念，就要结合具体教学实践，反思教学是否确定了学生的主体地位,学生在课堂上学习的主动性、独立性、自主性、体验性是否得以充分体现等。同时,为了提高教学效率,教师对教学态度也要进行反思,即反思自己是否认真钻研教材和教学大纲,是否认真上好每一节课,是否以高度负责的精神面对每一个学生,是否以高度的责任感及时解决教学中存在的问题。

对教学理念和教学态度的反思是教师成长和进步的一条重要途径。教师通过学习先进的教育教学理念,借鉴优秀教师的教育教学经验,不断提高教学水平。教师也只有通过对自身道德水平和责任意识的不断反思,并对不良的教学行为、方法进行改善和优化,扬长避短,才能进一步提升教师的职业素养,出色地完成本职工作。

(五)对影响教学实践的学校及社会环境的反思

教育教学活动的开展离不开学校及社会环境的影响,这种影响是多方面的,有积极的影响,也有消极的影响。因此,教师应留意、审视、反思并分析这些环境因素对教学活动有利或不利的影响,及时调整自己的教学行为,保证教学活动的顺利开展。在教学实践中,教师应依据教学目标、教学内容、教学手段等对教学实践的环境进行多方研究,探究和解决教学中的实际问题,采用适合环境要求的教学策略和手段,不断追求教学实践的合理性。

例文借鉴

【例文】

让学生多犯几个这样的小错误
——"画角"一课的教学反思
东北师范大学附中净月实验学校　郭栋亮

"画角"(人教版小学数学四年级上册)一课的学习任务是让学生按照画角的步骤正确画出指定度数的角,初步培养学生作图的能力,同时养成画后认真检查的习惯。我执教这一课时出现了一个意外:我让学生试着用自己的三角板画出了60度、45度、90度的角。这时一个学生突然叫起来:"老师,我犯了一个小错误!我的这个三角板断了一个角,这个角不能画成尖尖的了,变成了这个模样。"同学们一时大笑。我有些懵,但立刻镇定下来。接下来出现了这样的教学场景:

师:"同学们,大家讨论一下,谁能帮他解决这个问题,怎样才能画出一个原来的角呢?"

生:"老师,我们组讨论发现:如果将这两条线延长下去,就会得到一个角,我用量角器量了一下,这个角正好是30度!"

一个学生发现新大陆似地叫了起来。他的发言引起了大家的共鸣,许多学生都按照他的说法开始了试作。

生:"真的,真是这样!"

他们激动地叫起来。

师:"现在,同学们会用三角板直接画出30度、45度、60度、90度的角,老师还会用三角板画75度、105度等许多角,你们会吗?"

…………

生:"老师,我画出了15度的角。"

生:"老师,我画出了105度的角。"

生:"老师,我还画出了195度的角。"

……此时课堂上的气氛异常活跃,可谓"一石激起千层浪",他们不停地动手实践,不断有新的发现,书本上关于"如何画角"的文字叙述已经显得不那么重要了。如果说刚才学生的思维已处于预热状态,那么现在学生的思维则处于高温状态,这样的教学场景是我课前没有预料到的。上课前,我多么害怕在课堂上出现意外,多么害怕学生犯错误,多么担心课堂秩序会乱……现在看来,我还没真正了解我的学生,低估了学生们解决问题的能力,这让我不得不反思我在这节课所做的精心预设是否还有用:画角的三个步骤,即先用学具或手势摆出指定度数的角,再在量角器上摆出相应度数的角,最后才是依据所摆的角,想办法画出相应度数的角。为什么我还没有照教材上的文字讲出来,学生们就会画角了呢?而且这么轻松地学会了呢?课后,我并没有像学生们那样轻松,反思了很多,有如下的体会:

第一,教师要巧妙处理课堂上的意外,让学生真正成为课堂的主人。

这一节课,我在预设的学习过程中没有考虑学生提出"断角的三角尺如何画角"的问题,一句"如果将这两条线延长下去,就会得到一个角",把学生引入思考的新天地,巧妙地画出了一个30度角,这是由于我及时地改变原有教学设计,打破"教学定式",让学生在发现真实问题中探寻解决问题的方案。因为有了这节课对意外的巧妙处理,我才收获了这节课的精彩。课堂之所以是充满活力的,是学生真正成为了课堂的主人。课堂教学的价值就在于每一节课都是不可复制的,都会有意想不到发生。我们的课堂需要教师及时调整预设的内容,不能拘泥于原来的教案不放,要抓住难得的教学契机,让学生多犯几个这样的小错误,我们才能收获课堂的精彩。

第二,提高教学应变能力,让课堂上的错误成为教学的巨大财富。

教师为了实现良好的教学效果,课前都要对一些教学环节进行精心预设,但在课堂实施时会出现多种结果:一是事先的预设比较顺利地生成了;二是出现预设未生成的尴尬局面。教师根据课前预设,引领学生的思维,展开教学,这是毋庸置疑的。但在课堂回答问题时,多数学生揣摩教师意图——老师要我怎么回答,"我"就怎么回答。有的老师根据已有的经验,采取一些措施,让学生避免错误,学生努力配合教师完成教学预设的过程,老师满足于学生的表面上的"学会了",而有技巧地将学生探究知识、合作学习的愿望扼杀于摇篮之中,换取教学的严谨与流畅。自主、合作、探究的学习方式,必然伴随大量差错的生成。学生总会出现这样那样的错误,出错是学生的权利,关键看教师如何对待和处理学生的错误,如何让错误成为教学的巨大财富。因此,教师要努力提高自己的教学应变能力,培养教学机智,能够迅速、灵活、高效地判断和处理教学过程中生成的各种信息,抓住教学契机,引领学生作深入的思考,从而提高课堂教学效率。

通过教学反思,我真真切切感受到,课堂上预设得再充分,绝不可能考虑到教学随机生成的全部内容。我再也不担心课堂上出意外了,更不害怕学生会错误了。相反,如果再次走进课堂,我更希望每堂课都有意外出现,希望学生多犯几个这样的错误,让学生在交流、互动中真正学懂、学会,感受合作学习的愉快。

【简析】

这篇教学反思通过回顾小学数学课"画角"的教学场景,写出了课后的深刻反思。他通过对课堂上出现的意外和学生错误的灵活处理,收获了课堂的精彩,因而感受真切、反思深刻。文章围绕学生"犯了一个小错误"这一主要问题有序展开,在结合教学实际的基础上,先叙写实例,再谈感受,最后进行理性的分析,表述教学感悟与反思,叙议结合,阐述观点,作为以后的教学工作的借鉴。内容充实具体,突出重点,情感真挚,结构层次清晰,语言简练、生动。

写作指导

一、教学反思的结构和写法

教学反思是对自己教学过程的再认识、再评价,要写成叙议结合的评论文章。教学反思的结构一般分为三部分:简述实例、分析得失和再教设计。

（一）简述实例

教学反思应首先回顾教学中的某个有意义的环节,教师认为有价值且值得思考的内容,特别是教学过程的精彩内容,也可以是针对其中的存在的失误,作有针对性的简要叙述。教师在写这部分时要还原当时教学的真实情境,内容客观真切,叙述时应突出重点、详略得当。

（二）分析得失

这部分内容是教学反思的核心部分。教师要结合回顾的教学实践内容,运用教育教学理论具体分析成败得失。教师可以从这些方面进行分析,比如,摸索出了哪些教学规律;教法上有哪些创新;知识点上有什么发现;组织教学方面有何新的办法;突破教学重点、难点用了哪些手段;启迪学生思考是否得当;训练环节是否及时到位,等等。对于成功的教学实例,教师要总结出经验,对于某些教学不足与失误,要查找原因、得出教训,但不能写检讨与悔悟,应在理性分析的基础上,表述自己的教学感悟,阐述观点,作为以后教学工作的借鉴。

这部分内容是教学反思写作的重点内容,应做到贴近教学实际,内容充实具体、切实可行,结构上要有条理性,尽量分条列项写,便于记忆。

（三）再教设计

教学反思时应对教学中的得失进行必要的归类与取舍,认真考虑再教这部分教学内容时,应该如何做好,写出再教设计。这样可以做到扬长避短、精益求精,把自己的教学水平提高到一个新的境界和高度。这部分内容应简明扼要,叙述得概要、精当,语言表达准确、精练。

二、教学反思写作的注意事项

（一）针对具体问题,突出重点,不可面面俱到

教学反思不是教学总结,应抓住教学中存在的最主要问题进行反思,不可面面俱到、泛泛而谈。努力做到"一事一议""一课一得",抓住重点,反复回味,作进一步深层次的探讨,从而上升到理性认识,在总结探索中得出新的教学规律。每篇教学反思应从教育教学规律和教学改革思想的大处着眼,从教学活动的细节入手,从课堂情境的设置、学生活动的表现、作业难易的安排、教学语言的运用等角度入手,抓住重点,针对具体问题进行反思。反思内容如果面面俱到,就会造成认识上的肤浅、空洞,没有说服力。

（二）叙议结合,详略得当

教学反思是以教学实践活动作为反思内容,思考课堂教学的成败得失。教学经

历或教学实例是基础,叙述时要概要、简略。理论分析部分是反思的重点,应该抓住核心问题,分析透彻,既要有高度,又要有深度、有新意,对今后的教学应有指导意义。

（三）教学反思要及时,做到持之以恒

教学反思要及时,教师在上完每节课后都要进行反思,要勤于动脑,反思一节课的成败得失,并及时做好记录。课后的反思,虽然是点点滴滴或零零散散的感悟,但它来自我们的教学实践,出自我们深刻的思考,是我们的真切感受,因而是非常珍贵的。如果不及时反思,时过境迁,教学中点滴感悟稍纵即逝。时间久了就会变得麻木,教师很难有收获。

模拟训练

根据你教育实习（见习）的实践经历,写一篇教学反思。

复习与思考

一、什么是教学反思？

二、写好教学反思对于指导今后教学有什么重要意义？

三、教学反思应主要写哪些内容？

四、教学反思结构和写法上有哪些特点？

五、教学反思写作时要注意哪些事项？

第六节 教学案例

学习目标

1. 了解教学案例的含义和特点,认识写好教学案例对提高教师业务水平的重要意义。

2. 掌握教学案例写作的内容、结构和要求,学会写教学案例。

理论知识

一、教学案例的含义

教学案例是在具体教学情境下发生的典型事件,即教学过程中真实发生的、具有典型意义或包含典型问题的教学事件。教师在课堂教学中经常会遇到一些或惊喜、或成功、或困惑的教学事例，对这些含有教学情境或疑难问题的典型的情境加以描述，并在深入地分析研究后获得正确的认识，把这些内容撰写出来就是教学案例。

教学案例所描述的教学实例往往最具有代表性和思考价值的，涉及教学领域的各个方面。有的教学案例具体描述这个教学事件的产生、发展以及对事件处理的过程、方法等；有的案例不仅描述事件，同时记录了伴随教学行为而产生的思想情感及灵感；还有的案例反映了教师教学中遇到的疑难、困惑、想法及解决的思路、对策等。教师通过撰写这样一个个典型而具体的教学事例，能够进一步加深对教学理论的认识和理解，更好地解决某些教学问题。

二、教学案例的特点

（一）真实性

教学案例是教学活动中发生的情境的真实记录，描述的教学事件来自教师的教育教学实践，具有真实性。教学案例也是对课堂中真实发生的教学情境的描述，真实反映教学情境的本来面目，是教学事件的真实再现，不能凭主观想象虚拟和杜撰。

（二）典型性

教师撰写教学案例，就要找出最有典型意义的事例。教学事例天天都有，层出不穷。但从日常纷繁的教学事例中发现典型，并不容易，教师需要用敏锐的观察力，找到教学中具有生动、直观、有教育价值的教学事件，把包含有疑难或问题需要解决的实例作为案例。这些典型案例反映的是特定教育背景下的包含了大家普遍存在和关心的重要问题，具有典型意义和进一步探讨的价值，或者能够给课堂教学带来某种深刻的影响和启迪，或者能够反映出教学问题的共性，给读者带来一定的认识和启示。

（三）启发性

教学案例是一个能够深刻反映某个教学理念和观点的精彩故事。教学案例的主题是从教学案例情境中归纳出的，案例中的问题都具有启发性，能够启发大家思考，促使教师对教学内容、过程等作重新的审视和探讨，教师从案例叙述的事件中，进一步加深对教学理论的再认识、再理解，也能给其他教师带来借鉴和启示，对其教育教学工作有着重要的指导意义。

三、撰写教学案例的意义

作为一个能够提供借鉴的教学案例,既可以是教学活动中的成功事例,也可以是教学实践活动中遭遇过的失败。前者可以提供经验,后者可以提供教训,都同样具有借鉴意义。具体来说,撰写教学案例具有以下几方面的意义。

(一) 有利于教师反思自己,提高教学理论水平

撰写教学案例需要教师对教学过程进行回顾,用全新的观点对教学行为进行重新认识和严格的审视,有利于教师反思自己的教学,把教学过程中的是非曲直、正确、错误认识得更加清楚、深刻,也能够让教师看清自己教学的长处和不足。同时,撰写教学案例需要运用教学理论对教学案例进行分析,这就促使教师带着教学案例中的实际问题,深入地学习有关的教学理论,有利于教师加深对教学理论知识的理解和认识,提高教学理论水平,从而用科学的教学理论指导教学实践。

(二) 有利于教师发现问题,提高教学实践能力

教师撰写教学案例,就是要把教学实践与教学研究紧密地结合起来。教学案例尽管属于个别现象,但具有典型性,代表了某种倾向或普遍存在的问题。教师经常带着发现的眼光找寻教学中普遍存在并带有倾向性的问题,深入分析研究,就能够获得正确、清晰的认识,找出解决这类问题的途径和方法,提高教学效率。经常撰写教学案例,能够减少教学的盲目性和随意性,提高教师的教学实践能力。

(三) 有利于教师分享经验,加强沟通

撰写教学案例,教师会把自己的教学经历和切身感受上升到理性认识的高度,有利于教师分享经验,加强教师间的相互沟通、学习与借鉴。教学案例是教学情境的故事,不同的人对故事会有不同的解读。教学案例集中反映了教师在教学活动中遇到的问题、矛盾、困惑,以及由此产生的想法、思路、对策等。围绕这些问题和想法展开交流、讨论,能够使个人的经验成为大家共享的经验。有经验的教师谈起自己的教学经历,一般有不少成功的事例和体会,通过撰写案例,从教学实践中选择典型的实例进行描述、分析和思考,可以更清楚地认识哪些是成功的做法,为其他教师提供参考和借鉴,有益于提高教师的业务水平。因此,教学案例适于教师间进行交流和研讨,可以成为教研活动和教师相互学习的有效载体。

例文借鉴

【例文一】

怎样引导学生找出课文中的关键词
——"树和喜鹊"教学案例
吉林大学附属中学英才学校 朗 彬

"树和喜鹊"（部编版小学语文一年级下册）一课，用细腻、生动的语句描写了喜鹊和树由孤单到快乐的生活经历，告诉学生一个道理：有了邻居，有了朋友，大家一同玩耍，一同游戏，就能享受快乐的生活。在教学时，我以诵读为主要方式，通过寻找课文中的关键词，引导学生在读中感知，在读中感悟。

教学场景：

在第二课时教学中，老师范读课文后，让学生自读第一自然段。

生："从前，这里只有一棵树，树上只有一个鸟窝，鸟窝里只有一只喜鹊。"

师："请你来观察第一段中，哪个词语重复出现了？"

生："只有。"

师："用你的话来说一说'只有'是什么意思？"

生："一个。"

生："没有第二个。"

…………

师："'只有'是'唯一，仅有'的意思，那么，从'只有一棵树……只有一个鸟窝……只有一只喜鹊'这一句，你能感受到什么呢？"

问到这里时，对于一年级的孩子来说，直接从文字中读出情感是比较难的。看着孩子们一脸困惑的样子，我突然想到可以用对比的方法阅读，于是将这段话中的"只有"两个字去掉，让孩子们再读一遍。

生："从前，这里一棵树，树上一个鸟窝，鸟窝里一只喜鹊。"

师："你读的时候，发现了什么？"

此时，孩子们露出了笑脸，争先恐后地回答："我们发现少了一个词——'只有'。"

师:"那你把'只有'还回去再读一读,你会有什么新的体会?"
生1:"老师,我发现很伤心。"
生2:"老师,我发现这里都只有一个,没有伴。"
生3:"老师,我发现很孤单。"
…………

本课之所以让学生学得如此投入,我觉得最重要的是教师有意识地关注了学生的自我体验,用对比的方法阅读,能够激活学生的生活体验。学生通过对比朗读,直接与文本对话,不仅找到关键词"只有",并且学会了在读中感知,在读中感悟。

【简析】

在本教学案例中,开头首先向读者交代事件发生的特殊背景,即"老师范读课文后,让学生自读第一自然段",通过对比朗读找到关键词"只有"。正文重点写明如何引导学生找到课文中的关键词。教师及时捕捉事件的教育契机,描述了教学实践活动的主要过程。词语教学在小学语文阅读教学中非常重要,此案例中的教学方法具有典型意义,重点内容描述得生动、突出,有详有略。最后的分析部分,揭示主题,一事一议,言简意赅。

【例文二】

在语文教学中如何巧设学习单
——《马》一课教学案例

东北师大附中净月实验学校　刘　婷

在学习《马》(小学语文四年级上册《马》)一课时,我采用小组合作和形式,通过巧妙设计学习单,引导学生用简洁的语言概括事物,并做到准确、具体。学生们在组织语言、整理资料上表现出很高的积极性。我根据教学内容,设计了两个问题,并围绕这两个问题创设了一个学习单。

课堂场景:

师:第一个问题:力大无比的项羽,有"乌骓"相伴,手持青龙偃月刀的关云长,有"赤兔"相随;

师:请同学们认真思考这两句话,你发现了什么问题?

生:作者表达的句式是:

（　　　）的（　　　），有（　　　）相伴/相随

师：谁来试试把刚才你举的事例用上这样的表达句式？

……………

师：第二个问题：《西游记》中的"白龙马"，也如此的忠诚与神奇；再看看，徐悲鸿的《八骏图》，那是一个充满中华神韵的马的世界。

师：请你认真思考第三、四句，你又发现了什么问题？

生：我发现这是通过一部作品表达马的精神品质或特点，书名号中的作品可以是影片、书名、诗的题目、歌曲的名字。作者表达的句式是：

《　　　》中的"　　　"，也如此的　　　；再看看，（　　　）的《　　　》，那是一个（　　　）的马的世界。

师：这里的艺术作品也可以是多样化的，只是表达形式和第三句略有不同。

出示学习单，仿写：

学　习　单

漫步在艺术的殿堂，马的诗，马的画，马的歌，马的传说……都是艺术创作的天地。

1.
2.
3.

本节课通过巧妙地创设学习单的方式，有效地训练了学生对所得信息的筛选，提高了学生对词语的重新建构能力。

课堂教学中，教师要充分利用现有的教学条件，为学生搭建更为广阔的认知空间，在学生深入感悟感知的基础上，为学生创设具体的语境，让学生在自主学习活动中提升学习语文的能力。设计学习单是最简便、最有效的一种方法。

【简析】

这则教学案例的标题采用正、副标题的形式，正标题揭示案例的主要内容，副标题指出是哪一课的教学案例。案例开头交代这堂课是在什么背景情况下

上的,介绍得简要、清楚。案例正文的描述事件部分紧紧围绕"巧设学习单"这一问题展开,抓住典型环节进行具体生动的描述,案例分析部分能够针对这个具体问题发表有针对性的意见。本教学案例尽管是个别现象,但内容具有学习和借鉴意义,能够解决教学中普遍存在的问题,语言精练,层次清晰,富有逻辑性。

写作指导

一、教学案例结构和写法

一般情况下,教学案例撰写包括两个方面的内容,首先描述案例事实,然后写对案例的分析。

从文章结构上看,教学案例基本格式包含以下几个方面。

(一) 标题

教学案例的标题要提示案例的内容或揭示案例的主题。

1. 单行标题

可以用案例中的典型事件作标题,如《我是这样讲"神经调节基本方式"的》(初中生物教学案例)、《学生的提问给了我启发》;还可以用事件揭示的主题作标题,如《创设生活化的化学课堂》。

2. 双行标题

用正、副标题的形式。正标题揭示案例的主题,副标题指出是哪一课的教学案例。如《小课堂,大世界——初中语文〈胡同文化〉教学案例》。

(二) 正文

1. 介绍背景

教学案例的开头首先要向读者交代事件发生的有关背景,如时间、地点、人物、起因等。如,介绍一堂课,就有必要说明这堂课是在什么背景情况下上的,重点说明与事件发生密切相关的原因或条件,介绍背景要简要,一两句话,讲清即可,不需要面面俱到。

2. 描述事件

教学案例要围绕一个主题描述课堂活动的某一情景、片断,抓住典型环节进行具体生动的描述,并把教育思想和教学理论隐含在描述中。为增强内容的生动性,描述事件应该写出学生围绕某一个中心问题的争论过程,写出波澜起伏的教学矛盾冲突。

教学案例的主题要明确,一个教学案例通常只突出一个主题。描述案例时应有详有略,与案例主题有关的情节要写得细致生动,关系不大的应少写或不写。

3. 分析案例

对于案例所反映的主题和内容,包括教学的指导思想、过程、结果,对其利弊得失,作者要有一定的看法和分析。分析是在描述事实基础上,进一步揭示事件的意义和价值。如教学中不得体、不恰当的提问案例,我们可以从教育学、心理学、社会学等不同的理论角度切入,找出失误的原因。分析研究需要依据事理有感而发,针对这个具体问题发表有针对性的意见,通常不需要高度的抽象概括。分析要写得精辟、简洁,两三句话,说到点上即可,不可泛泛而论。

二、撰写教学案例的注意事项

(一) 选择具有典型意义的事件作为案例

教学案例尽管是个别现象,但具有典型性,代表了某种倾向,应具有典型意义。案例必须包含一个典型的问题或问题情境。没有问题或问题情境不能算案例,问题或问题情境缺乏典型性也不能算案例。

(二) 描述一个故事,突出一个主题

一个好的教学案例应集中描述一个故事。案例必须要有完整而生动的情节,把事件发生的时间、地点、人物等有条理地表述出来。一个成功的教学案例要突出一个主题,把注意力集中在一个中心论题上。如果是多个主题的话,叙述就会显得杂乱无章,难以把握住事件发生的主线。

(三) 叙议结合,详略得体。

教学的案例的撰写一般采用描述加分析的结构形式。描述事件部分为重点,采用叙述的表达方式,呈现教学活动的实践过程;分析案例部分,要在描述事件的基础上作简要的分析、归纳,运用议论和说明的表达方式作精辟的总结,语言简明,点到为止。

模拟训练

一、下面是一位同学的小学实习见闻,你在教育实习(见习)中,有没有过类似的经历?请你根据自己的亲身经历,写一篇教学案例。

我的指导老师在教学《黄山小记》这一课时,学生对作者引用旅行家徐霞客的诗句"五岳归来不看山,黄山归来不看岳"产生了质疑:"为什么黄山不在五岳之列?"李老师看了看这位爱动脑的小同学,并没有作正面解答,而是让全班同学展开讨论,在学生争议未果的情况下,留下家庭作业,让学生课后探究,去网上查询有关资料,并写出对这一问题的看法。我在自己的实习日记中写道:"李老师改变了传统布置家庭作业的方式,把问题留给了学生,能够促进学生探究性学习习惯的养成,体现了新课程的自主、探究、合作学习的新理念。"

二、阅读这篇教学案例,根据案例描述的内容和你对此教学环节的理解,把"反思分析"部分内容补充完整。

怎样引导学生提出有价值的问题①

浙江省浦江县七里乡中心小学 赵慧霞

案例描述

在上《找骆驼》一课时,谈话揭题后,让学生进行质疑:"读了课题,你有什么疑问?"(这是当前教师惯用的环节)(学生小手如林)

生1:谁要找骆驼?

生2:他为什么要找骆驼?

生3:找到了吗?

生4:是谁帮助他找到骆驼的?

生5:骆驼怎么会丢失的?

··········

学生的问题一个接着一个,全都在我的意料之中。忽然,我看见一只犹豫不决的小手举了又放下,我便叫他发言:"你一定也有疑问,是吗?"他说:"老师,我觉得刚才他们提出的问题都很没意思,很虚假,因为这些问题在早习课时,我们都已经知道了。他们是明知故问。"他的话马上得到了一些学生的认可。我一时惊呆了,这位直言不讳的学生让我感觉到,自己这种按部就班的备课很好笑,竟然让质疑式教学演变成学生配合教师的一种表演。我用赞许的目光看着他说:"那你预习的时候,有什么疑问没有解决吗?""有,那个老人为什么叫商人顺着骆驼的脚印去找,如果脚印被风沙盖掉了呢?""你提的问题很有价值,让我们一起走进课文解决这个问题,好吗?"

反思分析

··········

---

① 于永正主编:《个性化备课经验·语文卷》,教育科学出版社2007年版,第119-120页。

复习与思考

一、什么是教学案例？

二、写好教学案例对于教学有哪些重要意义？

三、教学案例在结构上有哪些特点？

四、写好教学案例要注意哪些事项？

第七节 教 学 札 记

学习目标

1. 了解教学札记的含义和特征,正确认识写好教学札记对提高教师教育教学水平的重要意义。

2. 掌握教学札记写作的内容、结构和写法,学会写教学札记。

理论知识

一、教学札记的含义

札记是指读书时摘记的要点和心得。教学札记是指教师对教育教学实践进行回顾、反思和总结,进而把自己教学的收获、感悟、心得、评价等及时记录下来,或者把教育教学实践中值得研究的、有困惑的问题通过反思、分析后记录下来,指导今后的教学工作。教学札记是一种笔记体的散文,也称为教学心得、教学体会、教学随笔、教学杂感等。根据其主要表达方式的不同,教学札记可以分为叙事型教学札记、说明型教学札记和议论型教学札记。

二、教学札记的特点

教学札记是教师在教育教学过程中有所感悟、有所发现、有所启发等情况下写的札记,其主要特点是题目范围小,篇幅短,层次和结构比较简单,内容单一,涉及面较小;表现形式非常灵活,或叙议结合,或借事说理,有话则长,无话则短。主要表现为以下几方面的特点。

(一)选材广泛,形式多样

教学札记是教师教学实践中获得的感想、体会的记录,其内容包括对教学中的得失分析、教学方法合理与否、处理问题是否得当等。其选材范围非常广泛,可以写教育方针、教育思想、教学原则、教学方法等教育思想理论方面的问题,也可以写一件小事、一句话、一个动作、一点感触、一个问题等,教师都能从中捕捉到教育思想的火花,找到写作的灵感。教师可以从教育教学实践的各个方面进行思考,文章结构形式灵活多样。教师既可以抓住教学中最鲜活、最具体的事件进行挖掘和思考,也可以从教育教学的理论高度分析,也可以结合教学实践,提出真知灼见,给人以启迪。

(二)内容单一,落笔及时

教学札记像新闻体裁一样,有较强的时效性。教师要养成随时随地写教学札记的习惯,包括教育实践中的见闻、体会、意见、看法等,要捕捉教学中的灵感,及时地把它记下来。灵感像一阵风,稍纵即逝,若不及时记录,时过境迁再提起笔,往往失去当时的体验和感悟。教学札记撰写能及时反映教育教学实践中的经验体会,让自己及时调整教学思路和教学行为,也可供其他教师学习借鉴,使教育教学工作少走弯路。

(三)结构简单,短小精悍

教学札记是一种笔记体的散文,结构简单,篇幅短小。它不用经过缜密的构思后再动笔,而是像写日记一样,兴之所至,一挥而就,把教育实践中最有意义的所见、所闻、所感、所思记录成文。教学札记虽然选择议论的课题角度较小,结构形式也比较单一,但都能大处着眼,小处落笔,通过个性看共性,透过现象看本质。因此,教学札记常常被称为是教学应用文中的"轻骑兵"。

三、撰写教学札记的意义

(一)有利于教师加强理论修养

写教学札记是教师进行教育艺术、教育理论、教育思想、教学方法总结的最好形式。古人强调:"吾日三省吾身。"教师把教育实践中的见闻、感受记下来,深入思索传统教育思想、教育观念、教学方法能否适应现代教学,就能够在教学实践中主动发现问题,并以积极的态度思考问题,创造条件解决问题。教学札记的写作过程,就是对新的教学理论和教学艺术的再思考。在不断的思考中,教师的理论修养会逐渐加强。

(二)有利于教师提高教育教学水平

为师者如果把写教学札记作为日常教学反思的主要形式,将每天的所见、所想、所教记入札记,或者把对一些教育现象的有价值的思考用札记的形式记录下来,这些行为本身就是对教学的总结,可以促进教师对实践的反思,经常自我评价教学上的成败得失,总结经验教训,避免重复教学中的失误。

教师如果把长期坚持撰写教学札记,作为一种职业习惯,及时记录个人成长的所感所想,随着时间的推移和经验的积累,重温旧事,回想教育教学的成效,对自己会有一个更全面的认识。这非常有利于教师自身教育教学水平的提高。

(三)有利于教师提升写作能力和科研能力

教学札记的写作是提高教师写作能力和科研能力的最有效手段。写作能力的提高很大程度上在于勤练笔,教师把教学实践中的见闻感受及时记录下来,是提高自己书面表达能力的最有效的途径。从某种意义上说,教学札记的写作还可以为教育科研奠定基础。教育科研论文来源于生活,来源于教学实际,撰写教学札记可以为教育科研积累第一手素材。很多教学札记承载着作者对教育教学问题的思考和看法,为解决有关教育问题提供参考和借鉴。通过一篇篇教学札记的撰写,教师提出问题、分析问题和解决问题的能力会进一步提高,教师的教学科研水平也一定会不断得到提升。

例文借鉴

【例文一】

教师不可忽视赏识教育的作用

吉林省长春市城建工程学校　贾舒羽

教师要学会赏识孩子。赏识他们的优点,赏识他们的进步。赏识教育是对孩子的保护。一句及时的夸奖、一个鼓励的眼神、一次满意的微笑……都能激发孩子学习的自信,让他们有成功感、获得感。

老师是孩子最直接、最亲密的保护者。我们不仅要保护孩子的身体健康和人身安全,更要保护孩子的心理安全,从他们身上找到优点,赏识他们的小小进步,让他们懂得自爱和自信。好孩子是夸出来的。孩子与孩子之间可能存在差异,有的孩子也可能在学习成绩上不如别的孩子那么优秀,同时也可能学习起来缺乏自信,调皮捣蛋,与老师对抗,等等,在这些方面我们作老师的反思过自身吗?比如,我们与孩子之间有什么联系呢?我们是如何想象孩子的呢?他稚嫩的肩膀上能扛些什么呢?他的小脑袋里究竟在想些什么呢？他的眼睛滴溜溜、骨碌碌地转着在寻找着什么呢？在孩子每天所表现出的行为之中，我们发现了孩子的什么，以及我们对孩子抱着什么幻想呢？……这些都需要我们对孩子付出更多的耐心和爱心。

教师不可忽视赏识教育的作用。一个孩子生活在鼓励之中，他就能学会自信；一个孩子生活在认可之中，他就能学会自爱。有时我们一个真诚的微笑，一句热情的表扬，都可以在孩子身上转化为无穷的动力。因此，我们一定要精心呵护每一颗美好而脆弱的心灵。当我们的爱注入孩子心田时，我们的爱就会转化为孩子对知识和世界的热爱，从而促进孩子的良性发展和健康成长。

【简析】

这是一篇议论型的教学札记。教师结合自己的教学实践，进行了深入的思考，提出了几个有思考价值的问题，及时进行反思，总结出"好孩子是夸出来的"这样的教学经验，从教育教学的理论高度分析总结"教师不可忽视赏识教育的作用"。语言表达生动、形象，富有真情实感，给人以启迪。

【例文二】

被孩子们问倒后……

长春师范大学文学院2015级　王思琦

去年，我到小学实习，学习《鸟语》（部编版小学语文四年级下册）一课时，课文中有一句"还有画眉啦，黄莺啦，百灵啦……它们的'语言'丰富极了！"读到这里，同学们就情不自禁地问道："老师，这些鸟儿们的语言有什么深刻的含义吗？"我一时语塞，突然想到百灵鸟的歌声很动听，就引导他们从这里突破。"同学们，你们知道百灵鸟为什么喜欢唱歌？它们又会唱些什么歌呢？"孩子们七嘴八舌，各抒己见，每一个猜想都令我惊奇。

"老师，那黄莺、画眉是怎么叫的呢？"我平时从来没留意过，只好又把问题抛给他们："这个嘛，老师希望你们通过自己和鸟儿的亲密接触去了解、去发现、去猜想……"

回到办公室，我的心情久久不能平静，面对这么一群爱动脑、善思考，满眼渴望新知，脑袋中永远有无数疑问的孩子们，我深感惭愧。回想自己在课堂上那么苍白无力的解释，多么令人失望。但很快我又从内心感受到，被孩子问倒的感觉，真好！课堂是灵动的，孩子们也是灵动的。这次教学也让我明白，教师与孩子之间，是可以互相敦促、彼此学习成长的。身为孩子们的人生导师,更应该学无止境。新的课程标准将改变学生的学习生活,也必将改变教师的教学方法。我们应该更多地掌握一些综合性学科知识,提高自身的知识与能力水平,更多地教会孩子用科学方法去思考、质疑。教学之路,任重道远,我将用毕生心血努力践行!

【简析】

这是一篇叙事型的教学札记。札记真实记录了教师自己教学中的所见所闻、所思所想,对事件的表述带着自己真实的情感和体验。作者从这件事中反思自己的失误,对自己获得的触动和启示进行了生动的阐述,由事件而引发深刻的思考,查找到自己存在的不足或失误,得出要"提高自身的知识与能力水平"这样的结论。立意新颖,情感真挚,篇幅短小,语言生动、流畅。

【例文三】

《烛之武退秦师》教学札记

吉林省农安县实验中学　任明珠

《烛之武退秦师》出自《左传·僖公三十年》,是高中语文教学中的经典篇目。我采用的教学版本是人教版语文(必修一)(2007年3月第2版)。在备课过程中,对文中"邻之厚,君之薄也"一句,我认为教学参考书的翻译不够准确。

文中"邻之厚,君之薄也"一句,教学参考书翻译成:"邻国的实力雄厚了,您的国力也就(相对)削弱了。"从意译的角度来看,这个翻译基本切合原文表达的意义,但本人认为在准确性上还存在问题。

首先这里对"厚"的解释不够准确。"厚"在《说文解字》中解释为:"山陵之厚也",即其本义为山体体积之厚实。由山陵之厚实、厚重自然引申出"大"的含义,"邻之厚"就是"邻国的(土地)广大",而翻译成"雄厚"不够准确。

从上下文来看,这里的"厚"也的确是指土地广大。因为本句前一句"越国以鄙远,君知其难也,焉用亡郑以陪邻?"的翻译就是"怎么要用灭掉郑国来给邻国(晋国)增加(土地)呢?"紧接着继续以土地增减说理,怡然理顺,毫无扞格之义。唐代孔颖达虽未对此句作注,但对后文"不缺秦焉取之"作的解释是"言有心取秦,先谋取郑。言灭秦以将利晋益大疆土",也仍然强调扩大土地之义。

> 从句子结构上看,原文实际上就是一个由两个主谓短语构成的判断句。如果直译成"邻国(土地)变大,就是贵国(土地)缩小呀",更切合原文语境,比较妥帖。

【简析】

这是一篇说明型的教学札记,主要探讨在教学过程中遇到的知识问题,围绕"邻之厚,君之薄也",对"厚"的解释不准确展开说明,得出"厚"是指"(土地)广大"的正确解释。文章采用多种说明方法,有理有据,结构上富有条理,语言简洁。

写作指导

一、教学札记写作的内容和方法

教学札记是散文的一种,写作题材十分广泛,形式也灵活多样。像教学心得、教学体会、教学随笔、教学笔记等,这些都属于教学札记的范畴。概括起来,教学札记写作的内容和方法应包括以下几个方面。

(一)注意形式的灵活自由,有感而发

教学札记是教师将实践过程中的所见、所闻、所思、所感进行梳理,归纳出有思考价值的体会和感受。教学札记既是写给别人看的,也是写给自己看的。写教学札记就像与挚友谈心般轻松,没有任何的负担,无需华丽的词藻,没有固定的结构。文章结构形式可以不受体裁的限制,灵活多样,不拘一格,可以谈看法、谈感想,可以一事一议,也可以对同类事进行综合说明、议论。写教学札记也不受字数的限制,有话则长,无话则短,感受深时可以多写一些,感受少时可以少写一些,短的几十字,长的几百字。

教师应经常回顾自己的教育教学实践,面对教学中的特别事件有感而发,不能无中生有地主观臆造。教师要随时随地记录自己的心得体会,并进行整理、归类,工作之余勤于动笔,以轻松的心态随手笔录,就可以写出一篇有价值的教学札记。

(二)立意要新颖,有可读性

教学札记的立意要新颖,无论是描述事件,还是论述说理,都要从平常的现象中挖掘新意,让人看后耳目一新。教师的工作对象是活生生的人,这就给我们提供了丰富的素材,每个孩子都是一本读不尽的书,和孩子的每一次倾心的谈话,都可以成为我们写作的素材。平时多注意积累,工作之余要读一点书,用心去思考一些新的教育理念,了解当前教育理论的发展状况,有正确的理念,才会有正确的眼光;有正确的眼光,才能有精细而敏锐的观察力,进而从平凡小事中挖掘出新意。

（三）一事一记,以小见大

教学札记篇幅短小,往往着眼于教学中典型而具体的问题或问题的一个侧面、一个角度,去探讨教育观念、教育思想的大问题。撰写时应从大处着眼,小处落笔,最好能将具体的教学实践和教育效果结合起来进行思考,以亲身的教学经历得出体会和感悟,这样才能写得深刻,给人以启迪。教学札记尽量做到"一事一记",教师对事件、情感的深层次分析,只有切入点小,才能抓住关键,揭示事物内在的本质和规律。因此,教学札记要从小事入手,以小见大,要切中要害,不可泛泛而谈。

二、撰写教学札记的注意事项

（一）写出真情实感,不要编造故事

教学札记的写作内容要从教师真实的教学实践中来,真实的素材最能打动人。教学中少有惊天动地的大事,都是日常教学中的一些小事,看似琐碎,其中隐含着深刻的教育思想,陶行知"四块糖"的故事足以说明教师的教育艺术来自对教育现象的思索。当教学中发生了让自己感触深切、难以忘记的一瞬,及时捕捉并记录下来,就会成为一篇有价值的札记。不要为了写而刻意编造故事,编写出来的东西是生硬的,不会打动人,那就失去了撰写教学札记的意义了。

（二）自然表达,结构上不拘一格

教学札记结构自由,没有一个固定的格式。可以先描述事件,再写感悟体会;也可以先简述文章的中心,再列举实例、说清楚事实及过程,归纳教学心得体会;也可以在叙述事件的同时,发表自己的见解,一边叙述一边评论;还可以直接说明、议论,阐发道理等。总之,教学札记写作就如与挚友谈心,点点滴滴,应自然流畅地表达。

（三）篇幅短小精悍,不可长篇大论

教学札记是一种笔记体散文,它的主要特点是题目小,篇幅短;层次和结构比较简单;内容涉及面比较小,写作材料便于收集、整理和使用。要写得短才便于记忆,更便于应用,篇幅太长有时会成为写作时的一种负担,久而久之,就会失去兴趣。写好教学札记的关键是要养成及时写、随手写的良好习惯,教师要把写教学札记当成写生活日记一样,先不要贪多,起初可从几句话写起,只要把观点阐释清楚即可,之后一二百字,慢慢地积少成多,越写越熟练,以轻松随意的文字承载独到的思想。

模拟训练

一、美国著名教育家梅里尔·哈明在他的《教学的革命》一书中,谈到激发思考的策略时,要求学生考虑对一个事件的解释:

例如:

①在哪种情况下什么因素会导致水的沸腾?

②什么因素可能导致了第二次世界大战的爆发?

③什么因素可能造成了高速公路的拥挤?

④什么因素可能使马克·吐温成为了有影响的作家?

……

对于"为什么"最好的回答往往是"我不能全部确定,但我想包括这些主要因素……"为了原因而追问为什么往往会导致草率的思考,得出的结论很难说是真实的。我不希望我的学生带着结论生活,我希望他们对新的更全面的解释保持着开阔的接纳的态度。①

1. 怎样理解"我不希望我的学生带着结论生活,我希望他们对新的更全面的解释保持着开阔的接纳的态度"这句话?

2. 请你就梅里尔·哈明的课程设计理念写一篇教学札记。

二、根据你所学习的教学法理论,结合你在中小学教育实习(见习)的教学实践经历,撰写一篇教学札记。

复习与思考

一、什么是教学札记?

二、教学札记有哪些特点?

三、怎样才能写好一篇教学札记?

四、写好教学札记要注意哪些事项?

---

① [美]哈明:《教学的革命》,罗德荣译,宇航出版社2002年版,第271页。

第八节 教学论文

学习目标

1. 了解教学论文的含义和特征,充分认识撰写教学论文对提高教师教学科研能力的重要意义。

2. 掌握教学论文的内容、结构和写法,学会写教学论文。

理论知识

一、教学论文的含义

教学论文就是教师在教学实践中,对某一学科领域中某一问题进行研究、探讨、分析论证,把研究成果撰写出来的理论文章。教学论文是学术论文的一种,它以教育教学为研究对象,研究教育理论,探索教育教学规律。撰写教学论文是中小学教师应该具备的职业技能之一,对于探索教育教学规律,交流工作经验,推动教育研究和教学改革,都有着十分重要的意义。

二、教学论文的特征

（一）学术性

教学论文是在总结教学实践的基础上产生出来的,它是一种理论联系实践的文体。学术性是教学论文本质的属性,就是指教师要用系统的、专门的知识讨论或研究教学领域的问题或研究成果,要研究教育现象,探索教育教学规律。它是作者在某一学科领域中对某一课题进行潜心研究而获得的结果,具有系统性和专门性,而不是点滴所得。学术性体现在教学论文中,突出强调教师对教学经验教训的理性分析和探讨,更加注重理论分析和学术探讨的深度和广度。

（二）科学性

科学性是教学论文的根本特征,是评价教学论文有无发表价值的重要标准。教学论文的科学性体现在内容、结构和表述的科学性以及成果的可检验性。科学性要求论文必须有真实可靠、准确无误的材料作依据。它提出的观点,作出的结论,绝不带任何随意性和主观性,而是经过严密的科学论证,经得起实践检验的,也就是言之有理,言之有据,言之有序。教学论文通过条理清晰、结构合理的论证,具有较强的说服力和感染力,深刻揭示客观事物的内部联系和规律。

(三) 实践性

教学论文属于科学研究论文的范畴,教学论文与一般的科研论文、学术论文又有所不同,它是针对教学实践来写的论文。学术论文可以是纯理论、纯学术的研究;而教学论文除了具有一定的学术性、理论性之外,还应具有突出的实践性。教学论文不能只是理论分析,必须以教学实践为基础,用具有充分说服力的实践材料加以证明,是教学经验的总结和提炼,对教育教学实践有指导意义,具有突出的实践性。

三、教学论文的种类

由于教育科学研究对象的复杂化,研究领域、对象、方法、表现方式也不同,教学论文在写作上的表述方式也呈现多样性。根据教学论文本身的内容、性质和研究方法的不同,教学论文的种类一般有以下几种。

(一) 研究型教学论文

研究型教学论文是教师针对教育理论或教育实践中出现的问题或薄弱环节进行专题分析、提出自己的见解或解决方法的论文。其特点是针对性强,教师对教学某一领域、某一方面的具体问题进行有针对性的研究,能够切实解决一些教学中的常见问题。它的关键就是论题有创新,特别强调新事实、新理论、新数字、新动态等,论文内容有很强的理论性、独创性和论证性。富有浓厚的理论研究色彩,是研究型教学论文的基本特点。

(二) 经验型教学论文

经验型教学论文是中小学教师最常见的一种论文形式。教师针对自己在教育教学实践中获得的经验、体会、见解和观点等,进行分析、概括、抽象、提炼,把感性认识上升到理性认识,研究教育教学领域里的理论问题,从而写出专门系统阐述教育教学学术观点和研究成果的论文。

(三) 述评型教学论文

述评型论文是在归纳总结别人在某一教学问题或某一研究领域中已有的研究成果的基础上,进一步加以分析、介绍或评论,包括读后感受、对新理论新观点的阐述,进而发表见解的一种论文。

(四) 报告型教学论文

报告型论文指描述或阐述教育实践研究中某一项教学研究工作的论文。这是教师在分析已有教学研究成果的基础上,结合自己的教学研究内容、研究过程,以直接论述的形式发表见解,从正面就某学科中某一教学问题提出观点、见解的一种论文。主要有调查报告、经验总结报告、实验研究报告等。

(五)随笔型教学论文

随笔型教学论文简短、随意,取材方便,形式活泼,写起来又不占用大量的时间,非常适合教学第一线的教师写作。随笔型教学论文的写法灵活多样,可以由一个具体事例作为由头,谈自己的见解和想法;也可以从某次教学失误或教训谈起,写出自己的切身感受和体会,旁征博引,表明观点,使论述更富有力度,增加文章的生动性。在各种教育教学论文文体中,随笔型教学论文的写作是最无定式的,但随笔型教学论文因其具有新颖的立意、生动的材料和活泼的语言,成为教师们在写作时采用较多的形式。

四、撰写教学论文的意义

(一)有利于提升教师科研水平

科研能力是教师不可或缺的一项能力。在撰写教学论文的过程中,教师紧紧围绕某一领域的具体问题或某一问题的一个侧面,收集有关信息资料,进行广泛的分析论证,综述观点和见解。在这个过程中,教师会不断地提出问题、分析问题,在一个个问题解决的过程中,科研能力和水平也会得到显著的提高。实践证明,通过撰写教学论文,教师针对具体课题研究,主动学习相关的教育学、心理学和教育科学理论,联系自己实际工作中的问题,寻找解决的办法和良策,能够促进教师在教学科研上主动地进行自我学习、自我提升。

(二)有利于提高教师业务能力

教师撰写论文的过程,就是教学业务水平、理论研究水平和写作水平不断提高的过程。撰写教学论文能够促使教师发现原来教学工作中没有发现的问题,查出工作中的疏漏,有利于改进工作方法,提高教学质量。撰写论文,也能够使教师对教育现象和问题的看法,更加全面深入,更加系统化,对教学本质和规律的认识不断深化,有利于教师教学业务能力的提高。

(三)有利于教师交流认识,推广经验

撰写教学论文能够使教育工作者积极参与教学研讨活动,交流经验,不仅有助于先进的教学思想的传播,而且有助于新的教学方法的推广和普及。教学论文的研究成果,可供教育界同仁分享、借鉴,共同研究探讨,能够提高教育工作者自身教育理论水平和教学能力。优秀的教学论文是对教育事业的贡献,也是为社会创造精神财富,也是对人类进步的贡献。

例文借鉴

【例文】

谈作文试题的命制①

摘要:作文试题的命制是语文教学和考试的重要工作之一,对学生的语文学习有直接的导向作用。本文主张,作文试题,尤其是大型考试中作文试题的命制务必目中有人,要贴近学生的生活,要符合学生的心理,试题的文字不要太多,不要设置审题障碍,不要预设观点。

关键词:作文试题;命制;目中有人

语文试题的命制是语文教学和考试中非常重要的工作之一,对学生的语文学习有直接的导向作用,官方组织命制的中高考语文试题甚至决定着学生的命运。目前,语文试题命制存在着诸多不尽如人意甚至很不如人意的地方。比如:试题中的知识性错误,题干和材料中的语病,命题者的疯子思维,参考答案的霸道性,试卷的难易题的布局结构、题量和答卷时间的不合理,试题的烦琐,母语文化特色不鲜明,等等,不胜枚举。下面仅就语文考试中作文试题的命制,谈谈个人的看法。

作文试题的分值在整个语文考试中所占比重最大,老师和学生们也最为重视,所以作文试题的命制甚为重要。一道好的作文题,学生写起来快意连连,文思泉涌,汩汩而出;反之,一个差的作文题,学生作起来如蚁扛鼎,艰难行进,咬笔撕纸,叫苦不迭。作文试题的好坏,很大程度上决定着学生作文的成败。

关于作文命题,我的基本主张是:要"目中有人"。这是作文命制的基本指导思想。

作文命题要目中有人,就要贴近学生的生活,贴近实际,贴近心灵。正如叶圣陶先生所说:"凡是贤明的国文教师,他的题目应当不超出学生的经验范围,他应当站在学生的立脚点上替学生设想,什么材料是学生经验范围内的,是学生所能写的、所要写的,经过选择才定下题目来。"②这段话揭示

---

① 孙立权:《谈作文试题的命制》,《语文教学通讯》2015年第9期。
② 叶圣陶:《叶圣陶语文教育论集》下册,教育科学出版社1980版,第413页。

了作文试题命制贴近学生生活的重要性。试题贴近学生生活,学生就会有东西可写,不会为作文犯难。他们就愿意发出心声,抒写真情,变被动作文为主动作文,变害怕作文为喜爱作文。出题者要切记:学生是生活的主人,是作文的主人,这是以"学生为本"思想的基本要求。

作文试题要目中有人,就要符合学生的心理特点。教学要心理学化,作文教学也应如此。叶圣陶说:"出作文题一定要为学生着想,钻进学生的心里去考虑,务必使他们有话可说。"① 这就是说,作文命题要从学生心理特点出发。……

命制出富于想象的题目,也符合学生的心理特点。学生时代正是想象力丰富的时候,好的作文题目能激起学生张开想象的彩翼,把学生的眼光引向更广阔的世界,更美好的未来。1999 年的高考作文题是"假如记忆可以移植",就极大地激发了学生想象力。……

作文即做人,作文即生活,此理不可悖。……

作文试题的长度不要太长,否则影响学生审题。作文试题考查的是学生文字表达的能力,而非其他能力。这样,当我们借助文段、图形、画像、表格等来表达题意时,就要注意尽量地简洁明了,使学生没有障碍地读懂试题的旨意,清楚地知道自己应该写什么、怎么写,不应该写什么、怎么写。毕竟作文试题检测的重心是学生的作文水平,而不是对材料的阅读理解水平。……

命题时不要设置审题障碍,不要与学生为敌。命题者要有健康的心理、正确的态度,绝不能以考倒学生为快事。……好的语文试题是对师生教与学的补充,会通过试题的命制善意地提醒师生去提高自身的语文素养。

作文试题命制要保持与政治、历史考试的区别。……

平时的作文命题最好还要有实用价值。要让学生懂得作文是"为了应用"②。朱自清先生在《国文教学》里就说,每次作文应有"假想的读者"③在,于学生自己有用,于社会有用,而不是被动地为老师作文,为作文而作文。让学生觉得作文确有必要,应该写,值得写,这就使学生有一种责任感,作文态度就会认真。

---

① 叶圣陶:《叶圣陶语文教育论集》下册,教育科学出版社 1980 版,第 413 页。
② 朱自清:《朱自清全集》第 2 卷,江苏教育出版社 1988 年版,第 46 页。
③ 朱自清:《朱自清全集》第 2 卷,江苏教育出版社 1988 年版,第 46 页。

资源链接

《谈作文试题的命制》

【简析】

这篇教学论文作者结合自己丰富的教学实践,总结作文教学中的经验,对"作文试题的命制"这一教学课题进行研究。文中用大量的实例强调作文试题的命制应"目中有人"基本指导思想。这篇教学论文最突出的特点就是教学理论与教学实践紧密结合,除了有对作文试题命制具体实践的说明之外,还进行了细致的实践分析和理论探讨,在实践的基础上升华为系统的教学理论。教学观点突出,论据翔实充分,结构富有条理,叙议结合,语言简洁凝练,具有较强的说服力和感染力。教学论文内容贴近中学生语文学习实际和作文教学工作实际,对中学作文教学有很强的指导意义。

写作指导

一、教学论文结构和写法

撰写教学论文的步骤一般为选择课题、搜集材料、确定立意和撰写论文。前三步为论文撰写的准备过程,可参照毕业论文的准备过程(见本教材第二章学业文书中第六节毕业论文)。这里着重讲教学论文的结构和写法。

教学论文在结构上,一般由题目、摘要、引言、主体、结论和参考文献六部分组成。

(一)题目

教学论文题目应简明扼要地反映论文所阐述的主要内容,要准确、集中,切忌笼统。论文题目应该是对研究对象的精确具体的描述,在一定程度上体现研究的结论。因此,论文题目不仅应告诉读者本论文研究了什么问题,更要告诉读者这个研究得出的结论,做到语言准确、简练、规范。

(二)摘要

教学论文的摘要,是对论文研究内容的高度概括。摘要应包括对问题及研究目的的描述、对使用的方法和研究过程进行的简要介绍、对研究结论的简要概括等内容。摘要是论文内容的高度概括,应具有独立性、简明性。读者通过阅读教学论文摘要,应该能够对论文的研究方法及结论有一个整体性的了解。因此,摘要的写作应力求精确、简明。论文摘要切忌不分主次地写成全文的提纲。

(三) 引言

引言又叫引论、绪论、绪言。一篇教学论文的引言,是论文正文的开头部分,简要阐述撰写论文的起因、依据、目的、意义等,大致包括以下内容:问题的提出、选题背景及意义、文献综述、研究方法以及论文结构安排。

1. 问题的提出

这部分交代论文所研究的问题"是什么",要写得明确、具体。

2. 选题研究的背景及意义

这部分要讲清为什么选择这个题目研究,即阐述该问题对学科发展的贡献、对教育教学的指导意义等。

3. 文献综述

这部分对与研究主题相关的文献进行详尽的综合述评,"述"的同时一定要有"评",指出现有研究成果的进展与不足,讲出自己的改进思路、作进一步的探讨等。

4. 研究方法

这一部分要交代论文使用具体的科学研究方法。

5. 论文结构安排

这部分着重介绍论文主体(本论部分)的结构层次安排。

(四) 主体

教学论文的主体是本论部分,也是核心部分,占论文的主要篇幅。这部分内容应明确阐述作者的观点,论述研究成果。作者要运用大量充分有力的论据材料分析问题,解决问题并得出结论。作者要围绕中心论点安排文章的结构,准确把握文章的层次和大小段落间的内在联系,从而进行条理清晰的逻辑论证。

教学论文主体部分的结构一般采用以下三种方式:

第一,横向式结构。将文章的中心论点分解成几个平行、并列的分论点,分别从不同的角度、不同的侧面对问题加以论述。论证的各层次、段落之间是平行并列的关系。

第二,纵向式结构。表现为递进式的层次关系,可以按照认识事物由浅入深、由表及里、由现象到本质的逻辑关系展开论证。后一个分论点是前一个分论点的深化,逐层展开、层层深入地分析论证。

第三,纵横交错式结构。以横向式和纵向式结构相结合的方式安排论文的层次,这是论文撰写中采用最多的一种结构方式。全文或以纵向结构形式为主,或横向结构形式为主,文中对各个分论点、小论点的论证则安排另一种结构形式。这样,能够体现中心论点、分论点和小论点三者之间的层次关系,便于把复杂、深刻的观点论述清楚。

(五)结论

结论部分是论文全部观点的总结和概括,是收束部分,是对主要研究结果、论点的提炼与概括,是经过严密的逻辑推理和论证得出的最后结论。结论部分还要阐述研究的成果在本教学领域中的地位、作用和影响等。结论应写得准确严密,精练完整,简明有条理。

(六)参考文献

参照本教材第二章学业文书中第六节毕业论文中有关"参考文献"部分内容。

二、撰写教学论文的注意事项

(一)论文选题应力求创新,具有较强的独创性

独创性是学术论文的生命,教学论文的选题要有独创性。教学论文要在论题涉及的教学领域内,言他人所未言,提他人所未提,提出独特的且合乎客观实际的看法。表现在论文撰写时,作者在论文中所提出的论点,即对选题的见解,要具有独创性,必须用确凿可靠、准确无误的材料作依据,所作的结论,绝不带任何随意性和主观性,而是经过严密的科学论证,经得起实践检验的。

(二)论文内容要切实解决教学实际问题,有较高的应用价值

教学论文讨论的问题应符合客观事物的发展规律,符合教育教学实际。论文内容做到真实、准确;理论论据、论证方法、研究结论都要忠于事实和材料,对客观事实做真实的记录。教学论文应准确地揭示教育现象的本质和规律,能够真实地反映教育教学研究的新发现、新理论和新方法,切实解决教学中的实际问题,表现出较高的应用价值。

(三)论文的结构要严整,语言表达要严密、简明

教学论文结构上要严谨,重点突出。撰写教学论文要注意论点的准确、鲜明,不可含混不清;论据应充分可靠,应具有正确的内在逻辑关系;论证应合乎逻辑,讲究条理清晰;论证的结果要能经得起实践检验,具有很强的说服力。同时,语言表达要严密、简明,具有较强的说服力和感染力,能够深刻揭示客观事物的

内在联系和规律。

模拟训练

一、结合教育实习(见习)实践,写一篇以总结教学经验为主要内容的经验型教学论文。

二、结合你所学专业,选择你感兴趣的教学现象,运用学科教学论的有关知识,通过查阅相关资料,写一篇探讨中小学教学问题的教学论文。

复习与思考

一、什么是教学论文?教学论文有哪些特点?

二、写好教学论文有哪些重要意义?

三、教学论文在结构和写法上有哪些特点?

四、撰写教学论文要注意哪些事项?

第四章　行政工作文书

> **内容要求**
> 1. 通过本章的学习,了解行政工作文书的含义、特点及种类。
> 2. 掌握行政工作文书写作的内容、结构和写法,学会写规章制度、通知、通报、请示、报告、函和纪要等行政工作常用文书。
> 3. 通过对行政工作文书的学习,培养学生运用所学文书来解决行政工作实际问题的能力。

第一节　规章制度

学习目标

1. 了解规章制度的特点、种类和作用,重点掌握规章制度的内容、结构、写法和写作要求。
2. 运用所学知识,借鉴例文,学会写规章制度。

理论知识

一、规章制度的含义

规章制度是机关、团体、企事业单位为保障劳动、生产、学习等活动的正常开展,在不违背国家的法律、法规的基础上,根据自己的职权范围制订的具有约束性和规范性的文书。规章制度类文书常见的有:规则、章程、制度、条例、职责、办法、细则等。规章制度是在一定范围内要求有关人员必须按章办事、共同遵守的规范和准则,能够保证国家大政方针的贯彻执行,保证人们的学习、工作和生活正常开展,是建立良好社会环境和社会秩序的有力保障。

为了创造良好的教育环境,建立正常的校园学习、工作和生活秩序,加强对学校工作的管理,学校也需要制订并健全规章制度,制订出具有约束力的条例、规则、办法、细则等,对一定范围内的教育教学工作、学校活动或师生的行为作出规范性的要求。

二、规章制度的特点

（一）约束性

规章制度具有法规性和约束力。规章制度是由国家机关,社会团体,企事业单位在一定范围内制订的一种具有法规性和约束力的文件,它对一定范围内的行为作规范性的要求。有关人员必须按章办事,共同遵守。规章制度一经制订并公布,就带有法规性质,在一定范围内对人们的行为起规范作用,具有行政约束力。

（二）严肃性

规章制度的严肃性来源于制定机关单位的权威性。规章制度的制订和颁发都有严格的程序规定,即通过法定程序使文件获得法定效力。规章制度是保证国家方针政策顺利贯彻,保证公私事务顺利进行和人们学习、生活和工作正常开展,建立良好社会环境和秩序的有力保证。学校的规章制度明确规定了教师和学生共同遵守制度,按章办事,应该做什么,不应该做什么。规章制度是人们的行为准则,一经生效,学校有关部门或个人就必须严格遵守或遵照执行,如果违反有关条款,就要受到相应的处罚。

（三）稳定性

规章制度是人们的行为准则,不会经常变动和修改,应在一段时期内保持不变,具有相对的稳定性。因此,规章制度不能将脱离实际的条文,属于临时性的、个别性的问题,或暂时还没有条件实行的问题引入进来。

稳定性并不是说规章制度是一成不变的。在条件成熟的时候或环境发生了变化,我们也可以及时修改并完善它。

（四）严密性

规章制度的法规性决定了它行文要全面周到,内容要具体,不能有遗漏,不能被人钻空子,应具有明确性和准确性。规章制度的语言必须庄重、严肃,准确、严密,不能有歧义,不能含混不清。

三、规章制度的种类

规章制度的种类很多,在学校行政工作中,常用的有以下几种。

(一)章程

章程是党团组织、社会团体、学术组织等对其性质、宗旨、任务、组织机构、组成人员及活动规则等作出的规定。

(二)条例

条例是党和国家机关对某一方面行政工作作出比较全面、系统的规定时使用的文体,由党的领导机关、国家最高权力机关或国家最高行政机关批准颁发。它是有强制性和约束力的法规文件。

(三)办法

办法是政府机关、社会团体和企事业单位针对某项工作或某一方面的活动制定的具体的要求与规范。办法是一种具有强制性和约束性的文件,适用于具体事务、某一事项或比较细小的事情。

(四)规定

规定是各机关、企事业单位对特定范围内的工作和行为制定的规章和禁令。它是一种法规性文件。与章程、条例相比,规定的现实针对性较强。

(五)细则

细则是政府机关、社会团体、企事业单位根据上级机关发布的有关条例、规定或办法结合本地区、本单位、本部门的实际情况而制订的,具有一定补充性、辅助性的详细的实施规则。

(六)制度

制度是各机关、企事业单位、社会团体为加强对某一部门工作的管理和严格组织纪律而制订的要求有关人员共同遵守的规定性文件。

(七)公约、守则

公约是一定范围内的成员或行业代表,在自觉自愿的基础上,经过集体讨论制定的共同遵守的道德规范和行为准则。守则是政府机关、社会团体、企事业单位根据上级有关指示精神和实际工作需要制订的,要求所属成员严格遵守的行为准则。公约多用于规范人们的道德、行为,侧重于精神文明方面;守则除了规范人们的道德、行为外,还可以用来规定人们在工作中的具体操作事项。

例文借鉴

【例文一】

××师范学院学生请假制度

为加强对学生的出勤管理,保证学院正常的教育教学和生活秩序,进一步规范学生请假程序,特制定本制度。

一、请假原则

(一)学生应按时参加学校规定的各项教育教学活动(含上课、实习、晚自习、军训、劳动日、集体活动,以及按时返回宿舍住宿等),不得随意请假。如确需请假,须按规定程序提前办理请假手续(经批准后方有效)。除急诊或其他紧急情况外,不得事后补假。

(二)请假期间学生所发生的误课、缺考以及校外人身及财产安全等事件,由本人承担一切责任和后果。

二、请假审批

(一)学生请假应填写《请假审批单》,写明请假事由、起止时间、外出目的地及有效联系方式,并附有关证明材料(病假须凭校医务室或二级甲等以上医院诊断证明)。

(二)《请假审批单》应按以下准假权限逐级报批:

1. 一日以内且不涉及夜不归宿的,由辅导员审批;

2. 三天以内(含三天)且将夜不归宿的,由学生工作处审批;

3. 三天以上七天以内(含七天)的,由学生工作处审批后,报请副院长批准;

4. 请假七天以上的,由副院长审批后,报请院长批准。

上述各级审批均须经前一级预审。

(三)对考试期间、实训期间请假的,须经院领导审批。

三、审批单的使用

(一)《请假审批单》为三联单式,分别为出示联、宿管联、存根联。

(二)学生请假获批后,应将《请假审批单(出示联)》交班长(或学习委员)后方可离校或不参加相关活动。班长(或学习委员)负责向相关教师出示其请假手续备查。凡考勤时无法出示有效请假手续的,按旷课计。

（三）凡需夜不归宿的，学生应及时执《请假审批单（宿管联）》到宿舍管理员处登记，以备夜间清查。凡未报宿舍管理员处的，查到后按擅自夜不归宿进行处理。

（四）请假单的存根联由辅导员保存，用于记录学生请假情况，并作为销假登记使用。

四、销假及续假

（一）学生请假期满，应及时向辅导员报到，并办理销假手续。学生销假后，由辅导员根据学生请假天数向最终批准人汇报。

（二）学生请假期满不能按时参加正常教育教学活动需继续请假的，应在假期期满前履行续假手续（同请假手续），并按累计请假时间的准假权限逐级报批。

（二）学生节假日期满因故不能按时返校的，应在假期期满前通过电话按规定程序申请办理请假手续，返校后必须及时凭二级甲等以上医院的病情证明或家长亲笔证明材料补办书面请假手续。无有效证明材料的，按旷课计。

五、补充说明

（一）凡未按本规定履行请假手续擅自缺勤的，或在请假过程中捏造请假事由的，均计为旷课，按行政处分条例的规定进行处理。

（二）根据学籍管理规定：学生未经请假即擅自离校，连续两周未参加学校规定的教学活动的，应予退学。一学期内学生各类缺勤超过学期三分之一时间的，应办理休学；不办理休学的，应予退学。

（三）学生节假日（含周末）离校返家不必办理请假手续，但必须提前在宿舍管理员处进行登记。未提前登记或借返家之名外出游逛留宿他处的，按擅自夜不归宿进行处理。

（四）因公事需集体请假的，由活动组织部门出具经教务处盖章确认的集体请假说明材料，分别交学生所在班级供考勤查验。学生个人不必再单独申办请假手续。

本规定由学生工作处负责解释，自公布之日起执行。

学生工作处
2018 年 12 月 1 日

【简析】

这篇规章制度结构上采用引言、条文、结语式的写法,开头先写一段引言,主要阐述制定请假制度的根据、目的和意义是"加强对学生的出勤管理""保证学院正常的教育教学和生活秩序""规范学生请假程序",然后将有关规定逐一分条列出,最后的"补充说明"的结语部分,强调执行中的注意事项。结构上富有条理性,语言简练。

【例文二】

××中学校园足球教学管理细则

为加强校园足球教学管理工作,规范教师的教学和训练行为,提升足球教学质量和教研水平,特制定本细则。

一、教学计划管理

1. 严格按照建设全国校园足球特色校开设课程和组织教学活动。每周上一节足球课。

2. 每学期拟订校园足球教学教研工作计划,包括教学指导思想、工作任务与目标、具体措施和教学教研活动安排,编制训练比赛作息时间表、日课表和周事历、运动安全防范工作计划等,交学校审查备案。在学期末写出校园足球工作总结,并汇报计划执行情况。

3. 体育教师学期初应拟定校园足球教学工作计划。

二、备课管理

1. 备课是上课的必要准备,体育教师应坚持提前备课,严禁无教案上课。

2. 备课要使用学校统一印制的备课本,写好校园足球教学计划,分节写好教学设计。每篇教案前要有备课节次的流水号,要写好教学目标、重点、难点、教学方法和教学准备,教学内容力求具体详细,并结合本节课教学的得失写好教后感。

3. 学校教导处对体育教师的足球教案进行检查,一般是一月检查一次,并填写好教案检查情况登记表,检查人要签字盖章,以示负责。检查情况包括教案的数量、质量、存在的问题等要详细记录,及时与教师交换意见,并定期通报。检查结果与绩效工资挂钩。

4. 足球教案封面要填写完整,并加盖学校公章。

三、上课管理

1. 严格按课表上课,未经学校教导处同意,不得随意调课或请人代课。学校统一调课要由教导处进行登记并通知到当事人。

2. 上课要准备好教学训练用品用具,不得迟到。按时下课,不得早退或拖堂。

3. 上课时,衣着要整洁,举止行为要端庄大方,态度要亲切自然。不准穿背心、短裤、不准穿拖鞋,不准体罚或变相体罚学生。

4. 足球教学内容要集中,重点要突出,思路要明晰。课堂训练指导要有逻辑性、层次性,切忌随口便答。要鼓励学生质疑,发表不同意见。

5. 科学安排训练时间,恰当选择教学方式。要留给学生充裕的时间接触到球。倡导自主学习、探究学习,逐步改变单一的接受式学习方式。

6. 充分使用教具和学具,提倡运用校园足球比赛促进教学。

7. 教学语言要简明、准确,力求使用普通话教学。

8. 对教师课堂教学的情况,学校应采取进堂听课、巡回检查和召开学生座谈会等形式进行了解,发现问题及时督促教师改进。

长春市××中学
2018 年 8 月 12 日

【简析】

这篇管理细则用多层条文式的写法,开头先简要说明制订细则的目的、意义、依据,属"总则"性质,然后分条写明各项规定。这种写法适用于足球教学管理这样复杂的细则制订,特点是将全文分为多层序码,项下分条、条下分款,用"一、二、三……"来表示大项,用"1、2、3、……"来表示项下的条款,详细写明各项规定。结构上有条理,层次清晰,语言表述准确、简洁。

【例文三】

文明宿舍公约

"思想决定行为,行为决定习惯,习惯决定性格,性格决定命运",为了营造和谐、文明、团结、互助的宿舍氛围,养成良好的学习生活习惯,倡导养成教育,特制定本公约,全体宿舍成员必须在室长的督促下,自觉遵守,互相监督。

第一章 宿舍安全

第一条 宿舍内严禁使用大功率电器,不得存放易爆、易燃物品,注意用电安全。

第二条 个人贵重物品应当妥善保管,提高防范意识,宿舍无人或睡觉时应锁好门窗,做好防盗防骗工作。发现可疑人员应当及时报告楼栋管理员或保卫处。

第三条 宿舍公共费用,本着友好的原则协商分担;尊重室友隐私,未经允许不使用室友私人物品。

第二章 作息时间

第四条 倡议早上6点起床,吃早餐,参加晨读,不得迟于8点起床。按课表提前十分钟到课室上课,不迟到。

第五条 倡导早睡,晚上12点前必须熄灯;不得晚归。在不影响舍友的情况下可使用台灯。

第六条 中午1点到2点为午休时间,需保持安静,不影响舍友休息。

第三章 宿舍卫生

第七条 讲究宿舍公共卫生,保持宿舍地面、洗漱台及厕所的清洁和空气清新,保证宿舍地面能每日一扫。

第八条 讲究个人卫生,床铺每日整理,每天及时整理桌面,保证物品整齐。垃圾应丢进垃圾篓。

第九条 宿舍成员轮流值日,值日生负责扫地、拖地板、倒垃圾、清洁冲凉房和卫生间等。

第十条 配合学院开展卫生大扫除,由宿舍长组织,各成员无特殊原因应当全体参加。积极参加美化宿舍,建设文明宿舍活动。

第四章 电脑的使用

第十一条 合理使用电脑,坚决反对沉迷电脑网络、游戏等一切影响学习和身体健康的行为,宿舍成员要互相监督。

第十二条 使用电脑不得影响其他成员的正常生活,电脑音响音量不得过高,尽量使用耳机。

第五章 学习

第十三条 晚上7:00—9:30为学习自修时间,不在宿舍干与学习无关的事。

第十四条 互助互爱,对学习困难者,不吝帮助。

第十五条 在舍友学习时,不打扰;学习有计划,有方法,有效率。

【简析】

这则公约采用通篇条文式,开头部分简要叙述本公约制订的根据、目的和意义,正文全部采用条文式,将全部内容都列入条文,包括主体部分的五项规定,每项规定的具体执行要求等,从开头第一条开始,依次排列,直至文尾。逐条表达,形式整齐,便于记忆。语言精练,表达清楚,通俗易懂。公约的实行可以从公布起需要长期执行,因此,可不写日期。

写作指导

一、规章制度的结构与写法

规章制度的结构由标题、正文和落款组成。

(一)标题

规章制度的标题应标明规章制度的种类和规范的对象、内容等,写在第一行的正中。规章制度种类不同,标题的写法也不完全一样,归纳起来有四种写法:

1. 由事由和文种组成,如《出版物汉字使用管理规定》《服务公约》。
2. 由单位和文种组成,如《中国作家协会章程》。
3. 由人员和文种组成,如《中学生守则》《学校教职工奖惩条例》。
4. 公文式,如《北京市关于禁止燃放烟花爆竹的规定》。

如果规章制度在内容上还不够成熟,可以在标题内写明"暂行""试行"或"草案"等字样,如《高等学校学生行为准则(试行)》。

(二)正文

规章制度的正文有多种写法,主要有三种常用的写法:引言、条文、结语式;通篇条文式;多层条文式。

1. 引言、条文、结语式

引言、条文、结语式先写一段引言,主要阐述制订制度的根据、目的、意义、适用范围等,然后将有关规定一一分条列出,最后再写一段结语,强调执行中的注意事项。

2. 通篇条文式

通篇条文式将全部内容都列入条文,包括开头部分的根据、目的、意义,主体部分的各种规定,结尾部分的执行要求等,逐条表达,形式整齐。从头至尾按条排列,从开头第一条开始,依次排列,直至文尾。如果条下有款,款项要单独编序,不与上条款连续。

3. 多层条文式

开头先写前言，简要说明制订规章的目的、意义、依据，属"总则"性质，然后分条写明各项规定。这种写法适用于内容复杂、篇幅较长的制度，特点是将全文分为多层序码，篇下分项、项下分条、条下分款。如《××学校档案管理制度》，用"一、二、三……"来表示大项，用"（一）、（二）、（三）……"来表示大项下的条，用"1、2、3、……"来表示条下的款。

（三）落款

落款包括署名和日期，即制订部门的名称和制订日期，一般写在正文结尾后面，须空一行书写。

1. 署名

写制订部门的名称。已在标题中写明单位名称的，这里就不必重复写；有些规章制度是由政府机关随文颁发的，也不再署名。

2. 日期

有些规章制度的实行期是从公布起需要长期执行，可不写日期；有的随文件颁发，文件上已有日期，也可以不再写；凡要写日期的，应具体写明年、月、日，不可省略。

二、规章制度的写作要求

（一）必须符合党和国家的方针、政策、法令，以严肃审慎的态度进行拟制

任何规章制度都必须有法律依据或政策依据，必须符合党和国家的政策、法令，不允许与之相抵触或违背。制订规章制度必须结合本校或本部门的实际情况，要有针对性、可行性。为了使师生员工能自觉遵守，制订过程中应该通过各种方式，广泛听取群众意见。

（二）各项规定必须具体、准确、切实可行

写规章制度要明确制订的权限，不能越权随意制订规章制度，任何学校及其所属单位所订立的规章制度内容不能同国家的制度、法律、政策和上级的有关规定相抵触，有的规章制度还需报上级或主管部门核准备案。所规定的内容既要有原则性，又要有具体性。规定不能过死，要有一定的灵活性，以便各部门结合自己的实际情况，使规章制度得以贯彻执行。

（三）内容必须全面、详尽，各类情况考虑周到

规章制度的内容要全面系统。对组织内部涉及的各个方面都考虑到，不能遗漏掉某方面内容，对内容的简述要分章分节交代清楚，条款分明，不能前后混

杂,更不能前后矛盾。规章制度订立以后要定期检查,发现有不合适或不完善的地方,应及时修改补充。

（四）结构严谨,语言简洁、规范

规章制度的结构要严谨,格式应规范。条文要具体、切实、简明,用词要准确,概念要单一,语气要肯定。语言表达必须准确、严密、规范,便于记忆和执行。避免含糊、疏漏、歧义,让人无法具体实施。

模拟训练

一、某学校图书馆刚刚建立开放,由于管理人员经验不足,又没有建立规章制度,以致图书的借阅和管理十分混乱：开放时间不固定,有的人什么时候都来借；有的人拿别人的借书证来借；借书数量没有规定,有的人一次借十几本书；有的人借书长期不还；有的人丢失或损坏图书不肯赔偿。为了改变这种混乱现象,该学校图书馆准备制订一份《学校图书馆图书借阅制度》。

根据上面材料中提到的问题现象,请你代为起草一份《学校图书馆图书借阅制度》。要求做到：针对所述混乱现象分条排列,内容周全,结构完整规范、语言简要明确。

二、《中国书法家协会章程》是按怎样的格式要求来写的？试模仿其写法,为学校文学爱好者社团制订一则章程。

资源链接

《中国书法家协会章程》

三、制订一份某学校多媒体教室管理和使用的规定。

复习与思考

一、什么是规章制度？规章制度有哪些特点？

二、规章制度常见的种类有哪些？

三、规章制度的标题和正文有几种写法？

四、规章制度有哪些写作要求？

第二节 通 知

学习目标

1. 了解通知的含义、特点和种类。
2. 掌握通知的内容、结构、写法和写作要求,学会写通知。

理论知识

一、通知的含义

2012年4月中共中央办公厅、国务院办公厅联合印发的《党政机关公文处理工作条例》(中办发〔2012〕14号)第八条规定:"通知适用于发布、传达要求下级机关执行和有关单位周知或者执行的事项,批转、转发公文。"

通知是各级党政机关、人民团体、企事业单位在公务活动中最普遍最常用的一种文体,在学校的行政工作中使用范围也相当广泛。通知不仅可以下达指示,布置工作,传达有关事项,还可以任免或聘用干部;上级机关对下级机关可以用通知,平级机关之间也可以用,所以通知大多属于下行文或平行文。

二、通知的特点

(一)广泛性

通知是应用范围最广、使用频率最高的一种文体。通知不受发文机关级别高低的限制,上至最高的行政机关,下至基层单位,都可以用通知行文。此外,通知的内容也很广泛,无论是上级机关的重要决策,还是日常的工作事项,都可以使用通知进行传达、部署或告知。

(二)指导性

上级机关在向下级机关发布规章、布置工作安排、批转或转发文件等,都需明确阐述处理问题的原则方法和具体措施,说明需要做什么、怎样做、达到什么要求等,来指导下级机关开展工作。从发挥的功用上来说,通知具有很强的指导性。

(三)时效性

通知具有较强的时效性。通知都是在受文对象对某个事件应知而未知,应办而未办的情况下下达的。通知的事项一般要求立即知晓、办理或执行,不容拖延,否则会失效或误事,如会议通知只在指定的一段时间内有效,行文要及时,否则会延误开会时间,给工作带来不便和麻烦。

三、通知的种类

按内容和作用划分,通知可以分为发布性通知,批转、转发性通知,告知性通知,指示性通知,会议性通知等。

(一)发布性通知

发布性通知主要用于发布行政规章。因为是发布(印发、下达)性通知,所以其发布、印发的多数是条例、办法等行政法规,如《关于印发〈××学校"十三五"发展规划(2016—2020)〉的通知》。需说明的是,在印发对象中,凡属法规性文件,标题与行文一般称为"颁布""颁发""发布",其他文件则称为"印发"。

(二)批转、转发性通知

批转、转发性通知是批转下级机关的公文或转发上级机关以及不相隶属机关的公文时使用的一种通知,如《××师范大学关于批转〈学校教务处关于组织管理者线上培训工作意见〉的通知》,《××省实验中学关于转发第三届"登峰杯"全国中学生学术科技创新大赛的通知》。

(三)告知性通知

告知性通知是将新近决定的有关事项告知受文单位时使用的通知。这类通知的内容非常广泛,如人事调整、机构的设立和撤销、机关单位隶属关系的变更、单位更名、印章范围等。

(四)指示性通知

指示性通知是向下级机关部署工作、阐明工作活动的指导原则,要求下级机关办理或共同执行时使用的通知,如《××中学关于开展 2018 年度绩效考核工作的通知》。

(五)会议性通知

会议性通知专门用于通知有关单位或个人召开会议的有关事项。

例文借鉴

【例文一】

××市××区教育局关于在全区中小学开展"读书无边界"活动的通知

××区属各学校：

为深入贯彻落实党的十九大与全国教育大会精神,践行习近平新时代中国特色社会主义思想,进一步培养师生的读书习惯,促进师生长远发展,着力打造"阳光书香区",经研究,决定在全区中小学开展"读书无边界"活动。

一、活动主题

读书无边界,阅读伴我行。

二、活动内容

（一）图书无边界

1. 师生自主采购。"我的图书我作主",各单位组织教师与学生代表到书城选择图书、确定目录,学校统一购买师生喜欢的图书。

2. "推倒"图书室。"有学生的地方就有图书",充分利用教室、走廊等空间打造"快乐书吧",让图书变得随手可得、随时可读。

3. 校际图书漂流。建立"大图书室"观念,实现校际互通、图书共享。建立校际图书室联盟,组织联合采购,减少种类重复。

（二）师生无边界

1. 实施青年教师读书工程。提供教师必读、选读书单,定期组织撰写读书心得、实践反思,评选教师优秀读书征文。

2. 走进你的读书世界。依据新课程标准,确定学生每学期的必读、选读书目。组织师生交流读书体会,开展师生好书互荐活动。

3. 学生快乐阅读。制作微课视频,指导学生掌握科学的读书方法。推行语文课课前读书交流、主题演讲制度。成立读书社团,设立读书讲坛。适度组织读书心得、读后感、随笔展评活动,逐级评选"读书小达人",激励学生爱读书、多读书。

（三）家校无边界

1. 成立家长读书协会。定期向家长推荐书目,开展专家导读、家长讲坛、读书分享等活动,征集建设书香家庭的"金点子"。

2. 开展亲子阅读。广泛宣传陪伴成长的重要意义,组织形式多样的同读一本书活动,营造家学校浓厚的读书氛围。

（四）成长无边界

1. 举行诵读大赛。组织学生全员参与诵读经典,举行班、校、街道、全区层层展示活动,表彰先进个人与集体,推动"朗读校园"建设。

2. 开设"悦读"专题栏目。定期邀请教师、学生与家长等参与,借助电视台、和广播电台,展示读书成果,传播文明风尚,引领全民阅读。

3. 创办"我爱阅读"微信公众号。及时推送优秀的阅读随笔,加强宣传"读书无边界"工作的新经验,推动教师与学生、学校与家庭深入开展读书活动。

三、保障措施

（一）高度重视,加强领导

各学校要充分认识"读书无边界"活动的重要性,积极转变办学理念,制订活动计划与方案,实现读书活动常态化。

（二）全面部署,形成合力

各学校要召开专题会议,动员全体教师和家长全力配合,建构良好的阅读环境,大力推进学生的读书活动。

（三）确保时间,养成习惯

各学校要切实落实课业减负要求,严格控制书面作业量,确保学生每天至少30分钟的读书时间。

（四）推选典型,表彰激励

教育局将于4月下旬评选并表彰"读书无边界活动"先进学校和个人,5月初将举行经验交流会,总结此次活动经验,推动阅读活动长期开展下去。

特此通知,望各学校遵照执行。

××市××区教育局
2019年3月24日

【简析】

本通知属指示性通知。从行文的内容和语气上,都可体会到指示性通知的指导性与约束性。正文开头交代了该通知的目的、依据及开展此项活动的意义,主体内容部分采用了分条、条文下面又分款项的写作方法,依照逻辑顺序排列,井然有序,一目了然,条理清楚,结构严谨,用词准确、简洁、无歧义,便于执行。

【例文二】

关于召开学校安全工作会议的通知

全校各相关单位:

  为进一步落实好近期各项安全工作,学校决定召开安全工作会议,现将有关事项通知如下:

  一、会议时间:2018年5月9日(星期三)下午2点

  二、会议地点:××中学教导处(二楼会议室)

  三、参会人员:

  1. 学校办公室全体人员

  2. 学校中层以上领导

  3. 全体班主任

  四、会议内容:

  1. 解读《学校安全工作档案管理制度》和《××县××学校安全管理办法》。

  2. 小结前一阶段安全工作,部署下一阶段安全工作。

  五、有关要求:

  1. 勿迟到、早退、缺席,按时签到。

  2. 将手机关机或调至振动状态。

××学校安全办公室
2018年5月7日

【简析】

  这是一篇会议通知。前言中先交代开会的目的、依据,说明会议主题,之后用承启语"现将有关事项通知如下"引出通知的主体部分。主体事项部分采用了分条列项的写法,先写主要内容,后交代次要内容,条理分明,考虑周到,一目

了然。

写作指导

一、通知的结构与写法

通知的结构由标题、主送机关、正文、落款四部分构成。

（一）标题

通知的标题有完全式和省略式两种。

1. 完全式

完全式标题由发文机关、事由和文种构成，如《××学校关于在全校开展"校园普法"活动的通知》。

2. 省略式

有两种情况的省略。一种是由于标题太长，省略发文机关，由事由和文种组成，如《关于举办庆"六一"课本剧比赛活动通知》；另一种情况是省略事由，直接以"通知"二字为题。

（二）主送机关

主送机关即受文对象。所有通知都需有主送机关，一般为直属下级机关或需了解通知内容的不相隶属的单位，主送机关一般写在标题下空一行的位置，要顶格书写。

（三）正文

通知的正文主要包括缘由、事项两部分内容。

通知正文首先要写明缘由，包括制发通知的理由、目的、依据或情况，应言简意赅。事项这部分内容是通知的主体，写清要求受文机关承办、执行和应予知晓的事项。

不同类型的通知在正文部分写作的内容和要求有所不同，具体如下。

1. 发布性通知

发布性通知的正文一般写得简短而精练，由制订原因、被发布文件名称、发布单位要求组成，如"根据……，我们制订了《××××实施办法》，现印发给你们，请遵照执行"，将需要发布的文件以附件形式一并下达给有关单位执行。

2. 批转、转发性通知

此类通知的正文一般由两部分组成，即发文语和批示语。发文语，即以发文机关的身份简要地写出对批转、转发文件的基本态度或意见，然后再根据所批转文件的性质及重要性写出"请参照执行"之类的要求。批示语，即明确表态或简述所发文件的意义，然后写明贯彻执行的时限、方法、目标或补充性要求，最后提出希望。

3. 告知性通知

告知性通知是将新近决定的有关事项向有关单位告知，把有关事项交代清楚，并要求有关单位和成员知晓。这类通知的内容非常简洁，一般只有两个层次，即通知缘由和通知事项，常常用"特此通知"之类的结语。

4. 指示性通知

指示性通知正文一般由发文缘由、通知事项和结语三个方面的内容构成。发文缘由，即在开头写明制发本通知的依据和目的，要充分、具体，增强说服力。往往采用"据……""为了……""由于……"等语句，然后以"特通知如下"之类的惯用语引起下文。通知事项，是通知内容的核心，交代指示的具体意见，必须有特定的指示性和安排性，即将有关时限、地点、规定、办法、任务等交代清楚。通知结语，常以独立段形式，提出号召、希望和执行要求等。

5. 会议性通知

会议性通知正文多由通知缘由和通知事项组成。通知缘由一般要写明召开会议的目的、意义及会议名称等，有时也可酌情不写缘由。通知事项，即要准确写清会议的议题、时间地点及与会者的条件、范围等。根据需要，有些会议通知还要写明会议期限、注意事项和会前准备事项，或对与会者提出要求和希望，等等。

（四）落款

在正文右下方写公文制发机关名称和成文日期，如果有固定文件头，可只写日期，加盖制发机关印章即可。

二、通知写作的注意事项

（一）主题集中，内容具体明确

通知与实际工作关系非常密切，主题要集中，通知的内容要具体明确，便于理解和执行，充分保证工作、学习和生活的正常开展。

（二）语言表述准确、规范、简要，讲求实效

通知的语言表述要准确，涉及具体的内容时不允许有丝毫的差错，以免引起歧义，影响工作的正常开展。规范使用时间词、数量词等，做到用语规范、准确。通知在语言表述上要简洁，干净利落，不可啰唆。通知的适用范围不同，行文方

向不同,因此必须根据实际需要,区别使用不同的公文用语。

模拟训练

一、下面是一则张贴于某大学校园内的通知。请同学们阅读一下,看看这则通知存在哪些问题?

通　　知

全校老师和同学们:

　　本周五(6月7日)下午第5、6两节课时间,文学院与数学学院将进行一场排球比赛。欢迎全校师生前去观看,加油助威!

　　特此通知

文学院团委
2019年6月5日

二、中考、高考即将开始。为了维护社会秩序,为广大考生营造一个安静的学习、考试和休息环境,国家环保局给各省、自治区、直辖市环保局发出一份《关于加强中高考期间噪声污染控制与监督检查的紧急通知》。××省环保局要求将这份文件发到各市环保局,并结合各市的实际情况提出一些具体要求。请按照公文格式写此通知。

三、某中学要放暑假了。在暑假前要拟订一份假期安全工作的通知。请你以学校办公室相关人员的身份,对广大师生有关安全的各项事宜作出安排,并下达学校办公室的一份正式通知。

复习与思考

一、什么是通知?通知有哪些特点?

二、通知有哪几种类型?

三、怎样写好通知的标题、开头和结尾?

四、各类通知的正文部分写作都有哪些具体要求?

五、写通知要注意哪些具体事项?

第三节 通 报

学习目标

1. 了解通报的含义、特点和种类。
2. 掌握通报的内容、结构和写法,学会写通报。

理论知识

一、通报的含义

2012年4月中共中央办公厅、国务院办公厅联合印发的《党政机关公文处理工作条例》(中办发〔2012〕14号)第八条规定:"通报适用于表彰先进、批评错误、传达重要精神和告知重要情况。"通报是机关、社会团体、企事业单位用于表彰先进、批评错误,传达重要精神和告知有关情况的公文。

通报不仅具有传达和告知性,也有表彰性和批评性,属下行文。它通过对具有普遍意义的典型事例、成功经验和失败教训进行通报,达到宣传和教育的作用,是一种应用比较广泛的公务文书。

二、通报的特点

(一)典型性

通报是正式的公文,无论是表彰好人好事,还是批评错误,通报的人和事都具有典型性。通报的内容有普遍的教育意义和指导意义,是具有广泛的代表性的典型材料,能够提示事物的本质规律,使人有所启迪,得到教益,起到传达和告知的目的。

(二)引导性

通报涉及的事项往往具有普遍的教育意义和指导意义,无论是表彰先进、批评错误还是通报情况,其目的都是促使人们明辨是非,总结经验,受到启发,得到激励,或使人们有所借鉴和警戒,吸取教训,不断提高思想认识,改进工作。

(三)时效性

通报是为了有利于当前工作的开展,针对当前工作中出现的情况和问题而制发的。它的时效性体现在迅速、及时地将正面的或反面的重大典型事件报道出来,让有关单位或有关人员及时学习,起到交流情况、信息,指导工作的作用。因此,通报作用的发挥,与抓住时机适时通报是分不开的。如果时过境迁,就失去了通报应有的作用。

三、通报的种类

(一)表彰性通报

表彰性通报是表彰在某一方面取得突出成绩的单位或个人,介绍先进经验或事迹,以此号召大家学习的通报。它的目的是树立榜样,宣传先进,做好工作。

(二)批评性通报

批评性通报是以披露事故、揭发错误、批评过失、总结教训为主要内容的通报,用以批评一些单位或个人所犯的较严重错误,以纠正错误,并提出处理意见或解决问题的办法。它的目的是教育大家吸取教训,防止类似的错误和事故的再度发生,并引以为戒。

(三)情况通报

情况通报是在一定范围内传达重要精神或重要情况时使用的一种通报。它的目的是让下级机关了解上级机关的重要精神、工作意图或全局情况,以便统一认识,更好地开展工作。

例文借鉴

【例文一】

关于表彰王大力同学见义勇为行为的通报

全校师生:

10月15日,我校收到一封来自辖区警务室的表扬信。悉我校经管学院17级学生王大力在校外遇到歹徒时,沉着冷静,及时向警务部门提供线索并积极配合实施抓捕,使两名歹徒落入法网。

王大力同学见义勇为的行为体现了当代大学生良好的精神风貌,值得全校师生学习。鉴于王大力同学的突出表现,学校决定对其进行通报表彰,并给予1000元现金奖励,同时号召全体师生向王大力同学学习,弘扬正气,传递社会正能量,把见义勇为精神传承和发扬下去!

××学校

2018年10月16日

【简析】

本通报属于表彰性通报,行文的目的是宣传王大力的感人事迹,弘扬社会正能量。正文首先概述先进事迹,然后进行简要评价,总结出积极意义,最后提出表彰意见,发出把见义勇为精神传承和发扬下去的号召。行文结构严谨,条理清晰,语言简洁,富有教育性和启发性。

【例文二】

关于李××同学考试违纪行为的通报

物理学院2016级学生李××,在2018年12月24日全国大学英语六级考试(CET—6)中,将移动电话放在上衣口袋内,在考试过程中移动电话发出铃声,被监考教师发现。

《CET考生守则》第3条规定:"禁止携带任何书籍、笔记、资料、报刊、草稿纸以及各种无线通信工具(如寻呼机、移动电话)、录放音机、电子记事本等物品。"李××违反考场规则,其行为已构成考试作弊,特此通报。

××师范大学教务处、学生处

2018年12月25日

【简析】

本通报属于普发的批评性通报,通常用于张贴。标题可以省略发文单位,正文可以省略主送机关。本通报的正文首先披露李同学考试作弊的事件,概述事件原委,然后说明对事故处理的依据和处理意见。通报的目的是防止此类事件的再度发生,并引以为戒。行文层次清晰,格式规范。语言表达准确、简洁。

【例文三】

关于我校 2015 级学生外出实践发生交通事故的情况通报

全校师生、各位家长：

5月5日上午，我校2015级经济学本科班44位师生（带队教师1人，学生43人）外出实践，乘坐的某长运公司大巴车在××高速公路××服务区附近发生交通事故。事故造成师生不同程度受伤，无生命危险。接到信息后，学校马上启动应急预案，派出由校领导带队的7人工作小组，赶赴现场，参与事故处理，协调××人民医院救治伤员。

目前情况如下：5位学生因骨折住院，其中1位伤势较重的学生留在××市人民医院治疗（有教师和同学陪护）；有4位学生在5日晚转院至××医院住院；另有3位学生在医院留院观察；其余受伤的学生（教师）经初步治疗后已经返校或被家长接回家。经协调，7日上午包车承租单位的第一笔医疗垫付款已经到位，学校给住院学生安排一对一陪护。

事发后，学校第一时间向××市委市政府和省教育厅作了情况汇报，下一步将全力以赴帮助受伤师生做好诊治工作，进一步协助交警部门做好事故认定，并督促事故责任方妥善做好善后工作，切实维护师生利益。

本次事故的前期处置得到社会各界的关心和支持，在此表示衷心感谢，祝愿受伤师生能尽快康复！

××大学
20××年5月8日

【简析】

这是一则情况通报，传达了一起交通事故的重要情况。正文部分首先对交通事故有关事实作客观、详细的叙述，然后重点对事件发生后的具体处理情况进行通报，以便让人们了解事件真相，最后提出希望。主体事项部分按照事件的进展顺序来写，思路清晰，语言表达准确、严谨。

写作指导

一、通报的结构与写法

通报的结构由标题、主送机关、正文和落款四部分构成。

（一）标题

通报的标题通常有两种构成形式：

1. 完全式

完全式标题由发文机关、事由和文种组成，如《××市人民政府关于表彰教书育人先进集体和先进个人的通报》《××学校关于处理张明伤人事件的通报》。

2. 省略式

省略式标题由事由和文种组成，如《关于表彰××省第二届中小学校园诗歌朗诵大赛中获奖学生和指导老师的通报》。此外，有的通报标题只有文种名称《通报》，但这种通报一般仅见于张贴式通报。

（二）主送机关

除普发性通报外，一般通报都应写明主送机关。

（三）正文

通报正文的结构通常由开头、主体和结尾等部分组成。开头说明通报缘由、决定等；主体部分把通报的时间、地点、经过、结果、要求等交代清楚，并分析陈述内容的性质和意义等；结尾提出通报的希望和要求。

不同类别的通报，其正文内容和写法有所不同，现分述如下。

1. 表彰性通报

（1）表彰先进人物、先进集体的通报。这类通报的正文大体可分为四个方面的内容：一是概括地介绍先进事迹，说明通报缘由。它是通报制订的依据，因此，要求把表扬对象的先进事迹交代清楚，而且要注意详略得当、重点突出；二是分析先进事迹的典型意义，并对此作出肯定性的评价，阐明所述事件的性质和意义；三是写明表彰决定，如通报表扬、授予荣誉称号或给予一定物质奖励等；四是发出希望和号召。

（2）介绍先进经验的通报。这类通报的正文一般也可分为四个方面的内容：一是简略介绍取得经验和成绩的事迹，并作出表彰决定；二是介绍取得经验和成绩的单位或个人的具体做法及成功经验。这是全文的重点，必要时可采取分条列项的方法撰写；三是指出存在的不足或提出希望，这部分应根据实际情况而定，尤其是对存在的不足，有则写，没有则不必强求；四是发出希望和号召。

2. 批评性通报

这类通报的正文一般包括以下四个方面的内容。

（1）情况概述。首先概括地介绍错误事实发生的时间、地点、简单经过，以及造成的损失和影响等。

（2）分析原因。主要是客观分析错误事实产生的原因，并指出错误的性质、危害及违反了哪些政策、规定。

（3）处理办法。首先要提供处理的有关依据，然后提出对主要责任者的处理决定和工作上的改进措施。

（4）提出要求或发出警戒。主要是要求被通报的有关单位或人员从此类错误中吸取教训，或向有关方面发出不要再犯类似错误的警戒。

3. 情况通报

这类通报的正文主要包括以下两方面的内容。

（1）通报的相关情况。这一部分应概括叙述和说明事件的基本情况，所占篇幅相对大一些。但在写作时要注意表述准确，语言精练，不可详细叙述。

（2）分析情况和提出要求。针对通报的相关情况，作出恰如其分的分析，并表明态度，提出今后工作的具体意见和要求。具体写法，有的是先介绍情况，然后进行分析得出结论；有的是先通过简要分析作出结论，再列举情况，说明结论的正确性和针对性。总之，这类通报写法多样，可因事制宜进行表述，不强求绝对一致。在写作实践中，应注意情况通报与批评性通报的区别，不要将二者混淆在一起。

（四）落款

在通报正文的右下方，署上发出通报的机关单位名称，署名下面写成文日期。

二、通报写作应注意的事项

（一）事实要典型

不论写哪一类通报，都是通过解决典型问题，指导具体工作。通报选取的事实必须典型，具有广泛的代表性。这样才有教育意义，达到教育目的。动笔前先要做好调查研究，对有关情况和事例要认真进行核对，并客观、准确地进行分析和评论。

（二）结论要公正

通报对事实的叙述要清楚，所引用的材料都必须真实无误，分析要科学严谨，要依据国家相关的方针、政策和法规，评价要讲究理据。无论哪一种通报，都要做到态度鲜明，分析中肯，评价实事求是，结论公正、准确，恰如其分，在用语上把握分寸。否则，通报不但会缺乏说服力，而且有可能产生副作用。

（三）态度要严肃

通报的影响比较大，写作态度要严肃且慎重。对涉及的具体情况，动笔前要认真核对事实,做到准确无误,不允许有丝毫的差错。分析和判断要以事实为基础,以政策、规章为依据,情况确凿,结论准确。语言表达要严谨、简洁、庄重。其中,表彰性通报和批评性通报还应注意用语分寸,力求文实相符,不讲空话、套话、不讲过头的话。

三、通报和通知的区别

通报和通知在内容和特点有所不同,因而在写作上也有很大的区别,主要有以下几个方面。

（一）内容范围不同

通知和通报的内容范围不同,通知可以发布政策法规和规章,还可批转、转发公文,传达需周知、需办理的事项等;通报则主要是表扬先进、批评错误,传达、交流重要的情况和信息。两者都有告知的作用,但通知告知的主要是工作的情况,以及共同完成、执行的事项;通报则是告知正反面典型或是有关事情的重要精神或情况。

（二）目的要求不同

通知的目的是告知事项,布置工作,部署具体行动,内容要求详细具体,要求受文机关办什么事,应该怎样办理,不应该怎样办理,有严格的约束性,要求必须遵照执行;通报告知的目的主要是交流、了解情况,或通过正反面的典型教育人们,宣传先进的思想和事迹,从错误中吸取教训,以提高人们的认识水平。

（三）表达方式不同

通知的表达方式主要是叙述,告知人们做什么、怎样做,交代具体,语言准确、平实;通报则兼用叙述、说明和议论等多种表达方式,语言具有较强的感情色彩。

（四）行文时间不同

通知告知的是相关事项,一般是在事前行文;通报告知的是已经发生过了的有关事项或情况,是在事后行文。

模拟训练

一、你所在学校的足球队在2019年5月28至6月5日举行的全省大学生足球联赛上夺得冠军。学校决定对足球队进行通报表彰,号召全校师生学习他们刻苦训练、迎难而上、勇于拼搏的精神。请你起草这份通报。

二、某大学在最近的学校宿舍日常检查中,发现了学生宿舍有大量的家用电器。随后,学生处、保卫处等几个部门对学生宿舍违规使用电器情况进行了检查,发现部分宿舍无视学校的安全规定,使用大功率电器,造成了很大的安全隐患。为此,学校学生处和保卫处根据某大学《学生公寓住宿管理规定》中的相关条款,决定对违规使用电器的同学给予通报批评的纪律处分,并取消本年度的评优资格。请你起草这份通报。

三、近日,某地先后发生2起学生溺水事故,3名学生不幸溺亡。××市教育局为此发出通报,要求全市各级各类学校加强学生防溺水工作,最大限度地杜绝学生溺水事故的发生。这两起学生溺水事故均发生在双休日,客观上有学生个人、家庭的原因,同时也暴露了学校防溺水安全教育和社会联防联控机制建设存在薄弱环节,教训十分深刻。具体事件如下:

(一)2019年4月20日(星期六)下午5时许,××区××小学1名二年级男生与同村两名同学结伴到村边水潭玩水,戏水中该生不幸溺水身亡。

(二)2019年4月21日(星期日)中午12时许,××县××镇××小学五年级1名男生和1名女生,两人结伴擅自外出游玩,到离家1公里外的废弃水池中游泳时,不幸双双溺水身亡。

请你根据上述事实情况,写一份情况通报。

复习与思考

一、什么是通报?通报有哪些特点?

二、通报有哪几种类型?

三、怎样写好通报的标题?

四、各类通报的正文部分写作都有哪些具体要求?

五、通报的写作要注意哪些事项?

六、通报和通知在写作上有哪些不同的要求?

第四节 报 告

学习目标

1. 了解报告的含义、特点和种类。
2. 掌握报告的内容、结构和写作要求,学会写报告。

理论知识

一、报告的含义

2012年4月中共中央办公厅、国务院办公厅联合印发的《党政机关公文处理工作条例》(中办发〔2012〕14号)第八条规定:"报告适用于向上级机关汇报工作、反映情况,回复上级机关的询问。"

报告是下级机关向上级机关陈述事项的公文。从行文方向来看,报告属于上行文,其主要作用是向上级机关或业务主管部门反映情况、汇报工作、报送文件、回答上级查询的问题等,便于上级机关部门相关人员了解情况、处理问题、指导工作、作出决策等。报告使用范围非常广泛,是最常见的公文之一。

二、报告的特点

(一)汇报性

这是报告的本质特点。报告的内容是将进行的工作或发生的情况汇报给上级机关,以便于上级及时了解情况、把握动态,作出科学决策和正确的指导。

(二)陈述性

陈述性是报告最突出的特点。报告要使用陈述的方式,向上级表述做了什么,怎样做的,具体情况如何,存在哪些问题,以及今后如何打算等。报告大都采用叙述、说明的表达方式,陈述其事。

(三)沟通性

报告是最常用的上行公文,撰写报告是上下级之间沟通的重要手段。对下级机关来说,报告的撰写目的是为了向上级机关传情献策,以此获得上级领导的理解、支持和指导,减少和避免工作上的失误。对上级机关来说,通过报告获得信息,了解下情,针对下级部门反映的问题更好地做出指导性决策,成为上级机关决策指导和协调工作的依据。因此,撰写报告是机关工作中上下级之间双向沟通的最有效手段。

(四)单向性

报告是下级机关按照行政隶属关系汇报给上级领导机关,是为上级机关进行宏观领导提供依据,属于上行文。报告一般单向行文,除特殊情况外,不得多头主送,不得越级主送,也不需要上级机关的回复。

三、报告的种类

（一）工作报告

工作报告是向上级机关汇报本机关工作进展情况,总结经验教训,提出今后工作意见时使用的报告。工作报告的行文目的在于使上级机关全面、具体地了解下级机关各方面的工作情况和对今后工作的设想,以便把握全局,更好地指导工作。

（二）情况报告

情况报告是下级机关向上级机关反映重大事故、重要问题、新情况、突发事件等重要情况时所使用的报告。这种便于上级机关根据下级机关汇报的情况,及时采取措施,指导工作。

（三）建议报告

建议报告是下级机关向上级机关提出意见和建议时使用的报告。下级机关对某些问题或重要事项提出意见、建议,向上级机关请求批转到一定范围内贯彻执行的报告。

（四）答复报告

答复报告是下级机关答复上级机关的征求意见或询问时使用的报告,即经过调查研究后,答复上级机关交办或查询事项的报告。

（五）报送报告

报送报告是随文向上级机关报送有关资料、物件时使用的报告,即下级机关向上级机关报送文件、物品的报告。

例文借鉴

【例文一】

关于中小学整合的工作报告

××市教育局:

我校按照上级主管部门的要求,在依法保护教育资源不流失的前提下,坚持"合理布局,规模适度"的原则,将对中小学进行整合,现将有关情况报告如下。

一、整合原因

中小学的整合是教育均衡发展的需要。随着构建和谐社会的不断推进,均衡发展是教育公平发展的根本要求,反映了和谐社会的本质特征。让人民群众共享教育事业的发展成果,办人民满意的教育,体现了广大群众的强烈呼声。然而,我校中学学生人数少,师资过剩,校舍闲置,而小学人数不断回升,地域拥挤,师资短缺。受这些因素的影响,均衡协调发展不够,强弱不均,每年秋季招生,小学人满为患,中学门庭冷落,群众对此意见很大。这次教育调整的出发点就是根据群众的意见,围绕教育公平均衡发展,围绕关注民生、让群众共享教育事业发展成果采取的一项重要措施。

二、整合优势

实行"五统一"的管理体制,即"统一师资调配、统一行政管理、统一各项考核、统一经费管理、统一教师待遇"。实行"一块牌子、一个班子、一套教师、统一管理"的办学管理模式,做到资源共享,自然过渡,合理进行师资的调配和互动,努力控制生源流失。

三、整合后的领导机构

中小学组建一套领导班子,下面分设中小学部。校领导班子坚持"大稳定、小调整"的原则,设一名校长、两名副校长等职位,进一步充实领导力量。

四、整合后的三年规划

2019年,制订具体可行的实施方案,积极推进校园整合后校舍改扩建工程,实行九年级寄宿制。

2020年,配合教育局进一步推进校舍改扩建工程,扩大校园建设规模,完善寄宿制学校的师资配备、经费投入体制。

2021年,完成校园基本建设项目,优化校园环境,基本建成一所完备的初中寄宿制学校。

五、整合后需要投资的项目

中小学整合后,将进一步加大投入,努力改善办学条件,提升硬件水平。一是改造伙房需要8000元;二是装备'四室'需要30000元;三是改装两个音美教室需要15000元;四是重建一个车棚需要1000元。

六、整合过程中的保障措施

为确保中小学教育整合工作积极稳妥地有序推进,我们将采取以下保障措施。

（一）精心制定实施方案

结合本校实际，及时制定具体可行的实施方案，在学校的领导下，按方案要求认真组织实施。

（二）加强宣传、扩大影响

这次中小学教育整合的出发点是优化教育配置，推进义务教育均衡发展，努力满足人民群众对优质教育的需求。我们将广泛宣传，希望得到群众和上级领导的积极支持。

（三）围绕加强管理，提高水平

研究一些新的管理办法和措施，把重点转移到抓管理、抓教学，努力办好让人民满意的教育。

学校将以整合为契机，高度统一思想，弘扬甘为人梯、无私奉献的精神，扎实工作，爱岗敬业，不辜负全社会对我们的期望和重托，努力推进学校教育再上新台阶，为我市经济社会发展作出新的更大的贡献。

特此报告，请审阅。

××学校
2019 年 3 月 30 日

【简析】

这是一篇工作报告。它依据上级主管部门的有关规定，对中小学整合的工作进行汇报。报告开门见山，交代了工作的时间、依据和范围，惯用语"现将有关情况报告如下"引领下文。主体部分从整合原因、整合优势、整合后的领导机构、整合后的三年规划等六个方面进行陈述，结构清晰、完整，条理分明，行文简洁。语言简练，格式规范。

【例文二】

学校推荐工作情况报告

××省教育厅党委：

根据×教机党〔2018〕××号文《关于认真做好 2018 年××省教育厅直属机关创先争优先进基层党组织和优秀共产党员推荐工作的通知》精神，我校党委高度重视，及时召开了党委会，依照上级评选条件和工作程序要求，对相关工作做了部署安排。

5月18日，党委专门下发通知，要求各党支部及时组织召开支部会议，自下而上民主推荐优秀党员。

　　5月25日，党委再次召开专题会议，根据各支部推荐汇总情况，认真进行研究并确定了拟报送的推荐对象名单。

　　具体推荐结果是：先进基层党组织拟报送教师第一支部，优秀共产党员拟报送王琳同志。随后党委对上述推荐对象在校内进行了三个工作日的公示，认真听取党内外群众的意见和看法，征求纪检监察处、教务处和学生处等部门意见，均未收到对推荐对象有异议的反映。

　　特此报告。

××学校党委
2018年5月30日

【简析】

　　这篇报告是一则情况报告，如实向上级机关反映创先争优先进基层党组织和优秀共产党员推荐工作的真实情况。全文内容充实，结构严谨，富有条理性。格式规范，用语简明，言约意丰。

写作指导

一、报告的结构与写法

报告的结构一般由标题、主送机关、正文、落款四部分组成。

（一）标题

1. 完全式

完全式标题一般由发文机关、事由和文种三部分组成，如《××学校关于××共建文明单位的报告》《××大学2017年应届毕业就业情况的报告》。

2. 省略式

省略式标题由事由和文种组成，省略其发文单位，如《关于开展爱国卫生运动情况的报告》。

报告的标题一般采用完全式公文标题的写法，如果标题中省略了发文机关，则落款必须要写发文机关名称。

(二) 主送机关

报告的主送机关应为负责受理报告的上级机关。主送机关写在正文前第一行,应顶格书写。

(三) 正文

报告的正文一般分为开头、主体和结尾三部分组成。

1. 开头

一般是简要说明报告的目的或有关情况,有时是对报告的情况作简要概括,常用说明式或概括式。

2. 主体

主体部分是正文的核心。首先,应交代报告的起因、缘由或说明报告的目的、主旨、意义。缘由要写得概要,用数据和事实材料说话,内容力求既翔实又概括。然后,重点叙写报告的具体事项,包括工作的主要情况、措施与结果、成效与存在的问题等,需分段加以表述。因此,在结构上,主体部分基本上是采用顺叙法。根据报告的不同类型,主体部分主要包括以下几方面的内容。

(1) 工作报告要写明工作的基本情况、取得的主要成绩、经验体会、存在的问题、改进的方法和今后的打算,类似于工作总结。这种写法适用于报告单一的专项工作。如果所报告的工作事项不止一项,则可依工作的主次顺序,将每一项工作作为一个部分依次叙述。

(2) 情况报告一般先将情况叙述清楚,然后分析产生的原因,接着总结经验教训,最后提出下一步采取的措施。

(3) 建议报告一般是先写情况或问题概述,然后对情况或问题进行分析,进而提出意见、建议或下一步应采取的措施。

(4) 答复报告要针对上级机关的询问,有针对性地进行答复,注意上级询问什么就答复什么,不能答非所问。

(5) 报送报告只需写明所报材料的名称、数量(或规格)即可。

3. 结尾

报告常用惯用语结束全文。根据报告种类、内容和性质的不同,一般都有不同的程式化用语,工作报告和情况报告的结束语常用"以上报告,如有不妥,请指正""特此报告,请审阅""以上报告,请审查",答复报告多用"专此报告"。报告的结束语应另起一行,左空两个格来写。

(四) 落款

落款先写发文单位全称,再写成文的日期。

二、撰写报告应注意的事项

（一）报告事项要客观真实

报告事项要客观真实,就是报告中所反映的问题、汇报的情况必须实事求是,尤其是典型事例与统计数字要十分精确,不能有"水分"和虚假浮夸的成分,不能欺瞒上级领导。报告是上级机关了解情况、制订政策、处理问题的依据。报告情况不确凿,就会给工作带来失误甚至重大损失。

（二）报告内容要突出重点

各类报告的内容都要突出重点。如专题性报告,一事一报,始终围绕一项工作、一个问题陈述,中心明确;综合性报告,反映的是全面工作情况,也要求主次分明,简繁适度,有点有面,重点突出,不能事无巨细、无主次、盲目地堆砌材料。

（三）报告结构要有条理性

撰写报告要讲究陈述的有序性,做到有条有理,层次井然,逻辑严密。报告一般用陈述的方法来写,写作时,一要据实直陈,直截了当,叙事简要,不讲空话套话,不用曲笔;二要先后有序,注意表达的条理性和逻辑性。

（四）报告要及时

报告的主要任务是供上级了解情况,所以向上级汇报工作,反映情况,提出意见或建议,答复询问等,一定要及时。如果时过境迁再向上级报告,就失去报告的意义。

（五）报告不得夹带请示事项

《党政机关公文处理工作条例》第十五条规定:"不得在报告等非请示性公文中夹带请示事项。"这是因为报告属于陈述性公文,不要求上级回复,以免报告与请示两种公文混淆不分。报告是上行文,主送机关是有隶属关系的直接上级,一般不允许越级上报。

模拟训练

一、为丰富大学生的校园文化生活,××学院举办了校园文化艺术节活动。你作为某个学生社团的负责人,组织同学们参加了多项活动。学校的社团主管部门——校团委要求你以专题报告的形式,汇报这项活动的组织开展情况。请你起草这份报告。撰写要求及提示:

1. 这份报告带有总结的性质,开头概括活动的基本情况。

2. 报告正文的主体从成绩和不足两方面撰写,突出成绩,找出不足,写明今后努力的方向。

3. 叙述活动情况可按照时间顺序展开,也可梳理逻辑顺序,从几个方面展开叙述。

二、近日,我校团委指导学生会和志愿者协会共同举办了一次"向贫困山区捐书献爱心"活动。活动倡议一发出,全校同学积极响应,纷纷把自己用过的或闲置的书籍捐献出来,仅一天的时间,校志愿者协会办公室就堆满了200多本书。有的同学还在所捐的书上写上自己鼓励山区孩子努力学习的祝福语,有的留下了联系方式……学校领导对此事高度重视,要求校志愿者协会把这次活动的开展情况写成报告。请你以校志愿者协会会长的身份起草这份情况报告。

复习与思考

一、什么是报告?报告有哪些特点?
二、报告有哪几种类型?
三、怎样写好报告的标题?
四、各类报告的正文部分写作都有哪些具体要求?
五、报告的写作要注意哪些事项?

第五节 请 示

学习目标

1. 了解请示的含义、特点和种类。
2. 掌握请示的内容、结构和写法,学会写请示。

理论知识

一、请示的含义

2012年4月中共中央办公厅、国务院办公厅联合印发的《党政机关公文处理工作条例》(中办发〔2012〕14号)第八条规定:"请示适用于向上级机关请求指示、批准事项。"

请示是党政机关经常使用的一种上行文,是下级机关和组织向上级机关和组织请求指示或批准事项所使用的一种公文。凡是下级机关无力解决、无权决定或者必须要得到上级机关决定或批准后才能办理的事项,都要向主管上级机关和组织请示。

二、请示的特点

(一)行为的前置性

请示必须事先行文,必须等上级机关明确表态后才能付诸行动。如果事情已经开始做了或已经做完了才请示的话,都属于先斩后奏,这是违反管理规定和组织纪律的。具体来说,请示的适用范围如下:

1. 下级机关对现行的方针政策、法律法令、规章制度不甚了解,需要上级机关作出答复才能办理的事项。

2. 本单位无权决定,必须请示上级机关批准后才能办理的事项。

3. 工作中出现了新情况、新问题,有待上级机关明确指示方可办理的事项。

4. 下级机关由于职权、条件的限制,没有权力或者没有能力予以解决,而需上级机关帮助解决的事项。

5. 下级机关在较重要的问题上出现意见分歧,需要上级机关裁决的事项。

下级机关遇到以上几方面的问题,且自己无权作出决定和处理的,必须事先向上级机关请示,请求上级机关批准。上级机关未作出答复前,行文单位无权安排和办理,不能先斩后奏。

(二)行文的指向性

请示的行文方向只向一个直接主管的上级部门请示,不要多头请示。请示只能是上行文,且只能是给自己的直接主管上级的上行文,不要同时给自己的多个上级机关请示,否则可能导致得到多个上级机关不同的答复,从而给工作带来困惑,不便于下一步执行。

(三)行文的严格性

请示的行文规则十分严格,一是请示的主送机关必须是与发文机关有直接隶属关系的上级机关。二是不能越级请示,一般来说,虽是上级机关但不是直接隶属关系的不应直接请示,自己的直接上级机关解决不了的问题,应由上级机关向其上级机关请示。

(四)内容的单一性

请示要做到"一文一事"。请示内容要单一,一篇请示只能写一件事,不能一文多事。如果有几件事要请示上级机关,可以分别写成几份请示,分别呈送给自己的直接上级机关。

三、请示的种类

根据请示的目的来分,请示可分为请求批准、请求指示和请求帮助三类。

（一）请求批准的请示

请求上级机关审核批准的请示,适用于以下三种情况:

1. 下级机关依据有关的规章和相应的管理权限,制订了某些规定、方案、规划等,这些都需要经过上级部门的批准才能发布施行。

2. 下级机关在工作中遇到了人员、经费、机构设置等问题,因为超出了本单位职权范围,需要上级机关帮助才能解决。

3. 由于单位的特殊情况,不能执行上级的统一规定,需要进行变通处理的事项。

（二）请求指示的请示

此类请示一般是政策性请示,是下级机关需要上级机关对原有政策规定作出明确解释,对变通处理的问题作出审查认定,对如何处理突发事件或新情况、新问题作出明确指示等请示。这是请求上级机关给予指示和裁决的请示。适用于以下三种情况:

1. 遇到新情况、新问题,而现有的有关方针、政策、规章以及上级的指示中,都找不到相应的处理依据,无章可循,因而无所适从,需要上级机关给予指示。

2. 虽然有章可循,但是对有关方针、政策或上级机关发布的规定、指示存在疑问,需要上级机关给予解释和说明。

3. 与协作单位在比较重要的问题上出现意见分歧,需要上级机关裁决。

（三）请求帮助的请示

此类请示是下级机关针对某些具体事宜向上级机关请求帮助的请示。下级机关在工作中遇到如人力、物力、资金以及其他自己不能解决的困难,请求上级机关给予帮助解决,需要以请示的方式上呈,主要目的是解决某些实际困难和具体问题。这类请示即属于请求帮助的请示。

请示还可以按照内容性质分为两类,即政策性请示和事务性请示。政策性请示或用于向上级机关征询如何理解党和国家方针政策、法律法规中的有关内容,或用于征询解决工作中遇到的新情况、新矛盾和新问题的政策依据或处理意见。事务性请示或用于请求上级机关批准开展某项工作、办理某一事项,或用于请求帮助解决人、财、物等实际困难和问题。

例文借鉴

【例文一】

关于购置学校办公设备的请示

××市教育局：

  我校建于1979年，现有教职工125名，办公室12间，教室21间。由于老校区基础建设薄弱，2017年至今新增教职工36人、学生869人，现有办公条件无法满足正常教学工作，急需补充配备，安装空调、电脑、文件柜等办公设备，共需30万元（详情见附表），而我校2019年初预算未予安排，现特报告，恳请予以安排资金购置，缓解我校办公困难。

  特此请示，请予以批准。

××学校
2019年7月6日

【简析】

  这是一则请求批准的请示。学校在办学中遇到了人员、经费、机构设置等问题，因为超出了本单位职权范围，就需要向上级机关呈送批准性的请示，需得到上级机关的批准才能解决。此请示的标题明确了请示事项"购置学校办公设备"，一文一事，事先请示，直接向上级主管部门请示，没有越级。请示事项内容具体，行文格式规范，用语准确、简练。

【例文二】

关于组织学生开展"强身健体春季万步行"活动的请示

××区教育局：

  为了丰富学生的课余生活，加强学生的体能训练，让学生在繁忙的学习之余感受自然的气息，并结合活动进行集体主义教育和爱国主义教育。我校经研究，拟定于2018年4月15（星期日）组织五年级全体师生前往长春净月公园开展"强身健体春季万步行"活动。

专此请示,请批复。

××学校
2018 年 4 月 2 日

【简析】

这是一则请求指示的请示。一般是政策性请示,作为学校举行校外活动,事先需要向上级主管部门教育局作出请示,请求上级机关给予指示或批准。从这则请示的标题上看,请示事项一个,明确、具体,一文一事,事先请示,没有越级。格式规范,语言简洁。

写作指导

一、请示的结构与写法

请示的结构一般由标题、主送机关、正文、落款四部分组成。

(一)标题

请示的标题有两种写法。

1. 完全式

完全式标题由发文机关、事由和文种组成,如《××大学关于扩建校舍的请示》。

2. 省略式

省略式标题省略发文机关,由事由和文种组成标题,如《关于成立老干部办公室的请示》。

(二)主送机关

请示的主送机关是指负责受理和答复该文件的上级机关。请示一般只写一个主送机关。如需同时送其他机关,应当用抄送的形式。受双重领导的机关向上级机关行文时,应当写明主送机关和抄送机关,由主送机关负责答复其请示事项。

主送机关一般写在标题与正文之间,单独一行,顶格书写。

(三)正文

请示正文一般由请示缘由、请示事项和结语三部分组成。

1. 请示缘由

请示缘由是请示事项能否成立的前提条件,也是上级机关批复的根据。原因讲得客观、具体,理由讲得合理、充分,上级机关才能及时决断,予以有针对性的批复。一份请示能否得到上级的批准,很大程度上取决于请示缘由是否充分、言之有据,因此陈述缘由时要抓住实质,命中要害。

2. 请示事项

这是正文的主体,是向上级机关提出的具体请求,也是陈述缘由的目的所在。因而这部分要交代清楚请求上级机关帮助解决什么问题,明确地表达自己的看法,提出解决问题的建议,使上级机关有针对性地予以批示。这部分的内容要单一,一份请示只能请求一件事,即一事一文。请示事项要切合实际,具有可行性和可操作性。另外,请示事项要写得具体、明确,条理清晰,以便上级机关给予明确的批复。

3. 请示结语

请示结语应另起一段,习惯用语一般有"当否,请批示""妥否,请批复""以上请示是否妥当,请予审批"等。请示结语虽然只有简单的一句话,但却不可以省略。

(四) 落款

请示落款包括发文机关署名和发文日期两部分。标题里如果出现发文机关,在此可以省略发文机关,落款处可不再署名,但需加盖单位公章。发文日期要写在发文机关名称的下面。

二、请示写作应注意的事项

(一) 标题要规范

请示是国家法定公文,其标题的撰写要规范,不能主观随意。请示标题最常见的错误是将"请示"这一文种写成"请示报告"。"报告"和"请示"是两个不同的文种,两者连用,不伦不类,应该避免。

(二) 坚持"一文一事"行文的原则

一则请示只能提出一件请求批准的事项,或提出一个需要解决的问题。这样便于上级机关对来文的处理。如果一份请示内要求上级机关同时解决、批准几个事项或多个问题,会使上级机关不好处理,往往会延误问题的解决。

(三) 把请示的理由说充分

下级机关的建议能否得到上级机关的批准,关键在于下级机关的请示能否把存在问题的原因及解决问题的理由说充分。不仅如此,还要提出切实可行的建议。因而在写请示时,一定要把问题原因分析透彻,把解决问题的必要性和任其发展的危害性讲清楚。同时,提出的建议和方案要便于操作、有可行性。这样,请示所提出的问题才能得到答复和批准解决。

(四)坚持"五不要"的原则

请示写作要坚持"五不要"的原则,即不要越级请示,不要多头请示,不要事后请示,不要一文多事,不要向领导个人请示。

三、请示与报告的区别

请示与报告都是上行文,其共同点是:两种文体在内容方面都要反映情况,陈述意见;格式方面,请示与报告标题的写法一致。请示和报告的区别如下。

(一)行文目的不同

报告着重于汇报工作,反映情况,向上级传达信息以便上级及时了解情况,并且予以支持;请示着重于请求上级机关解决某个问题或者批准某项要求,有解决问题的迫切性。

(二)内容要求不同

请示中可以反映情况,说明原因,陈述意见,请求上级答复;报告中却不能含有请示事项,不需要上级机关答复。

(三)行文时限不同

请示必须是事前行文,不能先斩后奏;报告的时间可以灵活一点,事前、事后或者是事情进行中都可以行文,当然以事后行文居多。

(四)结尾用语不同

请示的结语是期请性的,要求上级机关答复;而报告是陈述性的,特此报告,不需要答复。

(五)主送机关不同

报告可以同时主送几个机关;而请示只能有一个主送机关。

模拟训练

一、根据以下材料,请你以××大学××学院的名义,向××省语言文字工作委员会办公室写一则请求批准成立普通话水平测试站的请示。

材料1:××大学××学院十分重视普通话的推广工作,把推普工作列为素质教育的重要内容。

材料2：××学院现有5名国家级、16名省级普通话水平测试员。

材料3：目前学院有设施较为完备的普通话水平测试场所、8个专用语音室和推普所需的各种教学设备。

材料4：成立测试站，使××学院推普工作走向正轨，完成推普工作任务。

二、下面这篇请示在撰写方面存在着较多问题，请你加以分析并修改。

关于要求解决学生教室紧张等问题的请示报告

市人民政府、市教育局：

我校今年由于招生数量急剧增加，已有的学生教室已无法容纳所有学生，现在学生基本上都是几个班级合并一起上课，严重影响课堂教学质量和学生的学习效果。为解决这一困难，我校决定再建一栋教学楼。此外，我校体育馆也尚未达到省里规定的标准，望上级部门给予适当支持。

以上请示妥否，请回复。

××市××学校
2016年3月18日

复习与思考

一、什么是请示？请示有哪些特点？

二、根据请示目的的不同，请示可分为哪几种类型？

三、怎样写好请示的标题？

四、请示的正文部分写作有哪些具体要求？

五、撰写请示要注意哪些事项？

六、请示与报告有什么不同？

第六节 函

学习目标

1. 了解函的含义、特点和种类。
2. 掌握函写作的内容、结构及写作方法，学会写函。

理论知识

一、函的含义

2012年4月中共中央办公厅、国务院办公厅联合印发的《党政机关公文处理工作条例》(中办发〔2012〕14号)第八条规定:"函适用于不相隶属机关之间商洽工作、询问和答复问题、请求批准和答复审批事项。"

函主要在平行机关或不相隶属机关之间使用。有时上级机关向下级机关询问一般性问题,下级机关向上级机关报送统计报表、询问具体事项,答复上级机关询问的一般性问题等,也可以使用函这一文种。从行文方向上看,函作为上行文、下行文、平行文均可,但以平行文居多。

二、函的特点

(一)行文的平等性

函用于不相隶属机关之间互相商洽工作、询问和答复问题,体现着双方平等沟通交流的关系,这是其他所有的上行文和下行文所不具备的特点。即使是向有关的主管部门请求批准,在双方不具备隶属关系的时候,也不能使用请示和批复,只能用函。因此函行文时姿态、措辞、口气也跟请示和批复大不相同,体现平等、沟通、交流的特点。

(二)写作的灵活性

函的内容和格式比较灵活,一般篇幅比较短小,内容单一,简洁轻便,不受公文格式的严格限制,而且有多种行文方向,既可以平行行文,又可以上行、下行,所以工作中运用范围十分广泛。

(三)功能的多样性

函是属于用途广泛、使用频率极高的几个文种之一,它可以用于不相隶属机关之间商洽工作、询问和答复问题,向有关的主管部门请求批准和答复审批事项。它的实用性极强,不需要在原则、意义上进行过多的阐述,不重务虚而重务实。

(四)使用的轻便性

函的内容大多简约直接、形式精短,因而在商谈工作、联系有关事项时十分简洁和轻便。在公文中,函是最轻便快捷的一种文体。

三、函的种类

按照不同的分类标准,函有不同的种类。

按照作用的不同,函可分为商洽函、答询函和请批函。商洽函是各个机关部门之间商洽工作的函。答询函是各个机关部门之间相互询问和答复问题的函。请批函是向有关的业务主管部门请求批准事项的函。

按照行文方向的不同,函又可分为去函和复函。去函也叫发函,指的是发文机关主动制发的函,复函指的是回复对方来函的函。

按照格式的不同,函可分为公函和便函。公函是内容比较重要,行文比较正式,具有完整的公文格式,是国家法定的公文。便函多用于一般的事务性工作,不属于正式公文,比较随意,不需要完整的公文格式,可不正式编发文字号,不盖印章,但便函仍用于公务而不是私事。

例文借鉴

【例文一】

关于在贵校建立教育实习基地的函

××中学:

　　为了强化人才培养的实践育人环节,学习先进的教学方法,提高学生的教学工作能力,按照学院人才培养方案的要求,我院拟在贵校建立教育实习基地。

　　可否,请函复。

××师范大学××学院(公章)

2019 年 4 月 25 日

【简析】

这是一篇去函,也是一篇商洽函,用于两个不同学校之间。正文的缘由部分直接交代了发函的原因、目的,接着提出事项要求,结语简洁明了。用语得体,结构完整,格式规范。

【例文二】

关于同意在我校建立教育实习基地的复函

××师范大学××学院：

  你院《关于在贵校建立教育实习基地的函》收悉。经我校校务委员会研究，同意你院在我校建立教育实习基地，并决定择日举行挂牌仪式。

  特此函复。

××中学（公章）

2019 年 4 月 28 日

【简析】

这是一篇复函，用于不相隶属的两个学校之间，题目中省略了发函机关，正文开始引述来函，表明态度。全文内容表述准确、简洁，结构完整，语言简练。

写作指导

一、函的结构与写法

函的写作格式一般包括标题、主送机关、正文、落款四个部分。

（一）标题

函的标题有两种写法。

1. 完全式

完全式标题由发文机关、事由和文种组成，如《××大学关于成立书法培训班的函》。

2. 省略式

省略式标题省略发文机关，标题由事由和文种组成，如《关于商请成立教师文体活动室的函》。

复函的标题写法同上，但复函的标题一般要标注出"复函"二字，如《关于××学校举办普通话辅导班的复函》。

（二）主送机关

函的主送机关一般情况下是明确、单一的，所以多数函的主送机关只有一个。但有时发函内容涉及多个部门，也有排列多个主送机关的情况。

（三）正文

函的正文主要包括以下几方面的内容。

1. 发函缘由

这是函的开头部分，一般要求概括交代发函的目的、根据、原因等内容，然后用"现将有关问题说明如下"或"现将有关事项函复如下"等过渡语转入下文。复函的缘由部分，一般首先引叙来文的标题、发文字号，然后再交代根据，以说明发文的缘由。

2. 事项

这是正文的主体，商洽的某项工作、询问或答复的某一问题、请批的某个事项等内容，都在这一部分表述。这部分的内容要单一，即一事一函，同时，表述要详略得当。无论是商洽工作，询问和答复问题，还是向有关主管部门请求批准事项等，都要用简洁得体的语言把需要告诉对方的问题、意见叙写清楚。如果属于复函，还要注意答复事项的针对性和明确性。

3. 发函结语

一般用礼貌性语言向对方提出希望，或请对方协助解决某一问题，或请对方及时复函，或请对方提出意见，或请主管部门批准等。习惯用语一般有"特此函商""特此函询""请即复函（函复）""特此函告""特此函复"等，也可以不用结语。

（四）落款

落款包括发文机关署名和发函日期两部分。标题里如果出现发文机关，在此可以省略发文机关，公函应加盖公章。发文日期年、月、日都要写齐全。

二、函的写作要求

（一）行文简洁，一事一函

函的写作要注意行文的简洁明确，把需要告诉对方的问题、意见叙写清楚，如果事情复杂，可分条列项来写，一事一函。格式要规范，便函在行文时可以不用标题，写法如一般的书信，注意要把商量、询问的事项说清楚，结尾处可以使用书信的祝颂语。

（二）用语得体，把握分寸

函行文时要用语得体，注意分寸。商洽函、询问函措辞要谦恭有礼，不能生硬地强迫对方按自己的意愿办事；答复函要有问有答，不能答非所问，态度诚恳，语气要肯定、谦和，不能含糊其辞、模棱两可。

三、函写作应注意的事项

（一）请批函和请示的区别

请批函是向有关的主管部门请求批准，行文单位之间属于不相隶属的关系；而请示是向上级机关请求批准，行文单位之间存在上下级关系。

（二）复函和批复的区别

复函是用于回复不相隶属机关来函询问的事项；而批复则是用来批准、答复下级机关的请示事项。

模拟训练

一、G 中学今年准备派五名教师去××大学进修英语，但由于进修英语人员太多，××大学无法满足各中学前来参加培训的需要，决定今年不再接受英语进修生。请你：

1. 为 G 中学写一去函；
2. 为××大学写一复函。

二、某市某区 A 中学由于今年扩大招生，造成师资力量严重不足。本学期又有一名数学老师因生病住院，临时请假一个月。为了不影响学校正常的课堂教学，A 中学决定向某区 B 中学请求帮助，商请 B 中学派一名数学教师来 A 中学代课一个月。请你代 A 中学校长拟写一份商洽函。

复习与思考

一、什么是函？函有哪些特点？
二、函有哪些常见的种类？
三、去函和复函有什么区别？
四、函在结构上包括哪几部分？
五、函的写作要求有哪些？应注意哪些事项？

第七节 纪　　要

学习目标

1. 了解纪要的含义、特点和种类。
2. 掌握纪要的内容、结构和写法,学会写纪要。

理论知识

一、纪要的含义

2012年4月中共中央办公厅、国务院办公厅联合印发的《党政机关公文处理工作条例》(中办发〔2012〕14号)第八条规定:"纪要适用于记载会议主要情况和议定事项。"纪要是一种用于记载会议主要情况和议定事项使用的公文。

纪要是根据会议记录会议文件以及其他有关材料加工整理而成的,它是记载和传达会议议定事项和重要精神,并要求有关单位执行的一种文体。纪要既可上报也可下发,其主要作用是沟通情况、交流经验,对于统一各方面思想,指导协调工作,贯彻落实会议议定事项具有重要作用,并具有重要的档案收藏价值。

二、纪要的特点

(一)纪实性

纪实性是纪要的基本特点,也是撰写纪要的基本原则。纪要必须是会议宗旨、主要精神和议定事项的概要纪实,应如实反映会议的内容和议定事项。纪要的撰写者不能擅自更改会议议定的事项,更不能随意改动会议上达成的共识和形成的决定。纪要的纪实特点,使它具有凭证作用和资料文献价值。不能把会议宗旨、主要精神进行人为的拔高、深化和填平补齐,否则就会失去其内容的客观真实性,违反纪实性的要求。

(二)提要性

纪要是在会议记录的基础上整理归纳出来的会议要点,并不是把会议的所有内容都原原本本地记录下来。纪要是围绕会议主旨及主要成果,提炼会议的要点,对会议繁杂的情况和内容进行综合、提炼和概括性的整理。重点说明会议的主要参加者、基本议程、参会者的基本观点,最后达成了什么共识,形成了什么决定或决议等。这些就可以把会议的基本情况如实地反映出来,不必事无巨细,一律照录。

(三) 指导性

纪要具有指导工作的作用,传达的会议精神、会议要点对有关部门或单位的实际工作具有指导作用。纪要一旦下发,便要求与会单位和有关人员以此为根据展开工作,落实会议议定的事项,共同遵守、执行。

三、纪要的种类

(一) 情况型会议纪要

情况型会议纪要是以传达会议情况为主要内容的会议纪要,这类纪要需对会议的各方面情况进行记录和整理,全面概括会议的议程、议案、讨论情况、讨论结果等,传达会议精神,使有关人员了解会议的基本情况,达到交流情况的目的。这类纪要起着通报情况的作用,是有关方面开展工作的依据。

(二) 决议型会议纪要

决议型会议纪要是以会议形成的决定、决议或议定事项为主要内容的纪要。这类纪要的特点是具有较强的指导性,会议上确定的工作重点,对工作的步骤、方法、措施的安排,都需要与会单位共同遵守或执行。这类纪要类似指示和安排工作的通知,只是会议发出的指导性意见不是领导机关作出的,而是会议讨论议定的。

(三) 研讨型会议纪要

研讨型会议纪要是以交流信息、交换看法和各种不同观点为主要内容的会议纪要。研讨会和学术讨论会的纪要多是这种类型,主要记载和反映会议的研讨情况,旨在阐明各方的主要观点、意见或情况。会议中各家的观点发表过了,但没有形成统一的意见,也要归纳比较集中、共同的认识,又要将各种不同观点和倾向性意见都归纳出来,以便让更多的人了解会议情况,启发和活跃思想,对推动学术研究的深入开展,具有促进作用。

例文借鉴

【例文一】

××学校布置创建国家卫生城市工作会议纪要

20××年10月19日上午,彭校长在二区会议室主持召开行政办公会。党委蒋书记传达了"创建国家卫生城市"(以下简称"创卫")工作紧急会议精神。总务科王科长对"创卫"工作做了补充发言。与会人员就"创卫"工作进行了认真分析,会议形成如下决定:

一、高度重视××市创建国家卫生城市工作,认真做好学校清洁工作及市区"创卫"的协助工作。

二、学校做好迎接"创卫"检查的准备工作,各部门要明确各自职责,并保持良好协作关系。

三、合理安排时间,做好迎检的展板和横幅,同时保证10月20号之前所有资料装订成册。

四、根据市卫生局的安排,学校决定由蒋书记为协助市卫生局"创卫"督查工作的全权负责人,派谭××和李××两名同志到市卫生局协助"创卫"督查工作。

20××年×月×日

【简析】

本文是一篇情况型会议纪要,采取的是条文式的写法。前言部分介绍了会议主题、会议时间、主要发言等基本概况;正文部分把会议的内容进行综合概括,按逻辑关系分条列出四部分内容,突出了会议要点,结构上富有条理性。语言简明,表述有序。

【例文二】

学校第一次行政例会纪要

20××年×月×日上午8点整,在行政会议室,刘校长主持召开了到校履职后的首次行政例会。刘校长首先传达了暑期学校董事会关于行政领导班子调整的决议和近阶段学校中心工作的指导意见,接着对前任历届校长和行政领导班子的工作成绩作了充分肯定,在听取了各部门的工作汇报后,就下阶段学校工作作了如下部署:

一、从今日起全校教职工作每天上午8点上班,办公室工作人员做好考勤记录。

二、学生处对学生宿舍的筹建和调整工作务必在7月30日前完成,校领导到时进行检查验收。若未按期完成或未按要求完成此项工作,学校将按照行政绩效考核制度的相关规定作出处理。

三、对后勤处的工作作出具体要求:一应加强校舍维修监管,检查维修项目工程质量和工程进度,确保维修保质保量、按时完工;二要加强对校园清洁工作的管理,排查卫生死角,及时清除维修垃圾,保持校园环境的整洁、美丽。

四、抓紧开展教师和教辅人员招聘工作,确保9月30日前完成教师及其他岗位人员定编定岗工作。

五、学校办公室要建立文件签收发制度,完善档案登记制度。

六、加快创建"规范化管理学校"评估资料的整理工作。

20××年×月×日

【简析】

这篇纪要是一篇决议型会议纪要,采用的是概述式的写法,前言部分概括会议主要精神,归纳主要事项,体现会议的指导性。立体部分把工作的重点、步骤的安排等事项分条列出,使人一目了然,易于今后共同遵守、执行。言简意明,有详有略地整理了会议的主要内容。

写作指导

一、纪要的结构与写法

纪要一般由标题、正文和落款三部分构成。

（一）标题

1. 完全式

纪要的标题一般是完全式的,即由机关名称、会议名称和文种构成,如《××市××学校第八次教师代表大会纪要》。

2. 省略式

省略式标题由会议名称和文种构成,如《全国高等院校语言文字工作研讨会纪要》。

3. 双标题式

双标题式由正标题和副标题构成,正标题突出会议的主要精神或主题,副标题由会议名称和文种构成,如《放飞梦想,开创教育教学改革的新局面——中青年教师座谈会纪要》。

(二) 正文

纪要的正文,一般采用总—分式或总—分—总式的结构方法。一般包括前言、主体和结尾三部分。

1. 前言

纪要的前言一般记述会议的基本概况,包括主持召开会议的单位、参会人员、会议召开的时间、地点以及会议的议程、主要议题等。

2. 主体

主体是纪要的核心部分,主要记述会议的要点,应写清以下三个方面的内容。

(1) 说明议题。主要是提示会议的宗旨或中心议题,内容不宜多写,文字要高度概括。

(2) 分析形势,研讨问题。主要是阐述会议讨论的重大问题,或者是对工作情况的基本估计,总结经验,提出需要解决的问题。这一部分常用"会议认为""会议提出"或"与会代表一致认为"等惯用语作为各层意思的开头语。

(3) 阐述会议结果。这是纪要最重要的一部分,主要阐述会议讨论的意见,形成的决议,作出的决定,提出的要求,需要采取的措施等,需要分条列项撰写。这部分常在段落和层次之间冠以"会议要求""会议决定""会议强调"等词语作为提挈语,以引出会议的主要精神。

主体的结构一般有以下三种方式。

(1) 条文式,就是把主体内容包括讨论的问题和议定的事项,按主次一条条列出来,使其条理化,一目了然。

(2) 概述式,就是把会议的内容或议定事项进行综合概括,分成若干个部分,每个部分谈一个方面的内容。一般把主要的、重要的内容放在前面,而且尽量写得详细、具体一些;把次要的和一般性的内容放在后面,可简略一些。较复杂的工作会议或经验交流纪要多采用这种写法。

（3）摘要式，就是把与会者的具有典型性、代表性的发言要点摘录出来，按发言顺序或按内容性质先后写出来，把每个人发言的主要意见归纳出来，以此体现会议的主要精神和基本内容。适用于小型的座谈会或研讨会。

3. 结尾

纪要的结尾通常强调意义、提出希望和号召等，或者列出尚未得到解决的问题，供以后继续研究探讨。也可以不写专门的结尾部分，自然收束。这部分内容应写得简短，不可冗长。

（三）落款

会议纪要可在正文之后写上日期，也可以在标题下写日期。会议纪要可以不加盖印章。

二、纪要写作应注意的事项

（一）如实反映，准确真实

纪要应如实反映会议的各项内容，保证会议内容的真实准确。对会议的所有内容不能进行人为的修补和填充，更不能夹杂任何个人主观感情色彩，否则就会失去其内容的客观真实性，这是撰写纪要的基本原则。

（二）突出要点，简明精练

纪要应突出要点。会议纪要需对会议全部材料进行概括、综合和提炼，因此，必须广泛搜集会议材料，全面掌握会议情况，按照会议精神，对材料进行分类和筛选，特别是在会议内容复杂多项的情况下，要概括会议重要议题或精神，突出重点。语言表达上应准确无误，简明扼要。

（三）层次分明，有详有略

抓住要点，突出会议主题，把会议的主要情况简明、准确、扼要地反映出来，把会议议定的事项一一叙述清楚。结构安排要合乎逻辑，层次分明，完整准确地突出会议的重点。条理清晰，详略得当。

三、纪要与会议记录的区别

（一）内容不同

会议记录是会议发言的忠实记录，而纪要是对会议发言的整理加工。会议记录的使用范围比较广，很多形式和内容的会议都要做会议记录，以备存档和今后查阅。

（二）性质不同

纪要属于法定行政公文，而会议记录是机关单位内部用于记录会议发言的事务文书。

（三）格式不同

纪要是行政公文,要遵守公文的写作格式;会议记录没有统一的格式,大都由各单位自定。

（四）作用不同

纪要起着沟通情况、统一认识和记载凭证的作用;而会议记录是会议的原始材料,仅作为内部资料保存。

模拟训练

一、根据下面这篇会议记录写一份纪要。

××高级中学召开班主任工作会议记录

时间:2018年10月20日

地点:学校会议室

出席人:全体高一班主任

出席领导:盛校长、谢主任、赵主任

会议内容:

1. 盛校长对前段工作的小结:对目前我们的班主任在工作压力大、劳动强度大、工作标准高的情况下,能够尽职尽责的工作,关注自己的班级,关心每一个学生的工作态度给予肯定;对班主任辛苦工作换来的教学秩序稳定,学生乐学上进,班级发展良好的局面给予肯定。

2. 谢主任指出:将校园网和日常巡视发现的问题告知相关老师。

3. 赵主任对下一步的班主任工作提了两点要求:

（1）各位班主任认真总结本班管理工作,找出存在问题,查出发生问题原因,拿出解决问题方案,并进一步落实行动。

（2）利用主题班会的形式,激发学生的学习热情,营造良好氛围,以期进入最佳学习状态。

上午11时30分散会。

主持人:×××(签字)
记录人:×××(签字)
2018年10月20日

二、修改下面这份纪要。

高级中学召开开学工作部署会议纪要

2018年8月5号6号我校分别召开了中层正职2018—2019学年秋季学期开学工作部署会议及全员会议。

中层正职会议议程主要如下：
一、校级领导就各自分工角度做开学工作计划。
二、各科室负责人就本科室工作做较为全面的计划。
三、校长对会议进行总结并提出工作要求。

会议准时准点召开，所有人员在开学会议上体现了我校中层人员较强的时间观念，让本学期工作有了一个开门红。会议中各位校级领导分工明确，对于各自分管的工作计划周密，方案详细，将所有工作分解到个人，使各科室对新学期各项工作有了明确的方向。

各职能部门负责人汇报新学期的工作计划，其中很多科室对于科室工作提出创新，提出更严格的要求，誓在将新学期的工作做完，做完美，践行我校校训——脚踏实地，并力争继续前进。

校长做会议总结并提出要求：各处室要将上学期未能完成的工作跟进，要处理好教职工住宿问题，要尽最大可能提高学生生活质量，要加强新增教师的培训培养工作，要继续丰富校园文化建设。

整个会议在我校中层人员团结协作的氛围中结束，所有参会人员表示会在下一步的工作中竭尽所能。

复习与思考

一、什么是纪要？它有哪些特点？
二、纪要和会议记录有什么区别？
三、纪要有哪几种类型？
四、纪要的正文应撰写哪些内容？有哪几种结构方式？
五、撰写纪要应注意哪些事项？

第五章 事务文书

> **内容要求**
> 1. 通过本章的学习,了解事务文书的含义和特点。
> 2. 掌握事务文书的写作内容、结构及方法,学会写申请书、倡议书、求职信、竞聘报告、述职报告等事务文书。
> 3. 学会写事务文书,培养学生运用事务文书解决日常学习和工作中具体问题的能力。

第一节 申请书 倡议书

学习目标

1. 了解、认识申请书、倡议书的含义和特点。
2. 掌握申请书、倡议书的结构和写法,学会写申请书、倡议书。

理论知识

一、申请书、倡议书的含义

(一)申请书

申请书是个人或集体用来向组织、机关、团体表达愿望、提出请求时使用的一种专用书信。

申请书的使用范围非常广泛,个人对党团组或其他群众团体表达愿望、说明请求时,要使用申请书;下级在工作、学习和生活等方面对上级机关、团体、单位、领导等有所请求时,也可以使用申请书。写申请书可以把个人或单位的愿望、要求及时向组织或上级领导表述出来,让组织或领导对自己有一个了解,争取组织或领导的支持与帮助,加强上下级之间、组织与个人之间的沟通和交流,能够增进彼此的了解和信任。

（二）倡议书

倡议书是个人或集体公开提出某种建议或意见,推进某项工作或活动广泛开展与顺利进行所使用的一种专用书信。

倡议书作为应用写作中的一种常用文体,在日常生活、工作和学习中得到广泛的应用,主要针对社会生活中某些具有重大意义的事件,或是为了完成某一具有特别意义的公益活动,由个人或集体提出某些合理性建议,向公众发出公开性的号召,倡导大家积极参与活动,共同完成某项任务。

二、申请书、倡议书的特点

（一）申请书的特点

1. 请求性

"申请"顾名思义是申述自己的理由、有所请求的意思。无论是个人在政治生活上入团、入党的申请,或者个人、单位在其他方面的申请,其写作目的都是表达某种要求、愿望或请求。所以,请求性是申请书一个根本的特点。

2. 使用的广泛性

申请书具有使用的广泛性。我们在日常工作和生活中,经常会使用到申请书,比如,加入党团组织需要写申请书;申请上级解决工作和生活困难也要写申请书;申请调动工作、申请困难补助等都要写申请书,申请书涉及我们工作和生活的各个方面,使用范围非常广泛。

3. 态度的诚恳性

申请书的内容具有真实性,所申请的事项符合工作和生活的实际情况,所请求的愿望也是诚恳的,表达的是申请人真实的情感和愿望。同时,申请书的性质决定了它是个人向组织、下级向上级的行文,是一种上行文,因此,申请人不仅表现出严肃、庄重、真挚和诚恳的态度,在语言的表达上,也表现出礼貌、谦恭、平实和得体的特点。

（二）倡议书的特点

1. 书信内容的公开性

倡议书就是一种广而告之的书信。它要让广大人民群众知道了解,从而激起更多的人来响应,以期在最大的群体范围内引起共鸣并诉诸行动。

2. 受文对象的不确定性

倡议书的受文对象范围往往是不确定的,即便是在文中明确了倡议的具体对象,如《致全省广大人民群众的倡议书》。但实际上,有关人员可以表示响应,也可以不表示响应。它本身不具有很强的约束力,即便是与此无关的其他的群众团体,也可以有所响应。

3. 广泛的群众性

广泛的群众性是倡议书的根本特征。倡议书不是对某个人或某一小集体而发的,它的受众往往是广大群众,或是部门的所有人,或是一个地区的所有人,甚至是全国人民。因此,倡议书具有广泛的群众性。

例文借鉴

【例文一】

困难补助申请

尊敬的校领导:

  我叫赵大强,系数学学院××专业20××级学生。我来自贵州省××县一个贫穷落后的山村,父亲患病卧床,靠母亲种地养活一家人,弟弟还在中学读书,家里生活十分困难。为了供我上大学,家里已欠下近万元债务。开学在即,大学的学费对我的家庭来说就像是天文数字,母亲就算拼命干活,也很难赚到足够的学费和生活费。每每念及这些,我总是心存愧疚,唯有以加倍的努力学习来报答他们。

  最近听说学校要发放一笔困难补助金,我本不想给学校添麻烦,但如果能够拿到困难补助金,就会减轻家里的负担,特此申请,望能批准。

  此致

敬礼!

学生:赵大强
20××年×月×日

【简析】

这篇申请书的题目简明交代了申请的事项是"困难补助",正文部分首先说明申请理由,写得客观、充分,然后提出申请的事项是"拿到困难补助金",事项写得具体、清楚、简洁。尾语写出了申请人的迫切愿望。结构上富有逻辑性,格式正确,语言简洁、明了。

【例文二】

"养成良好的交通习惯,告别交通陋习"交通安全活动倡议书

亲爱的同学们:

你们的健康安全,不仅关系到每个家庭的幸福,更关系到整个社会的稳定祥和。近年来,中小学生交通事故不断出现,因学生交通安全意识薄弱,过马路欠小心,违章行驶自行车,以及没有采取必要安全防范措施所引发的交通事故最为突出。交通事故的发生给家庭带来不幸,给学生带来无穷的痛苦。俗话说:"没有规矩不成方圆。"遵守交通规则是我们应尽的责任和义务。只要我们每个人都严守交通规则,我们的社会就会向着文明又迈进一步。在12月2日"全国交通安全日"到来之际,我们郑重向全体同学提出以下几点倡议:

1. 认真学习交通法规知识,自觉遵守交通法规,养成良好的交通习惯,告别交通陋习,争做遵章守法"小公民"。

2. 抵制七类违法行为,安全文明出行(七类违法即:超速、超载、酒驾、毒驾、闯红灯、占用应急车道、不礼让斑马线)。

3. 禁止在上学、放学途中乘坐超员车、货车、拖拉机、非法营运车、拼装车、报废车等交通工具。

4. 与同学结伴行走时,不在公路上追逐玩耍、三五成群并肩行走或聚集停留;不在道路上使用滑板、滑行车、旱冰鞋等滑行工具。

5. 未满12周岁不骑自行车,骑自行车要走非机动车道,横过机动车道时应下车推行;骑自行车不载人、不戴耳塞听音乐、不双手离把。

6. 未戴安全头盔不坐摩托车,不坐超载机动车。

7. "酒后不开车,开车不喝酒",请同学们随时提醒、告诫自己的父母及身边的大人——不要酒后驾车,它不但威胁自己及家人的安全,严重的还会失去原本幸福的家庭。

8. 狭路相逢"让"者胜,车让人、人让车,不仅避免了安全隐患的发生,还体现出人与人之间互相礼让的美德。

9. 劝告自己的家人、朋友珍爱生命,严格遵守交通规则,安全驾车,安

全乘车,安全骑车,安全步行。

遵守交通规则要从我做起,从小事做起,从今天做起。同学们,为了家庭的幸福、社会的安定,让我们积极行动起来,自觉遵守交通规则,珍惜宝贵的生命,共同营造一个讲交通安全、守交通法规的良好氛围,争做遵章守法"小公民"!

××小学少先队大队部
20××年×月×日

【简析】

这篇倡议书的题目采用了"倡议内容+文体名称"形式,突出了"养成良好的交通习惯,告别交通陋习"倡议主题。正文倡议的内容结合现实生活实际,首先交代本次交通安全活动倡议的背景、原因和目的,重点写明倡议交通安全的具体内容和要求,倡议的具体内容分条列项写出,清晰明确,一目了然。尾语用带有鼓动性的语句"让我们积极行动起来,自觉遵守交通规""共同营造一个讲交通安全、守交通法规的良好氛围",表达倡议者的决心和希望,从而激起更多人的响应。

写作指导

一、申请书的结构与写法

申请书的结构由标题、称谓、正文、尾语和落款五部分构成。

(一)标题

标题写在第一行正中。一种是以文种"申请书"作标题;另一种是以申请书的类别加文种名称作标题,如《入党申请书》《困难补助申请书》,也可省略"书",如只写《入党申请》。

(二)称谓

称谓即接受申请的单位或个人的名称,在标题下一行顶格,称呼后加冒号。

(三)正文

申请书的主体部分应明确写清申请事项和申请理由。首先,写明申请事项,即说明申请的目的及自己对申请事项的认识,事项要写得清楚、简洁;其次,说明申请理由、态度,理由要写得具体、客观、充分,态度诚恳,具有说服力。

（四）尾语

尾语通常写表示敬意或感谢、希望的话，如"此致敬礼""请组织考查""请领导批准"等，也可以没有。

（五）落款

落款包括署名和日期。个人申请要写清申请者姓名，单位申请写明单位名称并加盖公章，注明日期。

二、倡议书的结构与写法

倡议书的结构一般由标题、称谓、正文、尾语和落款五部分构成。

（一）标题

1. 由单位名称、倡议内容和文体名称构成，如《××学校节约用水用电倡议书》。

2. 由倡议内容和文体名称构成，如《诚信考试倡议书》。

3. 采用正副标题相结合的形式，正题概括倡议内容，副题由单位名称、对象范围、文体名称构成，如《"让垃圾分类走进社区，走进家庭"——阳光小学给全校同学的倡议书》。

4. 只在第一行居中书写"倡议书"或"倡议"。

（二）称谓

称谓在标题下一行顶格书写，如"全校同学们""广大青少年朋友们""广大妇女同胞们"，但有些倡议对象范围很广，可不用称呼。

（三）正文

倡议书的正文一般包括以下一些方面内容。

1. 写明倡议的背景、原因和目的

倡议书的正文应首先说明倡议书发出的背景、原因和目的，引起广泛的响应。只有交代清楚倡议活动的原因以及当时的各种背景事实，并说明发布倡议的目的，人们才会理解和信服，才会产生自觉的行动。这些因素交代不清就会使人觉得莫名其妙，难以响应。

2. 写明倡议的具体内容和要求

正文部分应明确写出倡议的具体内容和要求，这是正文的重点部分。倡议的内容一定要具体化。如开展怎样的活动，需要做哪些事情，具体要求是什么，它的价值和意义都有哪些等，均需逐一写清楚、写具体。倡议的具体内容一般是分条列项的，这样写往往清晰、明确，一目了然。

（四）尾语

倡议书要用富有鼓动性的语句简要表示倡议者的决心和希望,或者写出某种建议,发出呼吁。倡议书结尾一般不写表示敬意或祝愿的话。

（五）落款

落款即在正文右下方写明倡议者单位、集体或个人的名称或姓名,写清发文的日期。

三、申请书、倡议书写作应注意的事项

（一）主题明确,内容具体

申请书、倡议书的主题应当富有时代特色,弘扬社会正能量。内容应与党和国家的路线方针政策相一致,有积极的教育意义；申请、倡议的原因和目的等应交代清楚,理由充分,切实可行,做到一文一事。

（二）要求合理,理由充分

申请书表达的愿望或要求应合理,符合客观实际情况。倡议书发出倡议的原因、理由要充分,倡议的内容一定要具体化、切实可行,不能违背党和国家的方针政策,更不能弄虚作假。

（三）语气诚恳,措辞得当

申请书的语言要朴实自然,态度诚恳。倡议书要写得感情真挚,措辞得当,同时要富有鼓动性。申请书和倡议书的篇幅都不宜太长。

模拟训练

一、李××同学在某师范大学计算机学院学习两年,他本人热爱中国共产党,思想积极上进,经过了郑重思考,他准备向党组织表明自己的入党愿望和请求,请你以李××同学的名义写一份入党申请书。

二、指出下面这则倡议书存在的问题,并提出修改意见。

"少吃外卖"全员保护环境倡议书

全校同学们：

环境是我们赖以生存的家园,是与我们息息相关的。在十九大上习主席提出实行美丽中国,推进生态文明体制改革,在这样的大环境下,需要我们每一个人都为保护环境出一份力。外卖的存在,消耗了许多包装盒、塑料袋,这些垃圾

如果不得到有效的回收,将会对环境造成难以想象的损失。少吃外卖不仅能对我们个人的身体健康有好处,还在一定程度上减轻了对环境的污染。为此向全校同学们发出以下倡议:

一、健康生活,选择食堂等餐馆内就餐

食堂的食物更加健康,相比外卖最大的优点便是使用餐具的环保,你觉得订一份外卖不会对环境造成不可磨灭的伤害,但是成百上千个人都这样做的话,结果就不一样了。周末我们不要再懒惰,爬下床,走出寝室,去食堂吃饭吧!不知道你们有没有发现,由于去食堂吃饭的餐具比外卖的餐具更加精致,这样我们的食欲就会更好,更愿意吃饭。吃得好就会收获一份好的心情,这样一天我们都活力满满。

二、健康生活,减少一次性方便筷的使用

即使在食堂或是餐馆,商家有时也会准备一些一次性餐具,例如筷子,这个时候,我们能不使用就不使用,让循环经济这一模式发挥到最大,我们每一个人的作用微乎其微,但是大家都行动起来,都有这份意识,我们的环境会更加美好,最终受益的还是我们人类。

三、健康生活,自己亲手下厨房

在学校的时候,我们住在宿舍,没有条件下厨房,可是当我们放假回家了,就不一样了,当父母上了一天班,疲惫的时候,我们可以自己亲手做饭,你不仅会收到父母的夸奖,同时你自己吃饭也会很香,比起全家一起叫外卖,不如我们自己亲手做得更健康,更环保。

外卖的存在固然方便了我们的生活,却也对环境造成了很多的伤害,在街道旁,水洼地,环卫工人在捡垃圾的场景比比皆是,这些垃圾当中外卖盒不计其数,如果我们能减少外卖的需求,那么环境会得到很大的改善。希望大家都奉献自己的一份力量,每个人都应有保护环境的责任感,只有我们全民参与,收到的成效才会更加显著。再次呼吁大家要保护好我们赖以生存的环境。

数学学院 18 级 3 班 任××
2019 年 5 月 31 日

三、最近一段时间,班级生病的同学很多,一是由于春季气候变化较大,南方的同学不适应北方干燥、寒冷的生活环境;二是因为多数同学平时不注重体育锻炼,导致身体素质越来越差。为此,请你以班长的身份针对平时不注意体育锻炼的同学写一份倡议书。

复习与思考

一、什么是申请书、倡议书？
二、申请书、倡议书各有哪些特点？
三、怎样撰写申请书的标题、正文和尾语？
四、怎样撰写倡议书的标题、正文和尾语？
五、撰写申请书、倡议书要注意哪些事项？

第二节 求 职 信

学习目标

1. 了解求职信的含义和特点。
2. 掌握求职信写作的内容、结构和方法，学会写求职信。

理论知识

一、求职信的含义

求职信是求职者为了谋求某工作岗位或职位，向相应的用人单位或有关领导介绍自己的基本情况、专业特长，以期得到用人单位接纳、聘用的一种专用书信。

写求职信的目的就是激起用人单位相关人员阅读求职者个人简历的兴趣，并争取面试的机会。从某种意义上说，求职信就是用文字语言推销自己，一份好的求职信能够体现出求职者的基本情况、专业特长以及良好的表达能力。用人单位从求职信中获得对求职者的第一印象，并依据求职信和求职资料作出选择。因此，写好求职信是求职成功的关键。

二、求职信的特点

（一）明确的目的性

求职信是求职者为了谋求一份满意的工作职位而推荐自己，因此求职目标非常明确。求职者往往从自身的实际出发，以使自己的专业特长能够得以充分发挥为原则，确定职业目标。同时，求职者往往针对用人单位对任该职位所需要具备的相应条件,包括人员性别、年龄、学历等素质要求,从满足用人单位的要求入手,作出陈述,客观地介绍自己的情况,写作的目的性很强。

(二) 强烈的自荐性

求职信是为了谋职而写,求职者在求职信中应根据用人单位的需要,向用人单位推荐自己,对所谋求的职位的看法以及对自己的能力作出客观公允的评价,着重介绍自己应聘的有利条件,重点写出自己能够胜任这一职位的优势和特长,增进用人单位对求职者的了解。求职者要善于推荐自己,要用自己的成绩、能力、个性中的亮点吸引对方,特别突出自己的优势和闪光点,以使对方信服,达到自荐的目的。

(三) 材料的真实性

求职信中的所有材料内容必须是真实可信的,介绍自己情况时要实事求是,用事实材料说话。对学业成绩和能力水平的介绍不能言过其实,自我吹嘘,给人造成反感,也不要过分谦虚,给人一种平庸无能的感觉。语言表达要真诚客观,谦恭得体。

例文借鉴

【例文】

求 职 信

尊敬的领导:

您好!

我是××师范大学外语学院英语专业××级的学生,即将毕业,诚求贵校英语教师一职。

××大学是我国××人才培养的重点基地,具有悠久的历史和优良的传统,并且素以"治学严谨、育人有方"而著称;××大学外语学院则是全国××学科教学基地之一。在这样的学习环境下,无论是在知识能力,还是在个人素质修养方面,我都受益匪浅。

大学四年的学习,我具备了扎实的专业基础知识,系统地掌握了英语语言、文学、历史等方面基本理论,受到英语听、说、读、写、译等方面的技巧训练,具有了从事翻译、研究、教学的基本素质,具备了较好的英语听、说、读、写、译等能力。在校学习期间,我以良好的学习成绩通过各阶段全部考试,两次获得国家一等奖学金。通过了计算机国家二级考试,能熟练操作计算机办公软件。同时,我利用课余时间广泛地涉猎了大量书籍。这不但充实了自己,也培养了自己多方面的技能。更重要的是,母校严谨的学风和端正的学习态度塑造了我朴实、稳重的性格特点。

  我对教育事业无比热爱,充满热情。自大学填报志愿以来,我就选择做一位优秀的教师,对教师这一职业的热爱是我一生奋斗的动力。诚实、正直、勤劳、进取是我做人的原则,我信奉母校校训中的一句话:"要做教育家,而不仅仅是教书匠。"在未来的教育工作中,我会不断地为此努力。

  实习期间就得知贵校以"仁爱求真"为校训,以培养具有理性精神,健全人格,深厚文化素养和高度责任意识的公民为己任,坚持"优质化、科研化、国际化、特色化、现代型"的办学方向,凭借独特的办学理念和教学模式在基础教育发展中独树一帜。贵校严谨求实的校风吸引了我,若我有幸成为其中的一员,我将珍惜这次机会,竭尽全力为贵校的发展贡献自己的才智和汗水!

  祝贵校事业蒸蒸日上!

求职者:×××
20××年×月×日

【简析】

  这封求职信的开头采用介绍式,从自我介绍开始,陈述求职意向,主体部分主要围绕自身条件的符合程度和优势来写,介绍全面、真实,充满自信,条理分明,段落清楚。结尾部分表明希望得到答复和简单的祝愿,态度诚恳,用语简练,平实得体。

写作指导

一、求职信结构及写法

  求职信是一种专用书信,它同书信的格式和写法要求基本一致。结构上一般包括标题、称呼、正文和落款四部分。

（一）标题

  在行文第一行居中书写"求职信""自荐信"或"应聘书"的字样。标题要醒目、大方、庄重。

（二）称呼

顶格写明求职单位的领导或负责人的姓名和称呼。经常使用"尊敬的××"表敬称，有时也可直接称呼其职务，如"尊敬的××学校领导"，要在称呼后加冒号。称谓用语后通常要有问候语"您好""打扰了"，称呼要有礼貌，谦恭得体，体现出求职者良好的修养。

（三）正文

正文开头语应表示向对方的问候致意，接下来写清楚自己求职的目标，介绍自己的条件及特长等。这部分内容一般按照简介自己、谋求的岗位、条件展示、自己的愿望及被聘用后的决心等顺序展开，有针对性地概述自己应聘某个岗位或某个职位的条件，着重突出自己的主要成绩、特长、优势；阐述自己的敬业精神，简介自己的个性等。总之，应做到告知情况，突出重点，言简意赅，具有新鲜感和吸引力，语气自然。

需要注意的是，求职信后若附上求职简历，在撰写此部分时，应态度诚恳，简明扼要，尽量不重复求职简历的内容。

（四）落款

落款处要写上求职人的姓名，并标注日期。

文后可以写明自己的联系方式、邮政编码、通信地址、电子邮箱、电话号码等，若附求职简历上有，则不用。署名处由求职人亲自签名，以示郑重和敬意。

二、求职信写作的注意事项

（一）意向明确，针对性强

在写求职信时，求职者要明确自己所谋求的工作职位是什么，依据这个意向目标选择材料内容。要对所谋求的工作职位进行深入的了解，分析其对求职者素质、能力有哪些具体要求，针对这些要求对照一下自身，突出个人的业绩、特长，并尽力使所陈述的内容与所求职位要求一致，并写出胜任此工作职位的优势，让用人单位了解你，从而接纳、聘用你，达到被聘任的目的。

（二）条理清晰，格式规范

求职信是一种专用书信。求职者写作时，要对表达的内容进行合理安排，突出重点；同时，要理清思路，合理安排结构，主次分明，按照求职信的格式要求去写，体现出求职者思维的缜密性和良好的书写习惯。如果结构混乱，条理不清，格式不规范，会给阅读者造成负面的印象，很难应聘成功。

（三）简明扼要，点到为止

写求职信一定做到简明扼要，突出重点，语言简明。求职信应简明扼要地概述自己的基本情况，突出专业特长，表述清楚、简洁，做到准确、无误，不写错别字，不犯语法错误。其他与应聘条件无关或关系不大的内容应尽量省略或简略陈述。用人单位往往会收到大量的求职信，如果写得拖沓冗长，不分主次，会使对方失去耐性，即使你非常优秀，也很难得到下一步面试的机会，达不到应聘的目的。

（四）态度谦恭，语言得体

写求职信就是为了"推销自己"，应遵循"适度推销"的原则，将自己的优势凸显出来。首先，求职者必须保证基本信息准确真实。诚实是最重要的人格修养，弄虚作假的行为是用人单位任何时候都不能接受的。其次，求职者应把想得到工作的迫切心情表达出来，请用人单位尽快答复并给予面试的机会。语气热情、诚恳、有礼貌，态度谦恭得体，庄重大度，让人容易接受，切勿夸大其辞或不着边际自我吹嘘。最后，介绍自己成绩和特长时，可以引用别人的评价，不宜自己给自己作鉴定、发议论，尽量不使用修饰性词语。总之，求职者要用自己真挚、诚恳的态度打动用人单位，激起对方阅读的兴趣，从而达到求职的目的。

模拟训练

一、下面这封求职信在内容、结构和语言的写作上有很多不足，请你帮助他修改，并说明修改的理由。

求 职 信

尊敬的领导：

　　您好！感谢您能在众多的求职信中阅读我这封，希望我的信能得到您的青睐。

　　我叫杨××，现就读于××师范大学文学院汉语言文学专业，即将于20××年6月毕业。感谢您在百忙之中抽空阅读我的自荐材料，我希望在贵校谋求一份职业。

　　××师范大学是一所教学设施齐全、师资力量雄厚的综合性大学，具有悠久的历史和优良的传统，在这样以治学严谨、育人有方而著称的大学栽培下，无论是在知识能力，还是在个人素质修养方面，我都受益匪浅。

　　四年来，在师友的严格教益及个人的努力下，我全面掌握了现代汉语、古代汉语、写作、文学概论、语言学等基础知识。

  我热爱教育这个职业,殷切地希望能够在您的领导下,为这光荣的事业添砖加瓦;并且在实践中不断学习进步。请给我一次机会,我将还您一份惊喜!

  此致

敬礼!

自荐人:杨××
2019 年 5 月 1 日

  二、某中学今年因扩大招生,需要招聘语文教师 5 名,数学教师 3 名,英语教师 2 名,请你选择一个岗位,以求职者的身份写一封求职信。

复习与思考

一、什么是求职信?求职信有哪些特点

二、求职信正文部分应写明哪些内容?

三、求职信有哪些写作要求?

第三节 竞聘报告

学习目标

1. 了解竞聘报告的含义和特点。
2. 掌握竞聘报告写作的内容、结构和写法,学会写竞聘报告。

理论知识

一、竞聘报告的含义

  竞聘报告又称竞聘词、竞选词或竞聘演讲稿。竞聘报告是竞聘者为了竞争某岗位或职位而写作的演说词,是竞聘演讲的书面文字材料。

  竞聘报告的写作目的在于表达个人的意愿,展示自己的竞聘条件,突出竞聘的长处和优势等,向选拔者推介自己,以期得到选拔者和公众的认可,从而使自己从众多的竞争者中脱颖而出。

二、竞聘报告的特点

（一）目标的明确性

竞聘报告是针对某一竞争目标而进行的。这是竞聘报告区别于其他演讲的主要特征。竞聘者一上台就要表明自己所竞聘的岗位或职位。竞聘报告中所展示的个人条件、优势等内容都是为了一个目标——竞聘成功，因而，竞聘报告的表达应主题集中，突出重点内容，都要为成功受聘服务，表达志在被聘的意愿。

（二）内容的竞争性

竞聘报告的主要内容就是突出自己的优势，无论是讲自身所具备的条件，还是讲自己的施政构想，都要尽最大可能显示出"人无我有""人有我强""人强我新"的胜人一筹的优势，有时还要把劣势的东西换一个角度讲成优势。竞聘报告的演讲与其他演讲不同，竞聘演讲的整个过程是选拔者在候选人之间进行比较、筛选的过程，竞聘者如果过于谦虚或没有说尽自己的长处，就不能战胜对手，不能从竞聘中胜出。

（三）材料的实用性

竞聘报告的实用性是指所选材料是符合实际具体情况的，同时又是对自己竞争有利的。无论是讲自己所具备的条件还是谈任职后的构想，都是在深入调查研究就职部门的情况后，根据竞聘者个人实际情况作的陈述和说明，因此，竞聘报告的演说通常发自肺腑，更贴近实际，讲求实效。

（四）语言的口语化

竞聘报告使用的是规范的口头语言。竞聘报告的语言尽量口语化，做到简洁、质朴、生动。竞聘报告质朴、有力的语言表达，能够充分展示个人的优势和实力，竞聘者口语化的语言，给人以亲切感，能够使竞聘信息传递得更准确、更有效，最终会给评委、观众留下深刻的印象，在竞聘中取得良好的效果。

例文借鉴

【例文】

竞 聘 报 告

各位领导、老师：

　　大家好！

我叫黄××，中共党员，大专学历，中学高级教师职称。我今天要竞聘的岗位是学校办公室主任。

工作二十年来，我先后被评为全国基础教育科研先进个人、××市出色班主任、××市出色教师、××市首批骨干教师等。我主讲的课程先后在省市获奖；撰写的多篇论文获省级论文评比一、二等奖，其中有三篇论文在《小学教学参考》《中小学数学》等杂志发表。我认为自己有以下竞聘优势：

一是有较强的工作能力。我在平时的日常生活和工作中注意不断地加强个人修养和党性修养，以"堂堂正正做人，兢兢业业做事"为信条，通过多年学习和工作锻炼，写作能力、组织协调能力、判断分析能力等都有了很大提高，能够胜任办公室主任的工作。

二是有较为扎实的专业基础知识。自参加工作以来，我始终没有停止学习，勤钻研，善思考，多研究，常反思，不断地丰富自己、提高自己。

三是有一个积极进取、追求卓越的健康心态。我身体健康，精力旺盛，年富力强，爱岗敬业，能够全身心地投入自己所热爱的工作。

假如我能够竞聘成功，我打算从以下几个方面创新学校办公室工作。

一、加大对学校的宣传力度。我校是一所崭新的学校，正在发展之中，社会很关注，市民很关心，因此加大对学校宣传工作的力度是当务之急。为了提高学校的知名度，我将会通过各种渠道及时宣传学校的亮点工作，让社会了解××学校，让××学校走进千家万户。

二、协助学校领导抓好党建工作。我们学校的年轻教师比较多，他们的能力强，后劲足，要加大对年轻教师的培养力度，要关心他们的生活、关心他们的进步，争取让他们早日加入党组织，充分发挥共产党员的先锋模范作用。

三、做好干群之间的纽带。我校是一所九年一贯制的学校，协调好初中部教师和小学部教师之间的关系，协调好领导和老师之间的关系是办公室的中心工作之一，作为办公室主任，我会深入调研，了解民意，平时多听取老师们对学校发展提出的好的意见或建议，及时准确地为学校领导提供各种新信息，以便更好地开展各项工作。

四、热心为教工排忧解难。常规事务，按程序按惯例办；紧急事务，及时请示领导果断办；大事要事，听取校委会意见慎重办；繁难事务要善于抓住主要矛盾，坚持原则，求同存异灵活办。

各位领导、老师，我有信心、有能力做好办公室主任工作。相信大家一定会支持我！让我们一起努力，共创××学校美好的未来！

谢谢大家！

【简析】

在这篇竞聘报告中，竞聘者简要、客观地陈述了自己的竞聘条件，分三条列出了自己的优势，突出了"人无我有""人有我强"的实际能力。接着阐述了对竞聘岗位的认识和任职的构想，切合实际，见解独到深刻，态度鲜明，信心十足。结尾表明自己的竞聘决心和请求。语言表达简洁有力，诚恳得体。

写作指导

一、竞聘报告结构和写法

竞聘报告一般由标题、称谓、正文三部分组成。

（一）标题

1. 完全式

完全式标题由竞聘职务和文种构成，如《学生会主席竞聘报告》。

2. 单行式

标题采用单行式，突出竞聘的主题，如《让×年×班崭露头角》；也可直接写文体名称，如《竞聘词》《竞聘报告》。

3. 双行式

标题采用双行式，正标题写出竞聘的目的和期望，副标题采用完全式的写法，如《让图书馆成为学生温馨的学习场所——××学校图书馆长竞聘报告》。

（二）称呼

称呼即对评委或听众的称呼。一般用"各位评委""各位听众"等，顶格书写。

（三）正文

1. 开头

为制造友善、和谐的气氛，开篇应以问候语或礼节性致谢词导入正题，并简单陈述自己竞聘的职务和竞聘的理由。开头应写得自然真切，干净利落。

2. 主体

（1）首先应简介竞聘者的基本条件，包括政治素质、业务能力和工作态度等，针对竞聘岗位介绍自己的年龄、学历、政治面貌、现任职务等。

（2）对所竞聘岗位有一定高度的理解和认识。要对自己与竞聘岗位有联系的工作经历、资历作出系统、翔实的说明。这部分应突出自己的竞聘优势,尽可能展示自己的长处,自我评价一分为二,使评选者明了竞聘者的基本条件,留下一个客观、公正、深刻的印象。

（3）提出任职后的打算,包括施政目标、构想、措施等。要用简明扼要的语言表明观点,紧紧围绕听众关心的热点、难点问题,提出明确的工作目标和切实可行的措施。

3. 结尾

结尾要写出竞争上岗的决心、信心和请求,请求有关部门和代表考虑自己的愿望和请求,同时表明自己对成败的正确态度。结尾应写得恳切有力,意近旨远,希望得到评选者的首肯和听众的支持,在竞聘中胜出。

二、竞聘报告的写作要求

（一）调查研究,有的放矢

竞聘报告是针对某岗位而展开的,因此,竞聘者写作前必须了解招聘单位情况,可以通过多种方式,切实弄清楚单位的历史、现状,尤其对于当前存在的焦点、难点问题以及招聘的原因等方面情况要问清查透,做到有的放矢,以便在演讲时击中要害,战胜对手。

（二）开头要先声夺人,充满自信

竞聘报告的开头要新颖、生动,富有吸引力,先声夺人。竞聘者应精心设计开头,把听众带进自己创设的情境中,从而提升人气。竞聘者只有内心充满自信,站在台上面对众人时,才会从容不迫,以最好的心态展示自己,才能在竞聘中获胜。

（三）突出重点,实事求是

竞聘条件和优势是决定竞聘者能否被聘任的重要因素之一,应该实事求是,强调重点,切忌夸夸其谈,应多用事实说话。阐述自己的竞聘优势时,可以结合自己某一时期的工作来写,比如,自己曾做过什么相关的工作,效果如何,从中客观地展露自己的水平、能力、知识和才华。采取"引而不发"的办法,即只客观叙述事实、展示成果,通过这些事实,让评选者和听众自然而然地得出肯定的结论。

（四）态度谦虚诚恳,语言简洁有力

竞聘者是通过评选者的肯定达到被聘用的目的,只有给人以谦虚诚恳、平和礼貌的良好印象,才能被其认可和接受。评选者是不会接受狂妄傲慢、目中无人的竞聘者并委以重任的。所以,竞聘报告要格外讲究语言的分寸,语言表述既要简洁有力,又要生动,有风采,打动人心,同时又要谦虚诚恳、自然得体。

模拟训练

一、指出下面这篇竞聘报告存在的主要问题,请你修改完善其内容和结构。

尊敬的各位老师,评委:

我是来自××班的××,富兰克林有句名言叫做:"推动你的事业,不要让你的事业来推动你。"今天正是为了推动我的事业而来的。所以我今天很荣幸地站在这里表达自己由来已久的愿望:"我要竞聘××学院团委副书记。那我凭什么竞聘呢?我的回答是:"我有三颗红心,那就是:热心、责任心和进取心。"具体地说:高涨的工作热情,高度的责任感和不断进取的精神。曾经有人问我:如果用一个词来概括学生干部应具备的品格是什么?"真诚",这就是我的回答。入校以来,在老师和同学们的帮助下我真诚待人,乐于交友,我以一颗真诚的心做了一些实实在在的事。

充满激情的工作心态给我带来了充分的自信。我拥有健康的身体、充沛的精力、吃苦耐劳的生活习惯,更具有年轻人的朝气、投入工作的激情和敢抓敢管的魄力。虽然,我还不被在座的所广为熟知和了解,但正如我呈现在大家面前崭新的面孔一样,我有新思维、新主张和新气象,而善于创新则正是团组织的生命之所在。

如有幸竞聘成功,我将迅速找准定位,进入状态,积极配合校党委开展工作。就如何做好学校团的工作,我的思路是:"围绕一个主题, 深化两种思想,培养三种意识,提高四项能力,努力搞好五好教育"。

我认为参与这次竞聘的过程本身就是一次自我锻炼、自我提高、自我展示的过程。古人云:"不以一时成败论英雄"。不管结果如何,我都将以这句话自勉,一如既往地勤奋学习,努力工作,为学校的发展作出应有的贡献。

二、某中学本学期将实行中层干部轮岗制,即公平、公正、公开竞争上岗,这是深化人事制度改革的重大举措,也是加强干部队伍建设的有益尝试。请你根据自身的条件,针对教务科长、办公室主任或团委书记职位,拟写一篇竞聘报告,个人简历、竞聘条件等内容可以进行合理的虚拟。

复习与思考

一、什么是竞聘报告？竞聘报告有哪些特点？

二、竞聘报告正文部分应写明哪些内容？

三、竞聘报告的写作要求有哪些？

第四节 述职报告

学习目标

1. 了解述职报告的含义和特点。
2. 掌握述职报告内容、结构和写法，学会写述职报告。

理论知识

一、述职报告的含义

述职报告是机关、团体、企事业单位的主管领导、负责人或某一岗位的工作人员，向所在工作单位的主管部门、人事部门、专家组或本单位的职工群众，陈述自己在一定时期内履行职责情况的自我评述性文书。

述职报告广泛用于各类干部选拔、管理与考核当中。述职者可以通过撰写述职报告对任职情况进行回顾和反思，有利于总结经验，改进工作，提高自身素质；上级主管部门或群众可以根据述职报告，掌握述职者工作的基本情况，对其工作进行考核和评价。

二、述职报告的特点

（一）自述性

所谓自述性，就是要求报告人述说自己在一定时期内履行职责的情况。因此，述职报告必须使用第一人称，采用自述的方式，向有关方面报告自己的工作实绩，其自述的内容侧重自己的政绩。主要包括自己在任职的一定时期内做了哪些工作，完成了什么任务，取得了什么成绩，工作是否尽职尽责，有哪些优点和不足等。

(二) 自评性

述职报告是任职者对自己的任职情况进行回顾和评价,要依据岗位规范和职责目标,对自己的德、能、勤、绩、廉等方面的情况作全面的自我鉴定或自我评价。述职者必须持严肃、认真、慎重的态度,自我评价一定要实事求是,述评合理,客观恰当,不能弄虚作假、文过饰非。

(三) 规定性

述职报告写作的内容和时限都有严格的规定性。根据当前组织人事部门考核领导干部的有关规定要求,规定述职报告的内容,即从本人任现职以来或某一阶段的德、能、勤、绩、廉五个方面来述职。除此之外,述职报告一般是任职期满或某项工作暂告一段落时所作的报告,因此,其写作的时间具有一定的限制性,通常要在规定时间内写出,对报告内容也作出特定的时限。

(四) 严肃性

述职活动是一项十分庄重严肃的公务活动,述职报告成为现今领导干部考核、评优、晋升的一个重要依据。述职者要认识到自己是在向上级汇报工作,是让组织了解自己、评审自己工作的过程,一定持严肃认真的态度。述职报告必须如实地陈述自己履行岗位职责的情况,不允许随意夸大事实,也不允许虚构事实,更不允许刻意掩盖工作中的问题和失误。

三、述职报告的分类

(一) 从内容上划分,述职报告可分为以下三类

1. 综合性述职报告

综合性述职报告的报告内容是对一个时期所作工作的全面、综合的述职。

2. 专题性述职报告

专题性述职报告的报告内容是对某一方面的工作的专门述职。

3. 单项工作述职报告

单项工作述职报告的报告内容是对某项具体工作的述职。这往往是临时性的工作,又是专项性的工作。

(二) 从时间上划分,述职报告可也分为以下三类

1. 任期述职报告

任期述职报告是指对任现职以来的总体工作进行报告。一般说来,时间较长,涉及面较广,要写出一届任期的情况。

2. 年度述职报告

年度述职报告就是一年一度的述职报告,要写出本年度的履职情况。

3. 临时性述职报告

临时性述职报告是指担任某项临时性任务,写出其任职情况。如负责了一个学期的招生工作,或主持了一项科学实验,或组织了一项体育竞赛等,依据履行职责情况,写出临时性述职报告。

(三)从表达形式上划分,述职报告可分为以下两类

1. 口头述职报告

口头述职报告是指采用口语化的语言写成的述职报告。

2. 书面述职报告

书面述职报告是以书面材料的形式指向上级领导机关或人事部门所作的述职报告。

例文借鉴

【例文】

学生处处长述职报告

各位领导、同志们:

本人自担任学生处处长以来,深感责任大,担子重。作为学校教育管理部门,学生处的核心工作就是对学生进行思想道德教育和日常行为管理,为学生创造一个良好的学习生活环境。一年来,在学校领导和同事们的大力支持下,本人工作取得了一些成绩,现述职如下:

一、思想上进步,作风上民主

为提高全处室人员的政策理论水平和业务素质,本人带头认真学习政治理论,积极参加各级各类业务培训,全面理解、准确宣传党的路线、方针、政策,并结合实际工作,认真贯彻执行。工作中尊重下级的意见和建议,集思广益,与人为善,不计个人的得失;工作责任明确,思路清晰,有较强的组织管理能力;工作中勇于承担责任,严于律己,作好表率。

二、求真务实,踏踏实实地做好每项工作

1. 努力做好助贫就学工作

一是做好助学贷款工作。今年3月与工商银行签订了银校合作协议,

经过与各系部老师的共同努力,5月份发放助学贷款84笔,共计37万元,下半年多次和银行协商,目前又有89名学生与银行签订了合同,银行承诺春节前发放到位。同时,加强了对贷款学生的管理,在贷款发放前,组织申请贷款的学生召开了两次诚信教育报告会。

二是做好勤工助学工作。本期以来,积极配合宿舍管理中心,为贫困学生提供勤工俭学岗位152个,发放工资15万元,并制订了《勤工助学试行办法》。

2. 强化学生宿舍的日常维修管理

为使学生宿舍日常维修及时到位,和处里同事一起制订了日常维修程序,并对维修情况进行核查,以确保维修经费的合理使用。比如11月份,三个校区学生宿舍日常维修一百多项,费用小到几元,大到上百元,共计两万多元维修费。我对每项维修都进行逐一审核,对其中存在的问题及时向后勤基建处反馈,工作量很大。工作做得周到、细致,使宿舍日常维修费的管理和使用更加透明、规范。

3. 尽力做好我院学生心理健康教育工作

在人员缺编的情况下,我和处里同事一起努力抓好大学生心理健康教育工作。在三个校区设立心理咨询室,并亲自参与毕业生就业心理指导。同时,组织老师对新生进行全面心理普查,建立了新生心理健康档案,开展多种讲座来加强宣传教育,使心理健康知识得到普及。

4. 策划和组织学生宿舍的大搬迁,圆满完成此项任务。

5. 做好15级新生的迎新工作和新生的入学教育工作。

6. 根据教育部的要求,配合教务处对《学生手册》进行了反复的修订,并在全院组织学生学习贯彻新制订的《学生管理规定》。

7. 完成各项奖学金的评定工作。本年度,综合测评开展了两次,9月份又进行了国家级奖学金、省政府奖学金的评定工作,做到公开、公平、公正,得到师生好评。

一年来,本人尽职尽责,较好地履行了岗位职责。但工作上也存在不足。在学生心理健康方面、突发事件处理方面、学生综合素质提升方面的工作还未取得成功的经验,需要进一步努力。我将以这次述职评议为契机,认真做好学生处的各项工作,为学校的发展建设作出新的贡献。

述职至此,谢谢大家!

述职人:学生处长 ×××
20××年×月×日

【简析】

这篇述职报告是学校学生处处长的个人述职报告。开头简要介绍自己一年来的感受和工作基本情况,主体部分用两大部分对自己的主要工作业绩进行陈述,又从七个方面客观陈述自己所做的具体工作,肯定成绩,最后分析不足。内容全面具体,重点突出,条理清晰。结尾用"述职到此,谢谢大家"结束全文,言简意赅,格式规范。

写作指导

一、述职报告的结构和写法

(一)标题

1. 公文标题式

由单位名称、职务、任职时间和文种构成,如《××学院院长××2017年度述职报告》。

2. 文章标题式

标题用正副标题标明,正标题突出业绩、成果、表现等,副标题采用公文标题的形式,如《明确职责　真抓实干——××学校××年度工作述职报告》。

3. 省略式

标题有时可省略公文标题中一些要素,即省略单位名称、职务、任职时间等。如,《2018年度述职报告》《总务处述职报告》;述职报告的标题可以直接简写成《述职报告》。

(二)称谓

述职报告一般都有明确的对象,应根据对象的不同使用不同的称谓,如"各位代表""各位领导,同志们""各位委员"等称呼。书面形式述职报告的称谓,则写主送单位的名称,如"××党委""××组织部"。

(三)正文

述职报告的正文一般由开头、主体和结尾三部分组成。

1. 开头

简要说明任职自然情况,包括任职时间、背景、岗位职责、实绩等,从考核期内的目标任务完成情况、尽职情况及个人认识等方面,对自己的工作作整体评价。这部分内容要写得简明扼要,给听者一个大体的印象。

2. 主体

这部分是述职报告的核心内容,主要陈述自己履行职责的情况。这部分要写得具体充实,既有情况的概括分析,又有典型事例的叙述。具体内容通常包括以下五个方面:

(1) 概述自己的岗位职责和任职期内的工作目标。这部分是述职的基础,述职内容要以此为根据展开陈述。没有这部分内容,述职就失去根基,就会下笔千言,离题万里。这部分要写得高度概括,提纲挈领。

(2) 汇报述职人的政绩。这部分内容是述职报告的重点,应根据年度工作目标和职责范围,阐述如何履行职责和完成任期内工作目标的情况,要选取任职期限内的主要工作,主要写做了哪些工作,解决了什么问题,取得了什么成绩。撰写这部分内容应做到准确清楚,具体实在,有理有据,主次分明,详略得当。这部分内容涉及面广,应当分条列项写出,还要安排好各层次之间的逻辑关系。

(3) 不足之处和今后的打算。扼要分析工作中的不足之处,简明汇报今后工作的打算。不足之处要对照工作目标和职责范围找准,行文要扼要,做到有观点,有实例。今后打算应紧扣不足之处提出改进意见,做到切合实际,有预见性和合理性,以达到发扬成绩,纠正错误和不足,改善今后工作的目的。这部分内容要简明扼要,点到为止。

(4) 写体会。剖析履职过程中成功的经验和失败的教训。这部分内容是在履行职责情况、完成任职期内工作目标的业绩或失误进行深入思考和分析基础上得出的理性认识,最能体现述职者的认识水平和综合思辨能力。写作时应注意深刻领会党的路线、方针和政策,结合自己工作实情,精心构思,见解独到,不落俗套。这部分内容应突出重点,简明、精当。

(5) 回答称职与否的问题。这是述职的出发点,又是述职的归宿点,也是前几部分的总结。这部分内容应是前几部分内容顺理成章的结论,不能成为游离于前几部分内容之外的自我表白,要从思想道德素质、政治理论素质、开拓进取精神、政策法律水平、处事决断能力、综合分析能力、廉政模范作用、组织协调能力、思想方法和工作方法等方面,结合自己的实际勾勒出一幅"肖像",最终回答称职与否的问题。这一部分内容要写得干脆利落,不能省略。

3. 结尾

述职者要在述职报告的结尾处表明今后工作的决心和努力的方向,即今后自己将认真总结经验,发扬成绩,克服不足,努力工作,争取更好的成绩。通常以"以上报告,请审阅""特此报告,请审查""以上是我的述职报告,请予评议"或"以上是我的述职报告,请领导和同志们批评指正"等惯用语结束全文。

（四）落款

在正文右下方写明述职人姓名和述职日期。

二、述职报告的写作要求

（一）内容真实,评价客观

述职者要在述职报告中实事求是地反映自己的工作情况,做到实事求是,全面准确,客观实在。既要讲成绩、优点,又要讲失误、不足。肯定成绩时,既不夸大,也不缩小;指出问题时,既不遮掩,也不言过其词。述职报告要叙述的是个人的工作实绩,不能把集体共同取得的成果全部归功于个人,只有客观陈述履行职务的情况,才有助于上级机关和所属单位群众对述职者的工作作出全面、准确和客观的评价。

（二）重点突出,详略得当

述职报告的重点内容应放在履行职责的实际情况上。述职者应全面反映一段时期内各项工作的情况,抓住有影响性、有创造性的工作重点着笔,把较多的笔墨放在主要工作、主要成绩以及存在问题的表述分析上,应突出业绩和能力,对一般性、事务性工作表述尽量简略,稍作介绍即可,应分清主次,突出重点,详略得当。不能事事俱细,面面俱到。

（三）个性鲜明,语言庄重

不同的岗位职责要求也不同,即使是相同的岗位,由于述职者的个性差异,其工作方法、工作业绩也不同。因此,述职报告要展示述职者的个性和特色,避免千人一面。行文语言要朴实、中肯,措辞要严谨,语气要谦恭,尽量以陈述事实为主,也可稍写一点感想和启示,但不得描写、抒情,更不能夸张。

三、述职报告与个人工作总结的区别

（一）写作的侧重点不同

述职报告和个人工作总结在概念的本质上有所不同,写作的侧重点不同。述职报告是陈述职责情况,报告职责范围内的工作,以履行职责方面的情况为重点,突出自己履行职责的能力,而不涉及与本职无关的事项。而个人工作总结则是个人对做过的某一阶段的工作进行系统的回顾、分析,从中总结出成绩和不足,找出经验、教训及带有规律性的认识的一种事务文书。

(二)目的和作用不同

述职报告和个人工作总结行文的目的和作用是不同的。述职报告是群众评议,组织、人事部门考核述职干部的重要文字依据,不仅有利于述职者进一步明确职责、总结经验、吸取教训、提高素质、改进工作,还有利于增强民主监督的良好风气。而个人工作总结则是为了总结经验、教训,为了总结出带有规律性的理性认识,用以指导今后的工作。

(三)回答的问题不同

述职报告要回答述职人履行什么职责,是如何履行职责的,称职与否等问题,既要表述履行职责的结果,展示履行职责的过程,又要介绍履行职责的出发点和思路,还要陈述处理问题的依据和理由,最后回答是否称职的问题。而个人工作总结只是对一项工作或一段时间里的工作进行归纳、整理、分析,它要回答的是做了哪些工作,有哪些成绩,取得了哪些经验,存在哪些不足,要吸取什么教训,今后有何打算等问题。可见,二者行文目的不同,所回答的问题也不同。

模拟训练

一、下面这篇报告是某小学校长的年度述职报告,此报告在内容、格式和语言上都存在诸多问题。请你修改这篇述职报告。

资源链接

《××小学校长述职报告》

二、根据某学校财务科长提供的财务工作材料,虚拟一个学校财务工作环境,代财务科长起草一份年度述职报告。

财务工作材料如下:

一、领导重视,健全财务机构和财务制度

二、资金筹措,提纲内外协调

三、明确职责,搞好报账员基础工作

四、依法理财,提高资金管理水平

五、依法保障,最大限度发挥资金使用效益

复习与思考

一、什么是述职报告?述职报告有哪些特点?

二、述职报告正文的主体部分应写哪些内容?

三、撰写述职报告有哪些要求?

四、述职报告与个人总结在写作上有什么不同?

第六章　社交礼仪文书

> **内容要求**
> 1. 通过本章的学习,了解社交礼仪文书的含义、特点及应用。
> 2. 掌握社交礼仪文书的内容、结构、写法及写作要求,学会写请柬、邀请函、欢迎词、欢送词、答谢词、开幕词、闭幕词、感谢信、表扬信和慰问信等文体。
> 3. 通过对社交礼仪文书的写作训练,培养学生运用社交礼仪文书解决日常生活、工作及社交中实际问题的能力。

第一节　请柬　邀请函

学习目标

1. 了解请柬和邀请函的含义、特点和种类,重点掌握请柬和邀请函的结构和写法。
2. 运用所学理论知识,借鉴例文,学会写请柬和邀请函。

理论知识

一、请柬和邀请函的含义

请柬也叫请帖,是单位、团体或个人恭请对方前来参加某项活动而制发的一种礼仪性书函。请柬可用来传达信息、交流感情,有时甚至可以传递表示尊重的态度。请柬一般要有一定的装帧,如封面、花边、图案等。设计精美的请柬还具有收藏价值,有些活动的请柬还可以代替入场券的作用。

邀请函是单位、团体或个人为增进友谊、发展业务或增进交流等事宜,邀请客人参加活动的信函。大型活动的邀请函一般由主办方发出,邀请对方出席正式的庆典、联谊等重要活动;有些参观、访问、比赛、交流、会面、协商等活动,也使用邀请函,作出正式的邀请。

请柬和邀请函的区别:请柬的内容相对简单,篇幅小,文字简短。请柬最具礼仪和传统色彩,比较注重制作、装帧的精美,言辞客气典雅,礼貌周全。邀请函内容相对复杂一些,文字较多,篇幅比请柬长些,一般作为邀请者郑重、严肃的正式邀请。

二、请柬和邀请函的特点

(一)礼节性

请柬和邀请函的发出,意味着邀请者在礼节上对被邀请人的尊重与友好,表明邀请者对其开展的活动的重视,同时也说明被邀请者的到来对其活动的重要意义。通常情况下,请柬和邀请函一般由邀请人亲自送达或邮寄,以示尊重,一般不由他人转交。

(二)限定性

请柬和邀请函一般针对某项具体活动而设计,有明确的邀请对象或限定的被邀请人群范围。同时,请柬和邀请函在时间上也有限定性,要在此项活动开始之前送到被邀请对象手中,并希望被邀请的人在确定的时间准时出席。另外,邀请函的送达时间要恰当及时,不能过早或过晚。

(三)情感性

请柬和邀请函能让主客双方进一步增进情感交流,加深友谊。言辞上应对邀请客人表示出尊重,用真诚和热情来打动被邀请方,还应注意与被邀请客人进行特定目的性的情感沟通和交流,表达郑重的态度。

(四)规范性

请柬和邀请函有横写和竖写两种形式,书写格式要符合信函的基本结构和要求。

三、请柬和邀请函的应用

请柬和邀请函是我国传统的礼仪文书,也是当今国际通用的社交联络方式,其应用范围非常广泛。

(一)礼仪和告知的作用

请柬和邀请函不仅表示对邀请对象的礼貌和尊重,同时也起到告知被邀请对象相关活动具体时间、地点、内容、要求等事项的作用。

（二）提醒和备忘的作用

在通常情况下，被邀请者都会保存请柬和邀请函以备忘相关活动的准确时间、地点、内容、要求等事项，起到备忘录的作用。

（三）凭证的作用

请柬和邀请函在被邀请者报到或入场时具有凭证作用，在某些特殊的场合，请柬和邀请函可以用作报到或入场的凭证。

例文借鉴

【例文一】

请　　柬

尊敬的孙老师：

　　您好！

　　我校定于 5 月 6 日（星期二）下午 2 点整，在阳光校区基础教学楼 A 座 116 教室举办××师范大学 20××年度"五四"达标创优评比表彰大会，现诚邀您拨冗出席。

　　谨致谢忱！

共青团××师范大学委员会（章）
20××年 4 月 29 日

【简析】

这则请柬主要向邀请者提出诚挚邀请并告知具体事项，内容单一，相对比较简单，格式正确，文字简短，措辞得体、客气、文雅。

【例文二】

邀　请　函

各位考生及考生家长、各位中学老师：

　　为使广大考生、老师和考生家长能够深入了解高校教育教学水平和综合实力，准确把握招生政策，掌握各校招生信息，选择自己向往的高校，科学、合理地填报学校和专业志愿，××工业大学定于××年 5 月 26 日在××工业大学友谊校区内举办"校园开放日"暨20××年度招生咨询活动。届时，我们将邀请哈尔滨工业大学、北京航空航天大学等工业和信息化部属高校、同济大学等卓越联盟高校及北京大学、清华大学等著名重点高校招生负责人参与本次活动。

　　××工业大学热忱欢迎各位中学领导、老师、考生及家长参加此次咨询活动。

　　时间:20××年5月26日上午8:30—下午17:00
　　地点:××工业大学综合楼102室

××工业大学（章）
20××年×月×日

【简析】

这则邀请函的主要事项是邀请各位中学老师、考生及家长参加招生咨询活动。首先交代本次活动的目的、参加单位等具体情况；然后提出郑重、严肃的正式邀请，并告知活动时间、地点。全文叙述内容清晰完整，用语准确、简洁、得体，格式规范。

写作指导

一、请柬和邀请函的结构和写法

请柬和邀请函一般由封面、封里两部分组成。封面写"请柬""请帖"或"邀请函"字样，要居中书写，字体略大，醒目美观。封里包括以下几个部分的内容。

（一）称谓

第一行顶格书写被邀请单位名称或者个人的姓名、称谓，后加冒号。

（二）正文

写明邀请事由及参加活动的具体时间和详细地点。如果是有关文艺演出或体育比赛的观看邀请，则一定要附上入场券；如果是宴请，则应说明具体的酒店、楼层、包房号或桌号。如果向单位发出邀请，不但要写清楚被邀请的事由、时间、地点，还需写明被邀的对象、人数以及有关要求、注意事项等。

有时邀请函的正文应特别注明一些内容，如有参观、文艺活动，或有礼品赠送，应注明附上入场券，或者领取礼品的赠券；如需乘车乘船，应交代路线及有无专人接站等；如有特殊的着装要求，也应该在正文注明等。

（三）结尾

结尾应用敬语，要表示出希望接受邀请、欢迎前来的诚意。一般用"恭请光临""欢迎指导""敬请光临""恭请莅临""请届时光临指导"等表示对被邀请方的恭敬和礼貌。

（四）落款

落款包括署名和日期。应先写邀请者的单位名称或个人姓名，单位要加盖公章，个人只需署名，书写署名时要另起一行（右空两格）；再另起一行（右空两格）写此请柬或邀请函发出的日期。

二、请柬和邀请函的写作要求

（一）信息清楚

撰写请柬和邀请函需把有关信息交代清楚，邀请的事由、时间、地点、被邀请者的姓名及头衔、称呼必须准确无误。一般情况下，宾主姓名、单位名称、节日及活动名称都需使用全称。邀请函正文特别注明的内容应准确明白，语句简要精练，语义连贯，首尾照应，符合礼仪文书的行文要求。

（二）措辞讲究

请柬和邀请函都要根据场合、内容和邀请对象认真措辞，用语力求简短、诚恳、文雅、热情，宜用期盼性语言以突出"请"意，避免使用"务必""必须"等词语，不能流露丝毫的强求之意，要做到"达""雅"结合，得体适度，亲切自然。

（三）区别使用

请柬和邀请函在使用上是有一些区别的。通常情况下，隆重的礼仪场合多用请柬，邀请的事项单一也使用请柬。请柬的制作尽可能美观大方，以示对被邀请者的尊重。如果邀请的事项复杂或需要向被邀请者说明相关问题较多，则用邀请函。在邀请函的文末，有时还需被邀请者回文能否应邀前来参加该项活动，并附带回执。

（四）格式正确

请柬和邀请函书写格式要正确，可用横写式，也可用竖写式。横写式自然是从左往右写，竖写式则由右写到左，每列从上往下写。

（五）设计精美

请柬和邀请函在制作上应精致、美观、大方，表达邀请者的热情、诚意，更表示出对被邀请者的尊重。

模拟训练

一、请以"××活动"为主题,邀请相关人员参加,设计一份精美的请柬。

二、认真阅读下面这篇邀请函,指出其在内容、格式及措辞用语上值得你学习并借鉴的地方,并试着写一篇邀请函。

邀 请 函

敬爱的周老师:

您好!

光阴荏苒,岁月如梭。转眼间,我们毕业二十年了。

老师,您还记得新华五中高三(6)班那48张稚嫩的面容吗?我们永远忘不了高中三年和您在一起学习的日子,那是我们最永久、最珍贵的记忆。二十年后的今天,我们已不再是豆蔻年华,回想当年的高中生活,在您的培育下,我们不仅收获了学业,更收获了真挚、纯洁的友谊。无论日子多么久远,让我们最难忘和难舍的还是那段师生友谊。多少欢笑、多少故事、多少校园里的往事曾无数次出现在我们的梦里,您的谆谆教导、嘱托常闪现在我们眼前……于是我们再也不能以忙碌为由而淡漠这份师生情。

桃李芬芳,师恩难忘。在此,我们真诚邀请您参加新华五中高三(6)班毕业二十周年聚会活动,您的到来将给聚会带来更深的意义。您的学生们非常期待和您再次相聚,恭请您的到来!

新华五中高三(6)班聚会组委会敬上
20××年×月×日

三、××区教育局准备邀请开明中学的语文和数学老师参加本学期的期中考阅卷工作。如果老师们身体健康,具备相关的阅卷条件就可以参加,于20××年6月28日报到,并携带此函和工作证。请你以××区教育局的名义,拟制一封邀请函。

复习与思考

一、说说请柬和邀请函的含义。

二、请柬和邀请函有哪些特点？

三、在我们日常的社交活动中，请柬和邀请函发挥着怎样的作用？

四、请柬和邀请函的写作有什么区别？

五、请柬和邀请函有哪些写作要求？

第二节　欢迎词　欢送词　答谢词

学习目标

1. 了解欢迎词、欢送词和答谢词的含义和特点。

2. 掌握欢迎词、欢送词和答谢词的内容、结构和写法，学会写欢迎词、欢送词和答谢词。

理论知识

一、欢迎词、欢送词和答谢词的含义

欢迎词、欢送词和答谢词都是一种礼仪文书。

欢迎词是在迎接宾客的仪式、集会、宴会上或在会议开始时，主人对宾客的到来表示欢迎的讲话文稿。热情洋溢的欢迎词可给宾客带来愉悦与温暖，能在宾主之间创造一种和谐融洽的气氛，促成相互尊重、亲切友好的氛围，还可使宾主在短时间内增进了解，便于日后的接触与合作。

欢送词是在欢送宾客的仪式、集会、宴会上或会议结束时，主人对宾客即将离去表示欢送的讲话文稿。真挚热烈的欢送词可让宾客带走友谊与关爱，能很好地传达出主人依依惜别之情，起到传递人间真情的作用。

答谢词是指特定的公共礼仪场合，主人致欢迎词或欢送词后，客人对主人的热情款待表示感谢的讲话文稿。"礼尚往来"是中华民族的传统美德，主人尽地主之谊理所当然，客人庄重致谢情所必然。答谢词一般应用于场面庄重、仪式隆重的社交场合，语言上表现出庄重严谨、真挚诚恳的特点。

二、欢迎词、欢送词和答谢词的特点

（一）礼仪性

欢迎词、欢送词和答谢词都是出于礼仪的需要而使用的，仪式的场合多种多

样,交往的对象不同、目的不同,表达的情谊也不一样,因此,致词前要了解致词对象及相关事项的基本情况,致词时要看场合说话,称呼要恰当,语言应得体到位,要尊重对方的风俗习惯,不讲双方忌讳的内容,做到热情友好,谦恭有礼。

（二）情感性

欢迎词、欢送词和答谢词都是一种社交礼仪文书,都应突出表达一种真挚、友好的感情。

1. 欢迎词突出欢愉性

中国有句古话:"有朋自远方来,不亦乐乎。"致欢迎词应当表达一种愉快的心情,言词用语务必富有激情,要表现出致词人的真诚。只有这样才能给客人一种宾至如归的感觉,为下一步各种活动的圆满举行打下良好的基础。

2. 欢送词表示惜别性

欢送词要表达出亲朋即将远行时的真实感受,感情自然、真挚、友好,依依惜别之情要溢于言表。当然格调也不可过于低沉,尤其是公共事务的交往更应把握好分别时所用言辞的分寸。

3. 答谢词强调感谢性

答谢词是在各种正式的社交场合中,宾客一方所用的讲话方式,突出表达感谢之意。一般情况下,宾客发表答谢词,主要用来感谢安排活动的主办方,还可对光临者、赞助活动者或前来恭贺者表示感谢之意。

（三）口语化

欢迎词、欢送词和答谢词一般是现场当面向宾客口头表达的,在遣词用语上要运用生活化的口语,适应现场氛围,讲究礼貌,亲切热情,通俗动听,既简洁又富有生活的情趣,从而拉近主人同宾客的亲密关系。

例文借鉴

【例文一】

致外国义教教师的欢迎词

尊敬的××议员、曾××会长,女士们、先生们:

首先,请允许我代表××中学全体师生,对各位尊贵客人的到来表示热烈的欢迎!

虽然冬日微寒,但阳光普照。在这个美好的日子里,见到了老朋友××

议员、曾××会长,同时结识了更多的新朋友,我们感到由衷的高兴。

有一句老话说得好:"有缘千里来相会。"虽然远隔重洋,但是一种情缘、一种志趣,让我们相聚在这个时刻、这个地方。你们的到来,将再一次给予我们一个交流的机会、一个了解外界的平台。

我有充分的理由相信:我们今天的交流一定能够达到预期的效果。在此,我衷心祝愿各位尊贵客人在长春、在××中学、在××风景区度过一段美好的时光,感受东北白山黑水的独特韵味。

最后,祝愿各位尊贵的客人身体健康,工作愉快!

××学校校长:李××

20××年×月×日

【简析】

这是一篇欢迎词,开篇就直接表达致词人代表全体师生向宾客表示欢迎之意。正文突出客人到来的意义、对预期目的的期待与美好愿望,结尾祝愿宾客义教取得圆满成功,并祝愿在此期间过得愉快。结构条理清晰,语言简洁生动,充满热情,富有感染力。

【例文二】

欢 送 词

尊敬的女士们、先生们:

在一个星期以前,我们愉快地欢聚一堂,热烈欢迎洛克部长一行五人来公司访问。洛克部长将于明天回国,在这里,我代表××公司,对你们访问的圆满成功表示热烈的祝贺。

明天,你们就要离开长春,在即将分别的时刻,我们的心情依依不舍。几天来的相处,时间虽短暂,但我们之间的友好情谊是长久的。中国有句古诗:"海内存知己,天涯若比邻。"在向洛克部长送别之际,我们欢迎各位女士、先生在方便的时候再次来长春、来公司做客,相信我们的友好合作会日益加强。我们真诚希望你们留下宝贵意见,以便改进我们的工作。同时,我们想借此机会转达我们对×国人民的深厚情谊!

祝洛克部长回国途中一路平安,工作顺利!

$$\text{××公司经理:刘××}$$
$$20××年×月×日$$

【简析】

　　这是一篇欢送词。在开头部分常常对宾客圆满完成预期访问目标致以祝贺。正文部分主要表达惜别之情,述说友谊长存并欢迎宾客再次来作客,表达双方加强合作的意愿,最后作礼节性的祝福。字里行间流露出真诚、热情与友好,让对方有温暖、愉快之感。语言简洁明快,得体适度。

【例文三】

答 谢 词

尊敬的市长阁下,女士们、先生们:

　　我市代表团对贵市的访问即将结束。在临别之际,我代表我的同事并以我个人的名义,对您及您的同事在我们访问期间的热情款待和友好合作表示感谢。我相信我们之间的合作是真诚的、愉快的、长久的。我和我的同事热切期待着您及您的同事不久能访问我市,我们将热烈欢迎。

　　祝××市长身体健康!

　　祝各位女士、先生精神愉快!

$$×××$$
$$20××年×月×日$$

【简析】

　　这是一篇答谢词,在开头部分对主人的盛情款待表示感谢,然后表示期望长久合作,邀请到访。最后用礼节性的祝颂语表示祝愿。内容简要,言简意赅,措辞严谨,庄重严肃。

写作指导

一、欢迎词、欢送词和答谢词的结构及写法

欢迎词、欢送词和答谢词的结构与写法基本一样，只不过在内容上有"迎""送""谢"的区别。

（一）标题

这三种文书的标题通常有两种形式，一种是文种式，即只写"欢迎词""欢送词""答谢词"；另一种是三要素式，即由致词人、致词场合与文种构成，如《××在开学典礼上的欢迎词》《在欢送××晚宴上的答谢词》。

（二）称谓

对欢迎、欢送和答谢对象的称呼，措词要特别注重礼貌。如称对方姓名要用全名，不得用简称、代称。名字前要加"尊敬的""亲爱的"等词语，用来表示亲切、友好的感情。名字后要加头衔、职务或"先生""女士""朋友"等称谓。

（三）正文

1. 开头

欢迎词、欢送词和答谢词正文的开头要写得真挚热情，语言生动简洁。

欢迎词一般应先概括说明宾客来访的背景，接着说明致词人以什么身份、代表谁向谁表示欢迎意愿。

欢送词在开头部分常常对宾客致以问候，即作为东道主对宾客来访期间的辛劳表示慰问。

答谢词在开头部分要对主人的盛情款待表示感谢。

2. 主体

主体部分是欢迎词、欢送词和答谢词正文的主要内容。

欢迎词应写欢迎来访的意义、作用；或表达主人对客人的殷切期盼之情；或回顾双方的交往与友谊；或表示对造访预期目的的期待与祝愿等。

欢送词应表示依依惜别之情；或表达照顾不周之意；或述说友谊长存之愿；或描述双方合作的美好愿景等。

答谢词应称赞主人的成绩与贡献；或回顾近期双方愉快的合作；或肯定这次活动的成果、意义及影响；或表明对巩固与发展双方友谊的打算与愿望。

3. 结尾

欢迎词、欢送词和答谢词的结尾一般都写祝颂语。欢迎词往往写祝愿宾客来访取得圆满成功,并祝愿访问期间过得愉快;欢送词通常写再次表示诚挚的谢意与良好的祝愿等;答谢词写再一次表达谢意,并表达对未来的展望和畅想及对双方的祝福等。

(四)落款

正文右下方写明致欢迎词、欢送词和答谢词的单位名称或个人姓名,在下一行标明日期。如果在标题下方已注明名称,则此处可省略,只写日期即可。

二、欢迎词、欢送词和答谢词的写作要求

(一)感情真挚,注重礼节

欢迎词、欢送词和答谢词从称谓到正文通篇都应体现出尊敬、友好、亲切的态度。字里行间流露出真诚、谦逊、热情与友善,让对方有温暖、愉快、轻松之感。

(二)亲切友好,讲究措辞

欢迎词、欢送词和答谢词在撰写时要尊重双方的风俗习惯,语言表述准确、得体。既表示亲切友好,又庄重严肃;既坚持原则,又不失礼貌,谦恭得体,情真意切。

(三)了解情况,不犯禁忌。

事先了解对方的风俗习惯、宗教信仰等,慎重措辞,避开双方的忌讳,以免产生误会,伤害对方感情。

(四)篇幅短小,言简意赅

欢迎词、欢送词和答谢词作为公共关系中的社交礼仪文书,一定要写得通俗易懂,短小明快,不可长篇大论,否则就会冲淡仪式上愉快友好的气氛。

模拟训练

一、某市第三中学本学期迎来了第一批实习生。在欢迎会上,吴校长将代表学校致欢迎词。请你代他写一篇欢迎词。

二、××大学本学期将派李强、王铭两位同学去新疆支教,请你以班长的身份撰写一篇欢送词。

三、请你修改下面这篇答谢词。

致导师答谢词

我的论文是在导师王教授的悉心指导下完成的。承蒙王老师的亲切关怀和精心指导——虽然有繁忙的工作，但仍抽出时间给予我学术上的指导和帮助，特别是给我提供了良好的学习环境，使我从中获益不浅。王老师对学生认真负责的态度、严谨的科学研究方法、敏锐的学术洞察力、勤勉的工作作风以及勇于创新、勇于开拓的精神，是我永远学习的榜样。

在此，谨向王老师致以深深的敬意和由衷的感谢。

还要感谢我的父母，他们在生活上给予我很大的支柱和鼓励，是他们给予我努力学习的信心和力量。

最后，感谢所有关心我、支持我和帮助过我的同学、朋友、老师和亲人。在这里，我仅用一句话来表明我无法言语的心情：感谢你们！

复习与思考

一、什么是欢迎词、欢送词和答谢词？它们有哪些区别？

二、欢迎词、欢送词和答谢词有哪些特点？

三、简述欢迎词、欢送词和答谢词的结构与写法。

四、欢迎词、欢送词和答谢词在写法上有哪些具体要求？

第三节　开幕词　闭幕词

学习目标

1. 了解开幕词、闭幕词的含义和特点。

2. 掌握开幕词、闭幕词的内容、结构、写法以及语言表达上的要求，学会写开幕词、闭幕词。

理论知识

一、开幕词、闭幕词的含义

开幕词是指在比较隆重的大中型会议开始时，由组织召开会议机关的主要领导或会议主持人发表的致辞。开幕词的内容主要是交代会议议程,阐述会议宗旨、指导思想和重要意义,向与会者提出会议的中心任务和要求,对会议有着重要的指导作用。

闭幕词是在比较隆重的大中型会议结束时,由会议的主要领导人向与会代表所作的总结性讲话。闭幕词的主要内容是对会议作概括性的总结和评价,目的是总结会议召开的情况,评价会议的成果、意义以及影响,向与会者提出贯彻落实大会的精神和要求,并向与会单位提出下一步工作的目标和希望。

二、开幕词、闭幕词的特点

(一) 开幕词的特点

1. 宣告性

开幕词是大会正式开始的标志,主要领导亲临大会并致开幕词,显示了组织者对大会的重视。开幕词适用于较为隆重的会议,一般性会议可以不致开幕词。

2. 指导性

开幕词通常要阐述会议的性质、宗旨、任务、要求和议程安排等,集中体现大会的指导思想,起着定调的作用,引导会议朝着既定的正确方向顺利进行,对保证会议的圆满成功有着重要的指导意义。

3. 激励性

开幕词是会议的序曲,要尽可能调动与会者的积极性,通常用简短有力的激励性语言向与会者提出希望和要求,发出号召,鼓舞与会人员的斗志,增强他们完成大会提出任务的信心。

4. 简明性

开幕词一般情况下只对会议目的、议程、基本精神等作简单介绍,语言概括简洁,尽量做到通俗、明快、热情、友好,短则几百字,长则不超过一两千字,多用祈使句,表示祝贺和希望。

(二) 闭幕词的特点

1. 总结性

闭幕词具有很强的总结性,主要领导或会议负责人亲临大会并致闭幕词,显示了组织者对大会的重视。闭幕词应对会议进展情况、完成的议题、取得的成果、提出的会议精神及会议意义等进行高度的概括总结。

2. 评价性

闭幕词是在会议或活动的闭幕式上使用的文体,要对会议内容、会议精神和进程进行简要的总结并作出恰当评价,肯定会议的重要成果,强调会议的主要意义和深远影响。

3. 号召性

为激励参加会议的全体成员实现会议提出的各项任务而奋斗,增强与会人员贯彻会议精神的决心和信心,闭幕词的行文充满热情,语言坚定有力,富有号召性和鼓动性。

4. 口语化

闭幕词的篇幅一般都短小精悍,语言简洁明快。闭幕词适合口头表达,写作时要求语言通俗易懂、生动活泼。

例文借鉴

【例文一】

王岐山在2010年上海世博会开幕式上的致辞

尊敬的胡锦涛主席和夫人,尊敬的蓝峰主席,尊敬的各位来宾,女士们,先生们:

此刻,我们相聚在美丽的黄浦江畔,共同开启一场全球盛会的帷幕。明天,有着159年历史的世博会将首次在发展中国家、在中国举行。

感谢国际展览局的成员国!是你们的选择,让中国人民对世博会的向往,从遥远的憧憬成为今天的现实。

感谢246个国家和国际组织以及中外企业的参展方!是你们的无限激情、智慧、创意、精湛技艺,让一座座美轮美奂的展馆展现了生命的力量,传递着和平、友爱、希望。

感谢全国人民,尤其是上海市人民,以及上海世博会的建设者、工作者和志愿者!是你们的参与和奉献、理解和支持,让我们得以分享上海世博会的辉煌。

一个半世纪以来,人类前进的脚步在世博会上留下了不可磨灭的印迹。"城市,让生活更美好"。第一次以"城市"为主题的上海世博会,是各国人民创新、合作、交流的平台。她将打开未来城市的大门,引领新的生活方式,促进人与城市、自然相和谐,推动建设平安、文明、幸福的城市,促进人的全面发展。

上海世博园即将开放。我们会以周到的服务、真诚的笑容,让所有观众在中国体验一届成功、精彩、难忘的世博会。

　　女士们,先生们!以人为本、全面协调可持续发展的理念,已成为中国政府和人民的坚定选择。一个更加开放、包容的中国,将与世界各国一道,共同推动人类文明进步。最后,预祝中国2010年上海世博会圆满成功!谢谢!

(资料来源:中国政府网 2010 年 4 月 30 日)

【简析】

　　这是一篇典范的开幕词。百年期盼,八年筹办,2010年上海世博会于4月30日晚在黄浦江畔的世博园区盛大开幕。来自全球189个国家和57个国际组织实际参展,创造了世博会159年历史之最,世界在中国上海实现空前大团聚。时任副总理的王岐山致开幕词。这篇开幕词开篇便用热情洋溢的语言宣布了盛会的开幕,奠定了这次盛会隆重、热情、友好的基调和氛围。接着用三方面的"感谢"语句,表达了世博会的重要意义和深远影响,突出了"城市,让生活更美好"这一主题。最后,用坚定有力、富有感染力的话语表达了中国人民的美好愿望和祝愿。语言感情色彩浓烈,为盛会营造了良好的气氛。

【例文二】

第29届奥林匹克运动会闭幕词

(2008 年 8 月 24 日)

国际奥委会主席　罗格

亲爱的中国朋友们:

　　今晚,我们即将走到16天光辉历程的终点。这些日子,将在我们的心中永远珍藏。

　　感谢中国人民,感谢所有出色的志愿者,感谢北京奥组委!

　　通过本届奥运会,世界更多地了解了中国,中国更多地了解了世界,来自204个国家和地区奥委会的运动健儿们在光彩夺目的场馆里同场竞技,用他们的精湛技艺博得了我们的赞叹。

　　新的奥运明星诞生了,往日的奥运明星又一次带来惊喜,我们分享他们的欢笑和泪水,我们钦佩他们的才能与风采,我们将长久铭记再次见证的辉煌成就。

在庆祝奥运会圆满成功之际,让我们一起祝福才华横溢的残奥会运动健儿们,希望他们在即将到来的残奥会上取得优异的成绩,他们也令我们倍感鼓舞。

今晚在场的每位运动员,你们是真正的楷模,你们充分展示了体育的凝聚力。来自冲突国家竞技对手的热情拥抱之中闪耀着奥林匹克精神的光辉。希望你们回国后让这种精神生生不息,世代永存。

这是一届真正的无与伦比的奥运会!

现在,遵照惯例,我宣布第29届奥林匹克运动会闭幕,并号召全世界青年四年后在伦敦举办的第30届奥林匹克运动会上相聚。

谢谢大家!

(资料来源:央视网2008年8月25日)

【简析】

2008年8月24日在中国国家体育场鸟巢举行了第29届奥运会闭幕式。这篇闭幕词是时任国际奥委会主席的罗格在第29届奥运会闭幕时所作。闭幕词首先宣布该届奥运会即将结束,并表达了对中国人民、奥组委及志愿者的谢意;然后指出此次奥运会的重要意义和深远影响即"世界更多地了解了中国,中国更多地了解了世界",并予以高度评价"这是一届真正的无与伦比的奥运会"。同时,他高度赞扬了奥运明星和奥林匹克精神,希望"这种精神生生不息,世代永存"。最后号召全世界青年四年后在伦敦举办的第30届奥运会上相聚。篇幅短小精悍,语言简洁明快,热情洋溢,富有鼓舞性和感染力。

写作指导

一、开幕词、闭幕词的结构与写法

(一) 开幕词的结构与写法

开幕词一般由标题、称谓、正文和结束语四部分组成。

1. 标题

开幕词标题的写法有以下几种形式:

（1）由会议全称和文种构成,如《中国2010年上海世博会开幕词》,或只写文种"开幕词"三个字。

（2）由致词人姓名、大会名称和文种构成,如《习近平在"一带一路"国际合作高峰论坛圆桌峰会上的开幕词》。

（3）有的采用复式标题。主标题揭示会议的宗旨、中心内容,副标题与前两种标题的构成形式相同,如《顺应潮流,改革创新,共同发展——在2018年创新经济论坛开幕式上的致辞》。

2. 称谓

开幕词是礼节性致辞,称谓是礼节、礼貌的体现。称谓要根据会议的性质和出席会议的人员来确定,一般用泛称,顶格书写,后面加冒号。如"同志们""各位代表、各位来宾""各位老师、各位同学""运动员同志们"等。如果是党的会议,称呼比较简单,就是"同志们"三字。如果是国际会议,要按照国际惯例来排序,较常见的是"各位嘉宾、女士们、先生们"。称呼的选用要涵盖全体人员,不能遗漏。也可以在称呼后面再加上礼节性的问候,如"大家好""晚上好"。

3. 正文

开幕词正文包括开头和主体两部分。

（1）开头。开头部分的主要内容是宣布会议开幕。一般的写法是:开门见山地宣布会议开幕,宣布会议的名称要写全称,以示庄重。也可以对会议的规模、意义、召开的背景、出席会议人员情况和会议筹备情况作简要的介绍,并对会议的召开表示热烈的祝贺,对与会人员的到来表示欢迎,渲染会议气氛,激发与会者的热情。写作时,应单列为一个自然段,与主体部分区分开来。

（2）主体。这一部分内容是开幕词的核心部分,通常包括以下三方面的内容:

第一,要阐述会议召开的意义,通过对以往工作情况的概括、总结和对当前形势的分析,交代会议召开的形势和背景,说明为解决什么问题或达到什么目的而召开的;第二,要阐明会议的指导思想,提出会议的任务,概括会议的议程和安排;第三,为保证会议的顺利进行,还可以向与会者提出会议的要求。

4. 结束语

这一部分通常用祝词发出号召和希望,预祝会议顺利、圆满成功等。

（二）闭幕词的结构与写法

闭幕词由标题、称谓、正文和结束语四部分组成,标题与称谓的写法与开幕词基本相同。

1. 标题

闭幕词标题的写法和开幕词基本一致,有以下几种形式:

(1)由会议全称和文种构成,如《中国共产党第十二次全国代表大会闭幕词》或只写文种"闭幕词"三个字。

(2)由致词人姓名、大会名称和文种构成,如《国际奥委会主席罗格在雅典奥运会闭幕式上的致词》。

(3)有的采用复式标题。主标题揭示会议的宗旨、中心内容,副标题与前两种标题的构成形式相同,由会议全称和文种构成,或由致词人姓名、大会名称和文种构成,如《携手共建网络快车道——××会议闭幕词》《顺应潮流,改革创新,共同发展——王岐山在2018年创新经济论坛开幕式上的致辞》。

2. 称谓

闭幕词的称谓也要体现礼节、礼貌之意。闭幕词称谓与开幕词称谓写作基本相同,要特别注意称谓要根据会议的性质和出席会议的人员来确定,一般用泛称,顶格书写,后面加冒号。称呼的选用要涵盖全体人员,不能遗漏。

3. 正文

正文包括开头、主体两部分内容。

(1)开头。先用概括性的语言对会议作一个总的评价,然后概要说明大会的经过,是否圆满地完成了预定的任务或胜利闭幕。

(2)主体。这是闭幕词的核心部分,通常包括三方面的内容:首先,要对大会进行概括、总结,概述会议的基本情况以及会议通过的主要事项和基本精神;其次,恰当地评估会议的收获、意义以及会议的深远影响;最后,指出会议主题对今后工作的指导意义,并向与会人员提出贯彻会议精神的基本要求,增强人们贯彻会议精神的信心和决心。

4. 结束语

结束语一般先用坚定语气发出号召,提出希望,表示祝愿、致谢等,最后郑重宣布会议闭幕。

二、开幕词、闭幕词的写作要求

(一)主题集中、鲜明,突出重点

开幕词写作中一定要把握会议的性质,着重阐述会议的特点、意义、要求和希望,对于会议本身的情况,如议程、主要事项等,应作概括说明,点到为止。闭幕词具有总结性、评估性和号召性,应抓住会议的主要议题,有针对性地对会议内容予以阐述和肯定,对会议未能展开却已认识到的重要问题作出适当强调或补充,做到重点突出,详略得当。

(二)行文热情洋溢,简洁有力

开幕词与闭幕词在行文时都要热情洋溢,简洁有力,起到激发斗志,增强信念的作用。开幕词应表达出对与会人员的热烈的欢迎和感谢,调动会议气氛,使与会者尽快进入会议的状态。闭幕词出现在会议终了,应与开幕词前后呼应、首尾衔接,表达出大会开得很圆满、很成功,对大会给予充分的肯定和中肯的评价。

(三)篇幅短小精悍,语言生动、明快,富有感染力

开幕词、闭幕词在写作时,篇幅要短小精悍,行文要明快、流畅。语言都应做到口语化,高度综合、概括,坚定有力,充满热情,富有鼓动性和号召力,注重与会议氛围和谐一致,给与会者留下深刻的印象。

模拟训练

一、××中学将在20××年9月30日举行第×届秋季田径运动会,请你代学校领导写一篇开幕词。

二、××学校在今年的9月10日举行了第×个教师节的庆祝大会,请你撰写一篇闭幕词。

复习与思考

一、什么是开幕词、闭幕词?

二、开幕词与闭幕词都有哪些特点?

三、开幕词与闭幕词在结构和写法上有哪些相同点和不同点?

四、简述开幕词与闭幕词的写作要求。

第四节 感谢信 表扬信 慰问信

学习目标

1. 了解感谢信、表扬信和慰问信的含义和特点。

2. 掌握感谢信、表扬信和慰问信写作的内容、结构及写法,学会写感谢信、

表扬信和慰问信。

理论知识

一、感谢信、表扬信和慰问信的含义

感谢信是向帮助、关心和支持过自己的集体(党政机关、企事业单位、社会团体等)或个人表示感谢的专用书信。组织与组织之间、组织与个人之间或个人与个人之间,只要一方得到另一方的帮助,都可用感谢信向对方表达谢意。感谢信有时直接写给被感谢者,有时写给被感谢者所在单位,或通过张贴在宣传栏、告示板等公共场所表示感谢,或通过送交报纸、杂志、电视台、网络等社交媒体予以公布,向给予自己帮助、关心和支持的对方表示感谢。

表扬信是以集体或个人的名义对某单位或某个人的英雄行为、模范事迹表示赞扬的专用书信。表扬信可以亲自送到受表扬者所在的单位,张贴于对方单位的宣传栏,也可以送给各类媒体,传播受表扬者的感人事迹,学习受表扬者的美好品德,弘扬社会正能量。

慰问信是以组织、群众或个人的名义,向有关集体或个人表达关怀、慰劳、问候或致意的专用书信。慰问信的写作有两种情况:一是在对方遭遇不幸、灾祸时,向对方表示关心、同情和慰问;二是逢年过节时,上级部门、同级单位或个人对工作中作出突出贡献的人员表示问候、鼓励等。

二、感谢信、表扬信和慰问信的特点

感谢信、表扬信和慰问信都是表达一种真实情感的专用书信,三种书信表达的感情都具有真挚、热烈的共同特点,都有让所有看到信的人受到感染和激励的作用。

(一)感谢信的特点

1. 叙事性

叙述对方对自己或单位的帮助,一定要把人物、时间、地点、原因、结果以及事情经过叙述清楚,便于组织了解和群众学习。感谢信应在叙事的基础上表达真情实感,把感人的事迹说得清清楚楚,感动自己的同时,也应感染读者,表达感谢之意真诚、朴实,符合实际,说到做到。

2. 动情性

感谢信以表达感谢为主。在社会生活中,在受人礼遇、帮助、关怀后,通常都

要表达内心的感激之情,因此,感谢信的写作一定要动情。在叙述事实的过程中,字里行间都饱含深情,有感而发,让对方感受到你的诚挚的谢意。同时,感情要真挚、热烈,使所有看到信的人都受到感染。

3. 宣扬性

"知恩图报"是中华民族的传统美德,受人帮助,理应表示感谢,更应把良好的道德风尚学习、发扬并传递下去。写一封感谢信,不仅仅是给助人者看的,也是给其他人看的,在表达感谢的同时,通过人们的议论、评价和赞扬,弘扬社会正能量。

(二)表扬信的特点

1. 褒扬性

表扬信都是表扬先进人物、先进事迹或崇高品质、优良作风的信函。表扬信表扬好人好事,鼓励人们发扬无私奉献、乐于助人的精神,树立良好的社会风尚。

2. 宣传性

表扬信通过对被表扬人的行为、精神的赞扬和肯定,树立良好的社会风尚,让更多的人从中受到教育和感染,从中汲取力量,起到宣传和教育的作用。

3. 公开性

表扬信可以直接发送给被表扬人,更多的是公开张贴、登报或者通过广播电台、电视台、报社、杂志社、网络等媒体公开发布,让广大群众知道、了解。感谢信对于弘扬正气、树立良好的社会风尚,促进社会主义精神文明建设有着重要意义。

(三)慰问信的特点

1. 问候性

问候性是慰问信的最主要特点。慰问信的写作目的就是传达对慰问者诚挚的问候、敬意,让被慰问者在特殊时期得到组织的关爱、朋友的关心和亲人的温暖,从而树立克服困难、再创佳绩的信心。

2. 关怀性

慰问信不是表面的寒暄客套,而是发自内心的真诚问候和关怀,它送去的是亲人般的温暖和爱意,这份人与人之间的相互理解、同情和关怀,能使在困境中的人摆脱孤独和无助,获得战胜困难的勇气和力量,能使在特殊时期的人们得到一种精神上的关怀和激励。

3. 激励性

慰问信送去的问候都能给被慰问者以激励的作用。特别是身处困境、逆境中人接受这份问候、关爱或同情,都能在精神上受到激励,增强克服困难的勇气和信心。慰问信中也常常提出希望,发出号召,激励情绪,鼓舞斗志。

例文借鉴

【例文一】

致全校师生读者的一封感谢信

各位读者:

  为实现图书馆信息化建设的升级改造,我馆引进了 RFID 技术,以求实现现代化图书馆的智能图书定位及自助借还功能。图书馆于 2019 年 3 月中旬正式启动了此项工程,至今已全部完工。RFID 技术的全面应用,彻底打破了图书馆人工借阅的传统模式。读者只需通过自助机的菜单提示进行简单操作,即可一次性完成单本或多本图书的借还服务,实现了图书流通的自助化、自动化、简约化、高效化。

  在 RFID 项目实施过程中,图书馆得到了全校师生的支持与帮助,特别鸣谢文学院、马克思主义学院、美术学院、传媒学院、外国语学院、政法学院、地理科学学院、生命科学学院、工程学院、国际教师教育学院、国际交流学院、数学学院、教育学院、化学学院、经济管理学院、计算机科学与技术学院、体育学院等单位,在一个月内先后派出学生 1343 人次,提供志愿服务 55 次,为图书馆第一至第五中文借阅室 50 余万册图书进行倒架,保障 RFID 工程顺利进行。在此,对各学院领导的支持与学生志愿者的辛苦付出表示诚挚的谢意。图书馆的建设有赖于你们的支持,包含了你们的汗水与付出,图书馆的发展仍然需要你们作为我们的力量源泉。

  由于 RFID 工程实施期间,需对原有馆藏流通的 70 余万册图书重新粘贴芯片、注册信息,短期内影响了读者入馆借阅图书。对于为此给读者带来的不便,我们深表歉意。

  目前,图书馆已全面开放,图书馆领导班子携全体馆员诚挚邀请全校师生读者到馆阅览体验。感谢大家对图书馆工作一如既往的支持、理解与帮助,也欢迎大家提出更多宝贵的意见和建议。图书馆会与时俱进,做好新形势下的服务转型工作,积极参与学校人才培养、信息化建设和校园文化建设。图书馆人也将继续秉承着"以人为本,服务第一,读者至上"的宗旨,不忘初心,牢记使命,砥砺前行!

××师范大学图书馆
2019 年 7 月 4 日

【简析】

　　这封感谢信是学校图书馆写给全校师生读者的。感谢的事由是在 RFID 项目实施过程中,对各学院领导的支持与学生志愿者的辛苦付出表示诚挚的谢意。正文叙述事实情况详细具体,表达感谢之意诚挚、亲切。正文最后对 RFID 工程实施期间,给读者带来的不便表达了歉意。信的结尾再次致谢,提出希望和决心。感情表达真挚自然,结构层次清晰,语言简练生动。

【例文二】

表　扬　信

××师范大学文学院各位领导、老师:

　　贵校余××、鲁××等十名实习生,自今年三月到我校实习以来,表现突出、所带班级成绩优异,特致信予以表扬。

　　贵校实习生到校第一天,就开始了正常的课堂教学,很快熟悉并掌握了小学课堂教学常规和管理方法。实习期间,这十名实习生能够严格遵守纪律,工作中积极主动、认真负责,虚心向指导老师学习请教,课堂教学得到师生的一致好评。实习期间,积极参与并组织学校各项活动,指导我校学生参加朝阳区"童心里的诗篇"少儿诗歌比赛,获得了全区第一名的好成绩。实习生们的表现得到我校全体师生的一致赞誉,这都体现了贵校扎实认真、严谨治学的优良学风。

　　今后,希望贵校能够派送更多优秀实习生来我校教育实习。

　　此致
祝文学院事业蒸蒸日上!

长春市朝阳区××小学
20××年×月×日

【简析】

这则表扬信是以学校名义发出的,对来校实习的全体实习生提出表扬。表扬信首先叙述了实习生在校的行为表现,着重表扬十名实习生的突出事迹。在叙事的基础上进行评价,语言精练朴实,诚恳自然,把发信人的真诚谢意蕴含在字里行间,结尾提出希望,发出祝愿。行文结构规范合理,篇幅短小精悍。

【例文三】

慰 问 信

陈××同学:

你的手臂好些了吗?我们代表全班同学来××医院看望你,以此表达他们对你的关心和问候。

当得知你的手臂受伤了,还要做手术时,全班同学都很难过,大家都为你担心。同学们都想来医院探望你,可是名额有限,就由选派的代表送上每个同学精心准备的贺卡,上面写满了大家对你的祝福和问候哟!

××,你安心养病,尽快好起来,我们都盼望着你早点回到高二(1)班这个大家庭呢!我们都期待着那个生龙活虎的陈××早点回到同学们中间,一起学习,一起欢笑!不用担心你落下的课程,老师和同学们都会帮助你的;遇到什么困难,不用害怕,老师和同学们都会和你一起解决!你一定要坚持下去,战胜病魔,盼望你早日回到校园!

  祝你
早日康复!

高二(1)班全体同学
20××年×月×日

【简析】

这封慰问信是以班级全体同学的名义写给个人的,主要内容表达对生病住院的陈同学的问候和关心,送去全班同学的温暖,并希望这名同学安心养病,克服困难,战胜病魔,早日康复。文中字字句句饱含真情,表达的感情诚挚、强烈,激励生病的同学战胜病痛,早日康复并回归校园。格式规范,语言生动简洁。

写作指导

一、感谢信、表扬信和慰问信的结构与写法

感谢信、表扬信和慰问信在行文的结构上相近,通常都由标题、称谓、正文、结尾和落款五部分构成。写作内容和方法上大同小异,除正文的写法不同之外,其他部分的写法大体相近。感谢信重在"感",侧重表达"感谢"之意;表扬信重在"扬",侧重表达"表扬"之意;慰问信重在"慰",侧重表达"慰问"之意。

(一)感谢信的结构与写法

1. 标题

感谢信标题的写法通常有三种形式:

(1)单独由文种名称组成,如《感谢信》。

(2)由感谢对象和文种名称共同组成,如《致××学校的感谢信》。

(3)由感谢双方和文种名称构成,如《××村留守儿童致省妇联的感谢信》。

2. 称谓

写在开头顶格处,要求写明被感谢的机关、单位、团体或个人的名称或姓名,然后加上冒号。

3. 正文

感谢信的正文要写上致谢的内容和感谢的心情。应写出以下几个方面内容。

(1)致谢的事由。感谢信的正文务必写清得到了哪些帮助,这些帮助又产生了哪些效果。叙述事件时,要准确无误地叙述时间、地点,发生事件的其他详细情况。尤其重点叙述对方关心和帮助的感人细节,语言要简洁。

(2)揭示意义。这部分内容应在叙事的基础上,精练地叙述事情的前因后果,叙述对方的好品德、好作风,指出对方的关心、支持和帮助对整个事情成功的重要意义以及体现出的可贵精神,同时表示向对方学习的态度和决心。

4. 结尾

结尾要写上表示敬意、感谢的话语,如"此致,敬礼""致以诚挚的敬意"等。

5. 落款

感谢信的落款须注明发文单位名称或发文者的姓名,并且注明成文日期。

(二)表扬信的结构与写法

1. 标题

一般而言,表扬信标题单独由文种名称"表扬信"组成,位置在第一行正中。

2. 称谓

表扬信的称呼应在开头顶格写上被表扬的机关、单位、团体或个人的名称、姓名。写给个人的表扬信,应在姓名之后加上"同志""先生"等字样,后边加冒号。若直接张贴到某机关、单位、团体的表扬信,开头可不必再写受文单位。

3. 正文

正文的内容要另起一行,空两格写。一般要求写出下列内容:

(1)交代表扬的理由。用概括叙述的语言,重点叙述人物事迹的发生、发展、结果及其意义。叙述清楚,突出最本质的方面,让事实说话,少讲空道理。

(2)指出行为的意义。正文内容要写清楚表扬、感谢的具体单位或个人姓名,重点写其有何先进思想、先进事迹,以及该先进事迹对社会或自己所产生的重大意义和积极效果,在叙事的基础上进行评价、议论,指出被表扬人所作所为的道德意义,须明确指出这种行为属于哪种好思想、好风尚、好品德,值得他人学习、效仿。

4. 结尾

结尾部分要提出对对方的表扬,或者向对方的单位提出建议,希望对某某某给予表扬,如"××同志的优秀品德值得大家学习,建议予以表扬。"写给本人的表扬信,则应适当谈些"深受感动""值得我们学习"等方面的内容。最后写上表示敬意、感谢或赞扬的话,如"此致敬礼""谨表谢意""向您学习"等。并要求在结尾处写上"此致敬礼"等结束用语。但"此致""祝""谨表""向你"等字写在末尾,其余的字,要另起一行,顶格写。

5. 落款

落款应写明发文单位名称或个人姓名。并在右下方注明成文日期。

(三)慰问信的结构与写法

1. 标题

(1)慰问信的标题可以直接用"慰问信"三个字。

(2)由发文单位名称、受文对象名称和文种组成,如《吉林省人民政府致全体特岗教师的慰问信》。

(3)由受文对象名称和文种组成,如《致××的慰问信》。

2. 称谓

称谓在正文之前,顶格书写。写明被慰问的单位或个人的称呼。

3. 正文

慰问信的内容要根据写信目的和受文对象确定。一般情况下,应包含两层内容。

（1）讲述写慰问信的原因和慰问事项,即具体陈述被慰问者取得的成绩、遭遇的困难或欢度何种节日,表明发信方的问候、关怀与支持;

（2）表达感受、提出希望,即具体写明对慰问对象的鼓励、希望等。

4. 结尾

通常写表示鼓励或祝愿的话语,表达慰问之情。

5. 落款

慰问信的落款要注明慰问单位名称或个人姓名,另起一行写清发信日期。

二、感谢信、表扬信和慰问信的写作要求

（一）态度诚恳,感情真挚

感谢信以表达感激之情为主,感情应真诚、自然,努力写出作者鲜明而强烈的感情色彩来,表达谢意时要符合实际,说到做到。写表扬信态度要诚恳,语言要真挚,文字力求生动,充满赞扬感谢之情,要表示向对方学习的态度和决心。写慰问信时要注意根据双方的身份和关系,字里行间体现出与被慰问者的感情共鸣,力求字字饱含真情,句句温暖人心。

（二）内容真实,评价恰当

感谢信、表扬信和慰问信的内容必须真实,叙述对方的帮助、成绩等情况时,一定要把事件发生的时间、地点、人物、起因、经过和结果等基本情况叙述清楚、准确,便于组织了解、学习。评价应客观、实事求是,不宜过多议论,赞扬要掌握分寸,不可夸大其词。

（三）语言生动,亲切自然

感谢信、表扬信和慰问信的语言力求生动、简练,流露出自然、亲切的感情。遣词造句把握好一个度,不可过分雕饰语句,否则会给人一种虚伪的感觉。在篇幅上不可太长,话不在多,点到为止。

模拟训练

一、××大学文学院16级学生于今年3月6日至7月5日前往××大学附属中学实习。实习期间,得到了该校领导和老师的精心指导和无微不至的帮助,同学们在实习期间得到了教学实践的锻炼,学到了很多书本上不能学到的知识。请你根据这则材料,适当加以补充,以全体实习生的名义,写一封感谢信,向实习

学校表示感谢。

二、以班级集体的名义,对××中学高一(3)班的王××同学抢救落水儿童张××的事迹(事迹内容可以合理地虚构)提出表扬,并拟写一封表扬信。

三、××市教育局准备在教师节来临之际,向××市全体退休教师送去慰问信。请你以××市教育局的名义写一封慰问信。

复习与思考

一、什么是感谢信、表扬信和慰问信?

二、感谢信、表扬信和慰问信各有哪些特点?

三、感谢信、表扬信和慰问信在结构和写法上有哪些相同点和不同点?

四、简述感谢信、表扬信和慰问信的写作要求。

第七章 传播文书

> **内容要求**
> 1. 通过本章的学习,了解传播文书的含义、特点及种类。
> 2. 掌握传播文书的内容、结构及写作要求,学会写消息、通讯、启事、声明和海报等文体。
> 3. 通过对传播文书的学习,培养学生运用此类文体解决日常生活、工作和学习中实际问题的能力。

第一节 消 息

学习目标

1. 了解消息的含义、特点和种类,重点掌握消息的结构和写法。
2. 运用所学理论知识,借鉴例文,学会写消息。

理论知识

一、消息的含义

消息是指以记叙为主要表达方式,用简洁明快的语言(或借助图片),对国内外新近发生或正在发生的具有新闻价值和社会意义的事实进行迅速及时报道的文体。

在学习消息时,我们需要分清"消息"同"新闻"两个相关的概念。新闻有广义和狭义之分。广义的新闻,是消息、通讯、特写、新闻评论等诸种新闻文体的总称;狭义的新闻,则专指消息。

消息是各种传播媒介中最常用、最主要的一种新闻体裁,被称为新闻报道的主角。在现代社会里,国内国际大事的报道、工作情况的交流、各种信息的传播,都离不开消息,因而消息在新闻报道中占有重要地位。

二、消息的特点

(一)用事实说话

消息写作要用事实说话,事实是它的本源,也是它令人信服的基础,离开了事实,消息也就失去了根本。消息写作中涉及的人物、地点、时间、事件缘由、因果、经过等细节必须有案可查;消息中引用的资料、数据、引语、史实等现实的和背景的材料一定要确凿无误。消息强调用事实说话,并非不要思想,不要观点,而是把思想、观点包含在对事实的叙述里。消息抓住了广大群众普遍关心的问题,抓住了当前中心工作过程中迫切需要解决的问题,抓住了有思想意义、社会意义的新闻事实予以报道,这种事实本身就具有新闻价值和社会意义,无需作出主观的评论。

(二)迅速及时

人们常说,"新闻是易碎品,只有二十四小时的生命""今天的新闻是金子、昨天的新闻是银子,前天的新闻是垃圾"。在所有新闻文体的写作中,消息的时效性最强。在所有消息中,动态消息的时效性最强。动态消息的写作,要争分夺秒;其他类型的消息写作,既要考虑针对性,也要考虑时效性,任何延宕迟缓,都会削弱甚至丧失消息的新闻价值。

(三)简明扼要

消息应对新闻事实要作简明扼要的报道。简短是消息区别于其他文体的主要标志。所谓简短,就是三言两语,记清事实,寥寥数笔,显出精神,用笔简洁利落,内容集中精练。消息往往抓住何时、何地、何人、何事、何果等新闻要素,将新闻事实简明扼要地报道出来。即使有描写,也只是扣住一两个核心细节,略加点染。

三、消息的种类

消息即狭义的新闻。根据不同的分类标准,可以将消息分为若干类别,常见的分类法有:

按新闻事实发生的地域和范围来分,可分为国际新闻、国内新闻和地方新闻;

按报道的内容来分,可分为政治新闻、经济新闻、科技新闻、文教新闻、军事新闻、体育新闻等；

按传播工具来分，可分为报纸新闻、广播新闻和电视新闻，等等。

我们从写作角度来划分，可分为动态消息、经验消息、综合消息、述评消息四种类型。

（一）动态消息

动态消息又称动态新闻，是对国内外最新动态事实的报道。动态消息是最常见的消息类型，动态消息就是准确、迅速地报道新近发生的或正在发生的国内外重大事件、新闻事实的一种消息形式。它是最能简明体现新闻定义、及时传递信息、沟通情况的一种消息形式。

（二）经验消息

经验消息是对具有普遍意义的典型经验或新闻人物的报道，也称"典型消息"或"典型报道"。经验消息主要反映具体单位、部门、行业在工作、学习和生产中得到的成功经验，以及某人在某项活动中取得新成果的典型做法，用以提供样板，带动全局。经验消息往往偏重交代情况、介绍做法和反映变化与效果，由事实引出经验来。它要求在叙述事实的基础上，通过分析综合，归纳出反映规律的经验体会，指导工作。

经验消息写作时要选择既有推广价值又能引起普遍兴趣的经验，要尽量写得生动具体，言之有物而不空泛，注意交代必要的背景材料，尤其要注意寻找新闻"由头"，体现新闻特点，避免写成工作总结。

（三）综合消息

综合消息是指把发生在不同地区或部门的具有类似性质的事件综合为一体的报道。它反映全局性的情况、成就、趋势、动向或问题，具有报道面宽、逻辑性强、点面结合、叙议结合、总揽全局、声势较大、舆论性强等特点，是一种常用的新闻文体。例如，记者到一个地区围绕乡镇企业问题进行采访，了解了许多家乡镇企业的情况，然后写一篇综述性的报道，这就成了综合消息。

综合消息的写作有两种基本的方法：一种是横断面的综合，将发生在同一时期的各种事件加以横向的综合，概览全局；另一种是纵深度的综合，从大处着眼小处入手，对事物的不同侧面进行有深度的分析综合，可以产生深入持久的影响力。在写作中，无论采用哪种综合方法，都必须以大量的具体材料为基础，通过对材料的分析综合，反映出具有共同性的主题思想。

（四）述评消息

这种消息报道国内外重大新闻事件或具有普遍意义的新闻事实。述评消息也称新闻述评,它是一种边述边评、评述合一的报道。它通过对事物的分析和评议揭示其本质意义,指明其发展趋势,用以指导现实工作。比如说,某地发现了一批伪劣产品,新闻媒体可以发一则述评消息,在报道事实的同时,揭露、批评此类危害消费者利益的做法。

述评消息兼有报道和评论的双重作用,能使读者知其事又晓其理,有助于人们提高对重大问题的认识。因此,述评消息的写作要抓住群众关注的"焦点""热点",即那些政治上需要的、生活中普遍存在的和迫切需要解决的问题,用事实作出回答,并用精辟的论证去获得读者的认同。在写作中,应采用夹叙夹评的方法,分析事物发展变化的原因、结果,帮助读者理解事态的本质和真相,应做到就事论理,就实论虚,一针见血。

例文借鉴

【例文一】动态消息

"雪龙"号到达南极长城站

1月5日,我国"雪龙"号极地科学考察船经过长达13天、4000多海里的航行,顺利到达我国南极长城站。长城站的科考队员举行了热烈的欢迎仪式。

长城站2008年将进行历史上规模最大的更新改造,"雪龙"号极地科学考察船从国内携带了约1500吨的各种建设物资,计划在今后10天里,通过船上黄河艇和中山艇,全部卸运到长城站。

"雪龙"号极地科学考察船于2007年12月23日从我国南极中山站出发前往长城站,执行科学考察和运输补给任务。

(资料来源:人民网2008年1月7日)

【简析】

这是一则动态消息。标题点明消息的核心内容,导语用简要的文字将最重要、最新鲜、最吸引人的事实写出,即"雪龙"号极地科学考察船到达中国南极长城站。主体部分对此事进行具体阐述,介绍了科学考察的情况,结语部分对主体部分的内容进行补充说明。

【例文二】经验消息

农村电商搭桥　黔货跨山越海
——贵州电商扶贫新模式成效凸显

早年间,息烽县立碑村还是典型的西南地区小山村。如今,依靠电商发展,立碑村早已"改头换面",变成了生机勃勃的新农村。

2017年,立碑村出现在阿里研究院公布的中国淘宝村名单中,成为贵州首个"淘宝村"。

近年来,立足脱贫攻坚,牢抓产业扶贫,农村电商与精准扶贫协同发展,贵州农村的原生态滋养了绿色、优质的农产品,借由电商力促农产品上行,从山路到网路,贵州走出了一条独特的电商扶贫新路。

示范引领　贫困山区有了电子商务

一直以来,山高壑大,成为了贵州农村传统商业发展的"绊脚石"。

为打破这一局限,近年来,省委、省政府将农村电商作为扶贫开发的重要抓手。自2015年以来,商务部等有关部委在我省连续四年开展国家级电子商务进农村综合示范项目创建工作。

按示范项目向贫困地区倾斜的原则,省商务厅组织国家级贫困县申报示范项目,全省获批22个国家级电商示范县,在全国位居前茅。66个国家级贫困县实现国家级电商示范县项目全覆盖,获得11.3亿元中央专项资金支持。目前已有70个县(市、区)获批国家级电商示范县。

为让电商示范工作落到实处,贵州分省、市、县三级,成立由主要领导或分管领导担任组长的电商发展领导小组,设立电商办,将网络零售额纳入考核指标。

2015年至2017年,我省共投入2亿元财政资金,支持37个县(区)创建省级电子商务进农村综合示范县。目前,我省国家级、省级电子商务进农村综合示范项目已覆盖79个县(市区),电子商务进农村综合示范成效显著。2017年全省电商交易额累计完成2023.95亿元,同比增长43.76%;今年1至9月,全省电商网络零售额111.31亿元,同比增长34.88%。

"加快农村电子商务发展,探索形成我省农村电子商务发展新模式,推动农村电子商务应用取得突破并形成示范带动效应,打造具有贵州特色的农村电商发展的新样板。"省商务厅有关负责同志表示,力争到2020年全省电商交易额突破3600亿元,打造1000个农产品销售特色网店,建设村级电子商务服务站10000个。

聚焦上行　电商助推"黔货出山"

熊军是立碑村众多网店店主之一,2016年,他辞去某公司区域经理的工作,回到息烽县开起了网店,数款贵州特色农产品上线热销,每月收益达10000元。

电商扶贫,如何抓住上行,将东西卖出去,是实现农户增收的关键。

近年来,我省将网络零售额(单指上行)列为了我省市州和县域经济发展综合测评及排位考核体系,各地方政府对农产品上行高度重视。积极组织大型电商企业与我省贫困县、乡对接,推动贫困地区农产品上线销售。将市场体系及社区电商建设和贫困地区农产品销售有机结合,打造农产品基地直供体系。以大数据分析结果为依托,开展订单式农业,带动我省农业结构调整和绿色优质农产品销售,形成了"一店带多户""一店带全村"的创业致富新模式。

同时,组织阿里、苏宁、京东等大型平台与贵州电商云等本土重点电商紧密对接,促进线上线下融合推动产业扶贫,整合各方平台资源,推动我省农产品上行。今年4月,"贵州省首届农业品牌发展峰会暨兴农扶贫频道上线启动仪式"举行,农村淘宝兴农扶贫业务落地贵州,我省16个县域特产登陆全球最大电商平台;5月,又与京东集团合作"十县联动·共力扶贫"活动。

健全体系　三级网络引领农民稳定脱贫

今年,省政府工作报告将"建设2500个村级电商扶贫站点"列为贵州省民生实事之一。

通过电商扶贫站点的建设,破解了农产品上行"最初一公里"的难题,真正打通"工业品下乡,农产品进城"通道。同时,通过建立农商互联大数据平台系统,解决了产销信息不对称问题,实现订单化生产,让农商数据实现"上联生产,下联销售"。

为完善服务体系,我省搭建了县、乡、村三级服务网络,将电商终端延伸到农村,并强化基础设施建设,构建以贵阳和遵义为中心,市州所在地为枢纽,县(市、区)为节点,乡镇大型农产品生产基地为末梢的省内全覆盖冷链网络,整合第三方物流,全力推动物流到县、快递到乡、配送到村的物流体系建设,贫困地区快递网络覆盖60%以上。

从上山下乡,到跨越山海,借由电商发展,"黔货销售一日千里",在从前的立碑村,任何人都无法想象,当地的农特产品能通过电商,与山那头、海那边的采购者完成交易,并让当地农特产真正在村里的210国道上活跃起来,快递车辆在这里迎来送往,引领了我省农村电商的新做法,开启了我省农村电商产业扶贫的新篇章。

(资料来源:《贵州日报》2018年11月8日)

【简析】

这是一则经验消息。标题揭示了消息的主要内容"贵州电商扶贫新模式成效凸显",导语概要写出了早年间的小山村"变成了生机勃勃的新农村"。主体部分对贵州省具有普遍意义的扶贫经验进行了多方面的报道,侧重交代情况、介绍做法和反映变化与效果,由事实引出经验来。这则消息在叙述事实的基础上,通过分析综合,归纳出反映规律的经验体会,指导当下的扶贫工作。结语部分总结出电商扶贫的经验,具有推广价值。结构合理,语言简练、生动。

【例文三】综合消息

成果惠及世界　　决心鼓舞世人
——国际社会积极评价中国脱贫攻坚成就与经验

综合新华社驻外记者报道:今年政府工作报告提出,对标全面建成小康社会任务,扎实推进脱贫攻坚,确保如期实现脱贫攻坚目标。海外人士认为,中国脱贫成果显著并惠及世界,脱贫经验对广大发展中国家具有启示意义,中国打赢脱贫攻坚战的决心必将鼓舞全球减贫事业。

根据世界银行统计,全球范围内,每100人脱贫,就有70多人来自中国。菲律宾金砖政策研究会创始人赫尔曼·劳雷尔对中国几十年来持续脱贫攻坚取得的显著成就表示钦佩。他说,40年来,中国成功让数亿人口摆脱贫困,这是对全球减贫事业的巨大贡献,彰显了中国共产党强大的执政能力。

埃及《金字塔报》副主编萨米·卡姆哈维表示,2019年是中国全面建成小康社会、实现第一个百年奋斗目标的关键之年,打赢脱贫攻坚战,不仅关乎中国发展,对国际社会也将产生巨大影响,因为中国的成功意味着占世界五分之一人口的国家消除了绝对贫困现象,势必为其他国家提供重要经验。

肯尼亚内罗毕大学国际经济学者盖里雄·伊基亚拉说,改革开放40年来,中国在脱贫攻坚方面成就举世瞩目,通过精准扶贫确保经济发展成就惠及全体人民,中国有很多成功经验可以与非洲国家分享。消除贫困仍是许多非洲国家首要发展目标,如今双方在减贫发展方面进行卓有成效的合作。

尼日利亚中国研究中心主任查尔斯·奥努奈朱认为,中国消除贫困的措施切实可行、针对性强且可持续,尼日利亚需要学习中国农村脱贫攻坚成功经验,确定优先发展领域,推动农村经济发展需要帮助农村克服贫困思维,让农民看到身边机遇,抓住时机将机遇转化为财富,实现可持续发展。

柬埔寨民间社会论坛联盟项目规划部主任、《习近平谈治国理政》柬文版译者谢莫尼勒说,中国脱贫攻坚经验对柬埔寨很有启发,他非常关注中国精准扶贫模式,如旅游扶贫、特色农业扶贫、文化扶贫等,希望今后推动柬中有关机构合作,将适合柬埔寨的项目引进来,帮助柬埔寨推进扶贫减贫。

欧洲研究国际中心中国问题高级研究员乔治·措戈普洛斯对中国政府工作报告聚焦民生,提出打赢脱贫攻坚战表示赞赏。他表示,中国政府在支持农村发展过程中,将扶贫与保护自然资源、发展电子商务等有效结合,推动欠发达地区消费能力逐步上升,相关做法值得许多发展中国家学习。

坦桑尼亚达累斯萨拉姆大学中国研究中心主任汉弗莱·莫西表示,中国在短短几十年时间里,带领几亿人民脱贫致富,这是一项世界性的创举。中国政府在工作报告中对于2019年减少1000万以上农村贫困人口这一目标的设定,让世界看到中国打赢脱贫攻坚战的坚定决心与强大信心。

德国席勒研究所驻美国休斯敦代表布莱恩·兰茨表示,中国在脱贫攻坚方面所做的努力为其他国家树立榜样,成就有目共睹。"一带一路"等全球公共产品正在推动各国加强合作与互惠互利,相信"一带一路"建设将为推动全球减贫事业和可持续发展增添动力。

新西兰商学院院长黄伟雄对政府工作报告中"确保脱贫有实效、可持续、经得起历史检验"这一表述印象深刻。他表示,2020年如期消除绝对贫困后,中国将提前10年完成联合国2030年可持续发展议程制定的消除贫困目标,这将给全球减贫事业注入巨大信心,中国的扶贫解决方案值得许多国家借鉴。

(资料来源:新华网 2019 年 3 月 10 日)

【简析】

这是一则综合消息,就国际社会积极评价中国脱贫攻坚成就与经验进行综合报道。消息的标题指出主要内容,导语简要概括海外人士的看法,一致认为中国脱贫成果显著并惠及世界,脱贫经验对广大发展中国家具有启示意义。主体部分采用横向式结构,汇集世界各国各界代表对中国几十年来持续脱贫攻坚取得的显著成就表示钦佩的事例,以大量的具体材料为基础,通过对材料的分析综合,反映了中国脱贫攻坚成果惠及世界,鼓舞世人的主题思想。全篇采用叙议结合的方式,反映出中国的扶贫解决方案值得许多国家借鉴,具有总揽全局、声势较大、舆论性强的特点。

【例文四】述评消息

北京高校毕业生人数创新高　就业率与去年基本持平

北京市教委25日发布2019年北京地区高校毕业生就业质量状况。截至10月31日,北京市93所普通高校有230988人毕业,毕业生人数创下历史新高。

今年北京高校毕业生中,男女比例基本协调,京内生源总数约占1/4。其中,已就业的达到71.2%,约24.81%的毕业生选择继续深造,就业率与去年基本持平。根据北京市教委统计,61.76%的毕业生选择留京发展。此外,男女生直接就业比例均为七成。

吸引毕业生就业人数较多的行业包括信息传输、软件和信息技术服务业、教育、科学研究和技术服务业,分别吸引14.26%、13.3%、8.16%毕业生就业。硕士、博士阶段毕业生中,41.26%的博士毕业生就业于高等教育单位,29.73%的硕士毕业生就业于国企。

基层就业和自主创业也逐渐成为就业热门选择。今年,北京市有2.39万名毕业生到基层就业,1.54万名毕业生到西部就业,有300余名毕业生选择在北京农村担任乡村振兴协理员。选择自主创业的毕业生人数为1323人,其中文化、体育和娱乐业的创业者比例最高。

据介绍,今年北京市教委和各高校累计举办各类毕业生双选会1.4万场,提供就业岗位150万个。由中关村创业大街、北京理工大学国防科技园、中关村软件园、房山区良乡高教园等引领的北京大学生创业园孵化体系,可为选择自主创业的毕业生提供创业孵化服务。

(资料来源:新华网2019年12月25日)

【简析】

这是一则述评消息,报道了2019年北京地区高校毕业生的就业质量状况。主体部分在报道事实的同时,运用统计数据具体分析了2019年的就业质量状况,得出吸引毕业生就业人数较多的行业是信息传输、软件和信息技术服务业等行业,也客观地指出了基层就业和自主创业逐渐成为就业热门选择,兼有报道和评论的双重作用,能使读者知其事又晓其理,有助于人们提高对大学生就业这一重大问题的认识。边述边评,评述合一,用数据说明情况,用事实作出回答,帮助读者理解事情的本质和真相。结尾恰当地运用说明性背景材料,帮助读者认识这一问题,穿插得当,自然收束,语言简洁、精练。

写作指导

一、消息的结构与写法

消息一般由标题、导语、主体、背景材料和结语五部分构成。

（一）标题

消息的标题即消息的题目,要真实地概括消息内容,帮助读者了所解报道的事实。俗话说:"读书看皮,读报看题。"读者往往根据标题来选择阅读对象。标题拟得好,一方面能准确揭示消息的主要内容,另一方面也能吸引读者阅读。消息的标题有单行、双行和多行之分,多行标题由引题和正题和副题构成。无论采取哪种标题形式,都要根据消息内容和表达的需要,力求做到简明、准确、精练、醒目。

正题是消息的主标题,一般应概括消息的主要内容或主题思想。

引题也称肩题或眉题,一般在正题之上,引出正题,主要起介绍背景、阐发意义、渲染气氛等作用。

副题也称辅题或子题,一般在正题之下,对正题的内容作进一步的补充、说明。

1. 单行标题（正题）

标题要概括消息的主要内容或提示主要事实,写作时要求主要事实内容应具体明确,语言表达简明扼要。

例如:

《中国男排惜败　无缘直通东京奥运　期待从亚洲区预选赛突围》

（腾讯新闻2019年8月11日）

又如:

《美对台政策正将台海引向战争》

(《环球纪事》2002年8月21日)

再如：

《谷歌地图AR导航正式上线，全面兼容ARCore和ARKit机型》

(搜狐新闻2019年8月9日)

2. 双行标题

(1) 正题的上面有引题。

例如：

杨先生痛说给孩子诊病遭遇——(引题)

看个"咳嗽"要掏1065元(正题)

(《武汉晚报》2002年8月10日)

又如：

儿童纷纷进医院　政府正在查真凶(引题)

俄1300多人牛奶中毒(正题)

(《环球时报》2002年11月11日)

(2) 正题下面有副题。

例如：

昆山，全球化催生"金蛋"(正题)

每天合同外资1000万美元　出口1000万美元　财政收入1000万元(副题)

(《苏州日报》2002年12月9日)

又如：

升级京杭大运河，货畅其流(正题)

济宁段140公里航道加深0.6米，可通航2000吨级船舶(副题)

(《齐鲁晚报》2016年4月28日)

3. 多行标题

具有重大新闻价值的消息，往往采用多行标题的形式。多行标题一般是三层，由上而下分别是引题、正题和副题；也有正题为双行标题，其上有引题，或其下有副题的形式；还有正题之外，引题、副题为双行的标题等形式。

例如：

中华浩浩五千载　谁见铁龙渡大海(引题)

今天火车登陆海南(正题)

吴邦国出席粤海铁路通道轮渡建成庆典(副题)

(《中国铁道建筑报》2003年1月11日)

321

又如:

发改委出台意见(引题)
利用价格杠杆(正题)
引导民间投资(正题)

(《人民日报》2012年7月6日)

再如:

中非合作论坛第五届部长级会议隆重开幕(正题)
胡锦涛出席开幕式并发表重要讲话(副题)
宣布中国政府支持非洲和平与发展、推进中非新型战略伙伴关系新举措(副题)

(《人民日报》2012年7月20日)

(二)导语

消息的开头一般要用"电头",如"本报讯""新华社×月×日电""本报通讯员×××报道"之类。"电头"后空一格,紧接的是导语。

导语是消息的开头部分,概述消息中最重要的事实。它可以是用一句话,也可以是一段话。导语的作用是介绍内容,揭示主题,引入正文,并引起读者阅读兴趣。消息导语写作要抓住最重要的新闻事实,不能把次要内容、次要细节塞进导语;要讲究可读性,不要将一连串的数字、名词术语、人物头衔、单位名称塞进导语;遇到专业性概念,应作通俗化的表述,写得尽可能形象新颖一点,简短精练一点。

常见的导语写法有以下几种:

1. 叙述式

叙述式就是开头用叙述的方式,简明扼要写出消息最重要的新闻事实,开门见山,给读者一个总体的印象。如2019年10月31日《中国教育报》报道的《营养改善计划托起明天的太阳》这一消息的导语:

为改善贫困地区农村学生营养状况,2011年11月,国务院办公厅印发《关于实施农村义务教育学生营养改善计划的意见》,以集中连片特困区和家庭经济困难学生为重点,正式启动实施农村义务教育学生营养改善计划。

2. 描写式

描写式就是对消息中所报道的主要事实或事实的某个有意义的侧面,作简练而有特色的描写,给读者以生动、具体的印象。如2019年12月18日新华网上的一则消息《武汉这所校园里有800多只鸟 师生成立观鸟社团爱鸟护鸟》一文的导语:

12月17日早晨7时,武汉市人民中学的师生们伴随着鸟鸣声,开启了一天的学习生活。该校校园内树木众多,吸引了约800只鸟来此逗留。师生们早已习惯与鸟类和谐相处,学校里还有一个"观鸟社团",每周观察、记录校园鸟类,爱鸟护鸟。

3. 提问式

提问式就是把消息报道的主要事实先用疑问句式鲜明地提出来,而后用事实加以回答,以引起读者的注意和思考。如《光明日报》2019年12月30日刊发《集体备课、交叉听课、"一对一"指导—— 广西高校协同上好思政课》这一消息的导语:

怎样上好思政课?怎样搞好科研?如何成为一名优秀思政课老师……12月24日,在广西民族大学科技报告厅,来自广西78所高校的150名思政课教师,坐在台下听得津津有味。

4. 评论式

评论式即在开头就对所报道的新闻事实加以评论,归结事物其中的规律性,揭示事实的意义和价值。如2019年1月21日《中国教育报》的一则新闻《牢记嘱托 爱国奋斗 勇攀高峰 ——习近平总书记视察南开大学在南开师生中引起强烈反响》的导语:

爱国奋斗,允公允能;百年南开,日新月异。

1月17日上午,正在天津考察调研的习近平总书记来到南开大学,参观了百年校史主题展览,与部分院士、专家和中青年教师代表互动交流,察看了化学学院和元素有机化学国家重点实验室,详细了解南开大学历史沿革、学科建设、人才队伍、科研创新等情况。

导语的写作方式除了以上介绍的几种之外,还有引语式、对比式、结论式,等等。不论采用何种导语,都应该以事件为中心,分清主次,把最重要、最新鲜、最动人的事实写入导语。

(三) 主体

主体是一篇消息的主要组成部分,它是在导语之后,用典型、具体的材料报道新闻事实,陈述事件的主要过程和某些重点细节。它承接导语,对导语提及的事实内容作具体的叙述与展开。主体部分要做到内容充实,要点齐备,围绕主题用一定的形式把事实材料组织起来,做到结构安排合理,言之有序,顺理成章,切忌空洞无物或过于繁琐,或只注意了某些精彩的局部而忽略了事实总体的完整。因此,内容充实完整、结构简明清晰是写好主体的关键。主体内容的安排常见的有以下几种形式:

1. 按内容重要性递减的顺序展开

这种形式就是按照新闻事件内容重要程度或读者关心程度,先主后次地安排事实材料。重要的材料往前放,次要的材料往后靠,最次要的放在最后。

2. 按事件发展的时间顺序展开

这种形式就是根据事情发生的先后顺序组织安排材料。这是消息主体展开常用的结构形式。这种主体展开的形式可以清晰地反映新闻事件的来龙去脉,使读者对事件发展的过程一目了然。

3. 按事物内在的逻辑顺序展开

这种形式就是根据事物内在的联系或问题的逻辑关系组织安排材料。主体展开的各部分之间可以是因果关系、递进关系、并列关系,也可以是主从关系、点面关系、对比关系,等等。这种写法有利于反映事物的内在规律,揭示事物的本质特点与意义,条理较为清晰。

总之,写消息主体要注意变换角度,避免与导语重复;扣紧主题,不要把采访所获得的材料全往主体里堆;内容充实,不能空发议论,也不能仅罗列事实。写消息主体,也可用"断裂行文法"。即,段落一般短小;段落与段落之间一般没有过渡衔接,主要依靠材料的内在联系;叙述打破时空限制,造成快节奏、跳跃式的推进,全文似断实连。

(四)背景材料

任何新闻事实,都发生在一定的历史条件下和一定的环境之中,这些历史条件和环境就构成了消息的背景。必要的背景材料是消息的组成部分,它与消息的主体材料密切相关,它可以使读者更清晰、更深入地理解主体内容。消息背景的内容相当广泛,可以是历史也可以是现实材料,可以是社会自然环境,也可以是主客观条件,等等。从背景材料的功用看,大致可以分为以下三种:

1. 说明性背景材料

这类材料用来说明新闻事实产生的原因、条件、环境、政治背景、历史演变以及新闻人物出身、经历、身份、特点的材料。如1980年11月13日《人民日报》刊发的《天安门城楼修葺一新更加雄伟壮丽》,这则消息中有一段说明性背景材料:

天安门始建于明代初年,当时叫承天门。它曾因两次起火被烧而两次重建。清顺治八年(1651年)重建后改为现名。解放后,党和政府十分重视对天安门的保护工作,曾几度进行修缮。1970年1—3月天安门城楼进行重建。①

2. 注释性背景材料

这类材料用来注释、解说有关科学技术、名词术语、物品性能特点的材料。如2012年7月12日《四川日报》的《四川页岩气开发迎来快速发展期》中对页岩气解说:

页岩气是从页岩层中开采出来的天然气,是一种重要的非常规天然气资源。我省页岩气资源储量丰富。有专家预测,仅内江威远地区的九老洞页岩和泸州地区下志留统龙马溪页岩的资源潜力,就有6.8万亿至8.4万亿立方米,相当于盆地常规天然气资源总量。

3. 对比性背景材料

对比性背景材料即用来与消息报道的主干事实进行对比的材料。对比可以进一步显现新闻事件的重要意义。如2019年12月30日腾讯网发布的消息《山东猪肉价格又降了！全省均价为……》中的一段话:

据了解,山东省生猪产能自今年8月份连续3个月触底回升,11月以来,猪价高位回落,近期猪肉市场价格总体呈现"震荡回调、高位趋稳"的态势……据对全省26个集贸市场价格定点监测,第51周全省生猪出栏均价32.25元/公斤,同比升高148.84%,环比回落1.77%。全国生猪均价为33.29元/公斤,比山东省猪价高0.97元/公斤,有16个省份猪价高于山东省。猪肉价格承压回落,截至第51周末,全省均价为51.85元/公斤,同比升高129.93%,环比降低0.29%。

这就是对比性的背景材料,在这则消息中,把全国生猪均价与山东省猪价进行对比,"有16个省份猪价高于山东省",又用数字"全省均价为51.85元/公斤,同比升高129.93%,环比降低0.29%"说明山东省"猪肉价格承压回落"。

新闻背景材料在消息中具有不可取代的作用:它能揭示新闻主题;帮助读者理解新闻事实;便于作者表述自己的观点;使新闻的内容充实饱满,富有立体感、说服力和感染力。占有背景材料,是写好一篇新闻的基本条件。背景材料的运用要因地制宜,有时候背景材料很短,短到只有一句话或几个字。有时,背景材料占了消息的主要篇幅。背景材料的多与少取决于消息主题和读者需要。

运用背景材料时应注意要从消息主题出发,紧扣主题,要为读者着想,考虑读者阅读、理解上可能遇到的困难、问题,灵活穿插背景材料。背景材料在消息

---

① 本文引用时略有改动。

中没有固定的位置,它可能先行于标题之中,可以安插在导语中,可以紧接导语独立成篇,可以化整为零穿插在整篇消息中,也可放在最后,要根据情况灵活运用,以利于读者阅读。

(五)结语

结语也叫小结,是消息的收束部分(有的消息没有结语,正文结束自然收束全文)。消息的结语用于总结或指出事情的发展方向。常见的结尾方式有以下几种。

1. 点睛式

画龙点睛,卒章显志。如获得全国好新闻一等奖的消息《一些中央国家机关的情况表明需要加强劳动纪律》(新华社1987年6月15日电讯)一文的结尾:

记者观察的这些情况,只是一个现象。在迟到的同志中,有的可能是加班来迟了,有的可能因为交通拥挤耽误了。但是,可以肯定确有一些迟到者是因为纪律松弛造成的。这种情况,总不能习以为常地让它继续存在下去。

这个结尾,既对上班迟到的现象进行了分析,令人信服;又提出了引人注意的问题,如同敲了警钟,把报道的主题点得更加鲜明了。

2. 展望式

展望前景,或给人以鼓舞,或向人敲响警钟。如2019年12月26日《人民日报》《携手共建安全、环保、高效的一流炼油厂》一文的结尾:

如今,亮丽的"能源新城"闪耀在丝绸之路经济带首倡之地。在炼油厂报告厅的入口处有一个沙盘,展示近4平方公里厂区的整体面貌。沙盘左上角约1/4的面积被一片绿色覆盖。炼油厂技术经理巴赫特·叶尔根诺夫指着那片绿色说,那里是未来新厂区的规划用地。建成后,炼油厂的现代化程度和产能都将迈上新台阶。"我们将同中国伙伴一起完成这一宏伟工程。"

3. 号召式

发出召唤,引起响应与共鸣。如2019年12月24日《人民日报》刊发《"快"与"准"闪耀首善风采》这一消息的结尾:

走好新时代群众路线,正是这样一场相当艰难又无比精彩的自我革命。有意思的是,它不仅改变了干群关系,也在无形中改变着社会风气和人与人的关系。记者在采访中听到了许多干部打12345的故事。一位街道干部,突然接到母亲电话,家里跑水了!他不假思索,马上让老人打12345,社区同志立即上门,他妥妥放心。这样一种"我为人人、人人为我"的方便、清廉、高效的社会环境,不正是人们所期盼的吗?

消息的结尾应紧扣消息主题和新闻事实顺势而成,不画蛇添足。有些新闻事实在主体部分已写清楚,其意自明,就不必再硬加一个结尾。

二、消息的写作技巧

（一）写清消息的五要素

消息写作的目的是告诉读者一个真实的事实。读者通常最关心事实的五个方面:when(何时)、where(何地)、who(何人)、what(何事)、why(何故)。这五个方面的信息被称为消息的五要素,即"五W"。一篇完整的消息通常会包括五要素,是否具备五要素是衡量一篇消息质量高低的最基本的标准。

（二）恰当安排消息的结构

消息的常见结构形式有倒金字塔结构、金字塔结构、悬念结构、自由式结构等。

1. 倒金字塔结构

这种结构形式是把最重要的内容放在消息的最前面,把次重要的内容放在稍后,依据材料的重要性依次排列,这种结构方式很像倒置的金字塔。

这种结构的好处是符合新闻的特点,把最重要的事实摆在第一段,可以避免一般事实掩盖了重要的事实。这种结构的导语一般应具备五要素,读了第一段,便知道消息的主要内容,便于读者阅读,也便于编辑及时、有效地处理稿件,制作新闻标题。它的局限性是程序固定、单一,掌握不好,容易写得呆板、生硬,与标题、导语、主体重复,因而只适宜写时效性强、事件单一的新闻。

2. 金字塔结构

金字塔结构是相对倒金字塔结构而言的,它不像倒金字塔结构依据材料的重要性安排结构,而是依据事件发展的顺序来写。事件的开头,便是消息的开头,事件的结尾便是消息的结尾。这种结构直到最后,才把事情的结果、最重要的材料显示出来,在写作时应把消息的"五W"贯穿于整篇文章中。

3. 悬念结构

悬念结构往往抓住读者急于了解事实结果的心理,抓住事件发展的关键性环节,把读者一步一步引向事件的高潮。悬念结构适合于那些故事性较强,以情节取胜的新闻,尤其是适合写现场目击记。但它也有局限性,它的精华部分往往在中间和后边,读者读完全文,才能了解事件的真相。

4. 自由式结构

除以上三种结构类型,在媒体上还可以看到不少结构比较自由的消息。这些灵活多样、没有固定格式的消息结构，可称为自由式结构。在消息写作中，往往是首先确定消息的结构形式后，然后按照消息构成的要素逐一进行写作。

模拟训练

一、分析下面这篇消息的结构，明确指出哪些是导语、主体、背景和结语，并指出它们在哪些方面较好地体现了消息的特点。

嫦娥三号发射成功　玉兔开始登月之旅

【本报西昌12月2日电（特派记者　曹斌）】担负中国首次地外天体软着陆和巡视探测任务的嫦娥三号，12月2日1时30分在西昌卫星发射中心发射升空，展开奔月之旅。

由着陆器和"玉兔"号月球车组成的嫦娥三号月球探测器，总重近3.8吨。在月球表面软着陆后，"玉兔"号将驶离着陆器进行为期约3个月的科学探测，着陆器则在着陆地点进行就位探测。

海拔1500米的西昌，有着"月亮城"之称。火箭升空的那一刻，火箭喷出的烈焰在天幕上形成了一道明亮而美丽的光带。

为满足嫦娥三号入轨精度要求，中国目前推力最大的长征三号乙运载火箭进行了多项技术状态改进，提高了可靠性和安全性。这也是长征系列运载火箭的第186次飞行。

在夜幕中飞行约19分钟后，火箭把嫦娥三号送入近地点高度210公里、远地点高度约36.8万公里的地月转移轨道。

嫦娥一号是经过约280小时的太空跋涉，才到达月球轨道的。"如今，嫦娥三号的旅程变短了。"探月工程领导小组高级顾问欧阳自远院士说，在嫦娥二号任务中验证成功的直接进入地月转移轨道发射技术，将使嫦娥三号奔月时间比嫦娥一号减少7天。

约112小时后，嫦娥三号将抵达36.8万公里之外的月球附近。经过近月制动，将建立起距月球100公里的圆轨道，并于12月中旬择机在月球虹湾地区实现软着陆。

"中国探月工程起步晚，但起点高；投入少，但效益高。"欧阳自远说。2007年10月24日发射的嫦娥一号，实现了中国自主研制的卫星进入月球轨道并获得第一张全月图。2010年10月1日发射的嫦娥二号，创造了世界航天领域的多项第一,为嫦娥三号实现月球软着陆积累了经验。

探月工程是继人造地球卫星、载人航天之后,我国实施的又一重大航天工程。探月工程总设计师吴伟仁表示,我国有望在2020年前实现月球无人采样返回,从而完成无人探月工程"绕、落、回"三个探测阶段,为下一步载人探月奠定基础。

(资料来源:《北京日报》2013年12月2日)

二、根据下面材料,拟制消息的标题。

【本报讯】一家富有明清遗风建筑风格的专业书店——上海旅游书店,目前在豫园九曲桥畔重建开业,已成为本市中型规模、硬件上品的一家专业书店。

三、根据下面材料,试写一则消息的导语。

今年是我从事新闻工作的第7个年头,我认为记者这个职业,最真实的内涵是——责任与担当。

7月11日那天,××遭遇了特大暴雨袭击。早上6点,我接到采访任务乘坐冲锋舟奔赴灾情一线。在滚滚洪流中,冲锋舟突然进水沉了下去,我和船上的人一同被卷进了3米多深的洪水中。当我挣扎着从水中游到5米外的大树下时,同伴叫我扔掉摄像机减少负重,但我坚持不放弃。这次采访经历让我对新闻这个行业有了更深刻的认识,也更加懂得了新闻记者的内涵,那就是责任与担当。前方一旦发生新闻事件,记者就应当责无旁贷,立即赶赴现场,拍摄真实、最感人的画面,报道新闻事实,让观众了解到一线的真实信息。

四、阅读下面一则消息,分析它的标题、导语、正文、结尾以及语言都存在哪些问题,并改写。

不为财　不为利　为便利
——关于老王做豆腐的事迹

本报讯　王李村村民王大明进县一中做豆腐,得到深情欢迎。

王李村村民王大明年近七十,所做豆腐鲜嫩而优美,今年元月,他到离县城十五里的一中开设了一座小巧玲珑的豆腐房,制作洁白如冰、玲珑别透的豆腐。他每天产豆腐100斤,挣毛利120元。仅二月份一月内30天就赚钱3600元。师生吃到玉石般的豆腐,没有一个不为之赞口不绝。

老王从不居功自傲,而是企图再上一个台阶。他说:"做豆腐,不为名,不为利,为便利"。

五、留心你身边发生的事情,选择有报道价值的事情进行采访,写一则动态消息。

要求：1. 标题除了正题外，还要有引题或副题；
   2. 在消息内容对应处标明"导语""主体""背景材料""结语"字样；
   3. 内容真实，不得虚构。

复习与思考

一、什么是消息？消息有哪些特点？

二、消息主要有哪几种类型？

三、消息的五要素是什么？

四、消息的标题中，正题、引题、副题的拟订各有哪些要求？

五、什么是消息的导语？导语主要有哪几种类型？

六、消息有哪几种结构形式？什么是倒金字塔结构、金字塔结构和悬念结构？

七、背景材料有哪几种形式？背景材料在消息写作中有什么作用？

八、消息的结语通常有哪几种形式？

第二节　通　讯

学习目标

1. 了解通讯的含义、特点和种类。

2. 掌握通讯写作的内容、结构及写作的基本要求，学会写事件通讯、人物通讯等文体。

理论知识

一、通讯的含义

通讯是对现实生活中具有新闻价值的人物、事件和情况进行迅速、细致、生动的报道的新闻文体。通讯要对新闻人物、事件等进行完整而形象的报道，用真实、具体的事实教育感染读者，是报刊、广播、电视等新闻媒体经常使用的一种文体。

通讯和消息都属于新闻载体,都是对新近发生的、重要事实的报道,但是二者有不同之处。通讯与消息的区别表现在以下几个方面。

第一,从报道内容上看,消息简要,侧重写事;通讯详细,侧重写人。消息只报道事实的主要内容、基本情况;通讯不仅报道主要事实,也要报道基本情况和具体细节,更注重对人物的生动描写。因而,通讯更生动、形象,富有文学色彩。

第二,从表达的侧重点上看,消息重在报道事实,通讯重在表现观点,抒发感情。消息用事实说话,作者通常不表明观点;通讯除了叙述事实外,还要通过描写、议论、抒情表明作者的观点,抒发个人感情。

第三,从时效性上看,消息和通讯都是报道新近发生的事实,消息比通讯更迅速、及时。通讯比消息的时效性差一些,但内容更加详细,篇幅更长,表现手法更加复杂。

第四,从表达方式上看,消息较多使用叙述,较少使用描写、抒情和议论;通讯要形象、生动地报道典型人物和典型事件,除了叙述以外,还要运用描写、抒情和议论等多种表达方式,使报道的事实更生动、形象,富有教育感染力。

第五,从结构形式上看,消息的结构有一定的程式,常常采用倒金字塔结构等方式;通讯没有固定的程式,结构上比较自由灵活。

二、通讯的特点

(一)真实性

作为新闻体裁,真实性是通讯的最基本特征。通讯所报道的事实内容必须客观、真实,有可靠的事实依据,不能虚构或篡改事实内容。对报道事件的叙述、描写和议论都必须遵照客观事实,准确恰当,不能故意拔高或贬低。

(二)形象性

在表达方式上,通讯通常采用叙述、描写、议论相结合的手法,对人物、事件进行较为详细的描述,以此来表达观点,感染读者。通讯可以运用各种修辞手法和文学创作中的联想与象征等创作手法,对典型人物和典型事件作完整而形象的报道。为了增强作品的形象性和感染力,通讯常常用尖锐集中的矛盾冲突制造曲折的情节波澜,也常常通过描写人物的肖像、语言、行动、心理及环境等,充分展示人物的精神世界,给人留下深刻的印象。

(三)评论性

通讯通常采用夹叙夹议的手法,直接揭示事件的思想意义,并评说是非,议论色彩较浓,常常表现出强烈的政治倾向,流露出作者的爱憎感情。因此,通讯写作必须用事实说话。在尊重事实的前提下,表明作者的思想倾向和观点态度,做到事实清楚,观点鲜明,以理服人。

（四）时代性

通讯要求报道新近发生的有重大意义的新闻事实,凸显时代性。通讯要对新时代涌现出来的先进人物、典型事件、可贵经验等进行及时报道,紧密配合当前社会形势和中心工作,以弘扬社会正能量和主旋律的正面报道为主,进而发挥其为时代发展和社会进步服务的功能。

三、通讯的种类

通讯一般分为四类：人物通讯、事件通讯、工作通讯和概貌通讯。

（一）人物通讯

人物通讯以写人为主,是比较详尽、生动地报道新闻人物事迹与形象的一种通讯。这种通讯以表现人物为中心,通过人物言行、经历展现人物的内心世界,从不同角度揭示人物的思想情操和精神品格。人物通讯可以写全人全貌,即写出某人一生的生活及其精神面貌,也可以写某人在某时或某方面的表现。人物通讯通常多写正面人物,以报道先进人物的模范事迹及其崇高的思想境界为主,为读者树立学习的榜样。

（二）事件通讯

事件通讯是以报道典型事件为内容的通讯。它完整地记述新闻事件的来龙去脉,阐发其中蕴含的深刻意义和时代精神。事件通讯主要报道现实生活中有深远社会意义和思想意义的事件,也可以揭露和批评形形色色的不正之风和消极落后的社会现象。

事件通讯中也会写到人,但它紧紧围绕事件来写有关的人,力求发掘事件的意义,体现时代风貌。事件同人物是血肉相连的,人物是事件发生、发展的动力,事件通讯中写人物的音容笑貌、言谈举止只是为了体现事件的本来面貌与情节的丰富性,写人是为了更好地报道事件。

（三）工作通讯

工作通讯是以介绍工作成绩和经验为内容的通讯。它要求介绍的经验具有典型性,能够以点带面,借以指导、推进实际工作。工作通讯侧重先进典型的工作经验或某些具有普遍意义的业务经验的介绍,也用于批评一些实际工作中存在的问题,或探究、探讨一些实际工作中出现的新问题,揭示带有普遍意义的规律性内容。它是新闻媒体上经常用来引导具体工作的一种报道形式。

(四) 概貌通讯

概貌通讯是反映社会生活、风土人情、自然风光和建设成就等为主的报道。它与事件通讯不同,不是围绕一个人、一个中心事件来写,也不要求一件事发生、发展的完整过程,而是围绕主题集中各方面的风貌和特色,有点有面地表现整体,反映某一行业、某一地域、某一单位的新面貌。

概貌通讯可以采用今昔对比的手法来说明变化,突出特点,显示成绩。它可以反映一个地区、一条战线或一个单位发展变化的新气象、新面貌,当然也可以反映问题,说明不足,强调改进。

例文借鉴

【例文一】

乡村教育守望者张玉滚:扎根深山十七载　把山路走成通天大道

新华社郑州3月23日电(记者王烁)"你把十八弯的山路走成了'通天的大道',你闪光的汗水浇出山花更艳更俏,当春风催开冰封的大地,你总是摸着我的脑袋舒心地微笑……"这首由当地教育部门谱写的歌词里说的这个"你",就是扎根深山十七载的"80后"山村教师——张玉滚。

"都走了,山里孩子怎么办"

从河南省南阳市镇平县出发,往西北方向走过蜿蜒近30公里的盘山路,村口一座庙宇旁,黑虎庙小学就坐落在这里。

"墙上挂着一幅我喜欢的油画,画面景色迷人,充满了春天的勃勃生机……"春日的校园里时不时传来孩子们的朗读声,年久斑驳的墙上是孩子们的学雷锋专栏,稚嫩的笔触画出了孩子们平日生活中做好事的点点滴滴。空旷的校园里,教学楼下悬挂的一口锈迹斑斑的手动上课铃格外醒目,一张乒乓球台便是这个学校唯一的体育教学设施。

黑虎庙村是镇平县的深度贫困村,位于伏牛山深处,这里位置偏僻,直到2017年冬天才通了不定时的公共汽车。由于交通不便,信息闭塞,经济基础差,生存条件艰苦,许多老师都不愿到这里任教。

2001年,张玉滚从南阳第二师范学校毕业,作为一名从大山里走出来的优秀人才,父母希望他能到城市去发展。"外面的老师进不来,咱自己培养的学生留不下,都走了,山里的孩子怎么办……"老校长吴龙奇的一番话让张玉滚陷入了深深的思考,于是,他说服了父母,留在了黑虎庙小学。

刚开始代课,张玉滚一个月的工资不过几十块钱。有时还发不及时,身边的亲人都劝他趁年轻早点走出大山,他一遍又一遍地解释,始终没出迈开走出大山的脚步。

"我是山里人,知道山里的苦,看着自己教的学生一个个能走出大山,我就觉得值。"17年来,这里的老师换了一茬又一茬,只有张玉滚一直坚守在这偏远的山区。他教的学生有许多考上了大学,还有的念了研究生。家长们提到他,总会激动地说:"玉滚在,我们的孩子就有希望。"

"千方百计上好每一节课"

"同学们,你们看我手里拿的就是大理岩和花岗岩,你们自己也找找看。"张玉滚正带着五年级的学生在野外上科学课,这节课的主题是《认识几种常见的岩石》。孩子们兴高采烈地在小溪边、山坡上找不同类型的岩石,拿在手里认真比对。

由于学校条件艰苦,师资力量不足,张玉滚不得不把自己磨炼成"全能型"教师。学校现有75名学生,已是校长的张玉滚,同时还担任着数学、英语、品德与社会、科学四门学科的教学工作。

2017年,在当地政府的资助下,学校新盖了宿舍楼,有40多名学生在校住宿,张玉滚又当起了生活老师,照看学生的饮食起居。他每天凌晨五点半起床,晚上等孩子们入睡后,他还要在灯下备课,直到凌晨十二点以后。

"千方百计上好每一节课。"这是张玉滚给自己定下的铁纪律。数学课上,他运用直观教学法,和孩子们一起制作教具;语文课上,优化教学环节,力争把每节课讲的时间控制在15分钟内,把更多的时间留给学生独立思考和练习;英语课上,他不断地激发学生的英语学习兴趣,消除他们对英语的恐惧;科学课上,他带领孩子们去野外上课或是自己动手做实验,培养他们的好奇心和想象力……多年来,张玉滚所教年级学生的成绩,在全镇名列前茅。

为了不断提高自己的业务水平,他利还用课余时间进修了大专,现在正在进修本科,学习初等教育专业。

做一轮照亮山村孩子的明月

黑虎庙小学辐射半径达周边20多公里,大多数孩子中午都在学校自己做饭吃。当张玉滚看到有些年龄小的学生做的饭半生不熟,就又主动承担起孩子们的后勤保障工作。不仅如此,他还动员在外打工的妻子回来帮他给学生们做饭。

山里的孩子,父母大多在外打工。谁家孩子在哪儿居住,谁家孩子爷爷奶奶多大年纪,谁家孩子上学需要接送……他都一一记在心上。

2014年6月的一个晚上,学生张朋的家长打电话说孩子还没到家。正在改作业的张玉滚挂掉家长电话,立刻和妻子一起打着手电筒进山去找,最后发现张朋在回家的路上靠在大石头旁熟睡了。张玉滚二话不说,背起张朋就走,经过一个多小时才把张朋安全送到家。后来,接送学生也逐渐成了张玉滚的家常便饭。

多年来,黑虎庙小学没有一个学生因为贫困辍学,张玉滚和学生们同吃同住,和妻子一起料理学生的日常生活,并用自己微薄的收入资助了300余名学生,继续他们的求学之路。

受张玉滚的影响和感召,黑虎庙小学4名退休教师决定返回山里继续教书,张玉滚曾经的学生张磊在外上学毕业后也回到黑虎庙小学任教。

问及将来的打算,张玉滚的回答简单而诗意:"我愿意做一轮明月,照亮山村孩子走出大山的路,也希望有更多的人能够关注大山里的孩子们。"

(资料来源:新华网2018年3月23日)

【简析】

这是一篇人物通讯。标题"扎根深山十七载　把山路走成通天大道"揭示了通讯的主题,即主人公张玉滚不忘初心,扎根深山,无私奉献的主题,让读者初读题目就能理解人物通讯的主旨。正文部分以生动的事实、细腻的笔触、饱含激情地叙述了张玉滚催人泪下的感人事迹,展示了他不畏困难,不为名所累,不为利所趋,老老实实做人、踏踏实实干事,把全部精力都给了大山里的孩子的高尚品格。生动的事实材料和细致的描写,从不同角度多侧面地刻画了张玉滚这个先进人物,突出了人物的高尚情怀,富有强烈的教育感染力。文章立意高远,结构严谨,运用了多种表达方式,叙议结合,读来令人动容。

【例文二】

"农民变工人"的幸福生活

(天山网讯)7月4日,笔者来到吉木萨尔县老台乡芦草嘴子村马合买提家,他刚吃过午饭准备去上班。笔者跟随他走进工厂探寻农民变工人的幸福生活。马合买提是家里的老小,家中共有兄弟姊妹5个,父亲早年去世,母亲跟他一起生活。

他告诉笔者:"原来,我一个人种24亩地,一年下来收入也就是1万多一点,父母年老体弱多病,看病吃药很花钱,生活上还得哥哥、姐姐帮助。"

2012年,老台乡开始实施国家土地平整项目。老台乡老台村经过土地平整共平整出4000亩土地,村委会经过研究积极动员村民将平整好的土地整村流转给番茄酱厂。

刚开始,世代以土地为生的农民谁也不愿意将土地流转出去,村干部挨家挨户宣传流转土地的好处,动员党员先带头,马合买提作为年轻的党员第一个将自家的土地流转给了企业。

马合买提说"我们维吾尔族不愿意离开家乡出去挣钱,我是一名共产党员,经过一番思考,与其守着这24亩地过穷日子,还不如出去闯一闯。2012年3月,我第一个带头把地流转给企业,每亩承包费550元,到米泉华瑞铁厂上班,一个月3800工资,一年下来加上承包费我们家净收入就达3万多块钱。"

2013年,吉木萨尔县北三台工业园区在村民家门口修建起来了,这给村民打工提供了很好的就业机会。马合买提辞掉米泉的工作到工业园区天宇华鑫水泥厂就近上班,公司给他交三金一险,工作环境也很好,每月工资3500元。现在马合买提的妻子也就近打工,夫妻俩一年的收入能达到5万多元。

马合买提从一个一无所有的农民穷小子,到现在进厂当了工人,有了社保、养老保险,还盖起了新砖房,日子一天比一天过得好。

近年来,随着吉木萨尔县大力实施土地平整让农村土地集约化,滴灌、喷灌等现代化耕作方式被引进,旱地上产生了高效节水旱作农业。像马合买提这样越来越多的农民也从土地上解放出来,走进工厂成了产业工人,穿上了制服成了拿工资的产业工人,有了稳定的收入,通过勤劳的双手他们实现了自己致富的梦想。

(资料来源:新浪网 2014年7月7日)

【简析】

这是一篇事件通讯。事件通讯在开头直接叙述事件,即"探寻农民变工人的幸福生活",叙述了马合买提的转变,能够吸引读者的注意力,引起读者的阅读兴趣并开启思路。主体部分概述了事件的前因后果,紧紧抓住"维吾尔族不愿意离开家乡出去挣钱",转变观念"愿意将土地流转出去",突出通讯的主旨——他们用勤劳的双手实现了自己致富的梦想。全文精心描述,前后对比,揭示事件所包含的思想意义。选取的事实材料具有典型性,以点带面,抓住细节,运用多种表达方式,情节起伏自然,结构曲折有致,语言生动形象,层次分明,脉络清楚。

写作指导

一、通讯的结构与写法

(一)标题

通讯的标题要准确、新颖、简洁、鲜明地揭示主题。可以是实题,也可以是虚题,或虚实结合,采用复合结构,但都必须揭示通讯的主题,让读者理解通讯的内涵。常见的通讯标题有以下几种形式。

1. 概述式

这类标题是用简洁的语言概括通讯的主要内容,如《山东十农民扛百斤煎饼驾三轮车抗震救灾》《寻亲路上尝温暖 家乡处处有亲人》。

2. 引语式

这类标题是引用诗词、典故、俗语、谚语或大众耳熟能详的口语,来表明通讯的主题,如《相见恨晚》《一年之计在于春》。

3. 比拟式

这类标题是用比拟的修辞手法描述事件或事物,使读者有亲切感,如《百姓心中的丰碑》《爱心,冬日里的一抹阳光》。

4. 祈使式

这类标题是用祈使句唤起读者的关注,突出通讯的主题,如《让老百姓放心》《放飞中国心——直击中国首次载人航天飞行》。

(二)开头

通讯的开头不同于消息的导语,形式灵活多样。通讯通常在开头直接揭示事件的思想意义或人物的精神品格,要求能够吸引读者的注意力,引起读者的阅读兴趣并开启思路。一篇成功的通讯或以动人的情节、细节开头,抓住读者,或者引用诗歌、典故、谚语开头,增添通讯的文采,或者引用名言警句开头,统领全文或引起下文,还有用提问式开头,提出问题,引起人们的思索和注意。

(三) 主体

通讯的主体要着重记述新闻事实或事件的发展变化过程,在充分占有材料的基础上,经过分析、研究、集中、概括,提炼深刻的主题。无论是人物通讯还是事件通讯,都要把事件的基本情况交代清楚。写人物通讯,要准确把握典型人物的性格特征和思想品质,写出典型人物的鲜明特点,使其既有共性,又有个性,抓住最富有特色、最能反映人物典型性格的材料,反映人物的精神品质。写事件通讯,要弄清事件的前因后果,紧紧抓住事件发生、发展和变化的过程,突出主线,集中表现,透视事件所包含的思想意义。通讯在主体部分应综合运用多种表达方式,或曲折有致,或生动形象,揭示人物的精神品格或事件的教育意义。

通讯主体较常见的结构形式有以下几种。

1. 层进式结构

这是一种纵式结构,通常按照事物发生、发展的过程,采用顺序、倒叙的方法写作,做到层次分明,脉络清楚,过渡起伏自然。这种结构常用于人物、事件较为集中单一的通讯。

2. 并列式结构

这是一种横式结构,即按照事件各个方面之间的逻辑关系,分门别类进行叙述,最后归纳综合,它呈现给读者的是整个新闻事件的横断面,一般用于报道人物众多、事件复杂、时间差大、涉及面广的通讯。

3. 实录式结构

这种结构常见于专访式通讯报道。它侧重记"言",针对群众所关心的人物或事件作专题采访,并以转述采访对象的谈话为主。通常如实记录采访过程,以记者提问、受访者回答的方式展开。

(四) 结尾

通讯的结尾或总结全文,深化主题;或抒情议论,引起联想;或展望未来,提出希望;或引用诗歌、典故、名言等,照应主题。总之,结尾与开头在内容和结构上要有必然的逻辑联系。

二、通讯的写作要求

(一) 提炼反映时代精神的主题

通讯的主题除了遵循一般文章提炼主题的要求,如正确、深刻、新颖之外,还要求做到反映时代精神。通讯要提炼反映时代精神的主题,一是要站在时代的高度,认清时代发展的趋势,分析人物、事件的时代意义;二是要回答人民群众关心的问题,反映人民群众的愿望。这样的主题才具有时代的特点,为人民群众所欢迎。

（二）选取具有典型意义的材料

所谓典型的材料,就是具有广泛的代表性、突出的个性、深刻的思想意义的材料。一篇通讯,不可能面面俱到,不可能大事小事都写进去,必须精选材料,这样才能深刻地揭示主题。精选材料要做到典型,就要选择那些具有代表性、具有教育意义和宣传价值的人和事,选择在一定时期内人们所关注的人或事。选取典型材料有两条基本途径:一是从平凡普通的实际生活中挖掘。这类材料往往蕴含在生活的深处,写作前需要深入实地进行采访,掌握大量确凿可靠的材料,才能在比较中选择出典型事例。二是抓住突发的重大事件和关键时刻涌现出来的典型人物、特殊事例,这类材料往往包含着很高的新闻价值。无论从哪条途径获取典型材料,都要求通讯的作者要站得高、看得远,能够洞悉社会发展的趋势,深刻领会党的路线、方针、政策,善于发现生活中的美和伟大,才能及时发现典型,深刻认识典型。

（三）灵活运用多种表达方式

表达方式多样化,这是通讯的重要特色。要写出生动感人的通讯,必须灵活运用多种表达方式,着重表现人物的精神世界。叙述事实要生动感人,恰当传神的描写可以使事件活灵活现,真切感人;用细节刻画人物,有助于人物形象血肉丰满。适当运用抒情和议论,可以渲染气氛,抒发感情,增强文章的感染力和表现力。

模拟训练

一、指出下列文题中哪些是通讯的题目,哪些是消息的题目,并据此思考通讯与消息的标题有哪些不同。

（一）《辛勤的园丁》

（二）《奥运门票第二阶段销售改为抽签》

（三）《回忆一段往事》

（四）《八十三天的"打工梦"——向明春外出沈阳遇难获救备忘录》

（五）《"学"是为了"用"——西北高校学生社会实习侧记》

（六）《向社会学习　为社会服务》

（七）《西北地区高等学校鼓励学生参加社会实践》

二、阅读人物通讯《百姓心中的丰碑——追记公安局长的楷模任长霞》,体会人物通讯的特点、结构和写法。

百姓心中的丰碑
——追记公安局长的楷模任长霞

细雨绵绵,如泣如诉,灵堂已撤,诗墙依旧。

尽管当初万人恸哭、挽幛如云的场景已经隐去,宽敞的嵩岳大街、少林大道恢复了往日的平静,可隐约中,那悲痛凝重的氛围依然笼罩着这座著名的山城。

5月22日,在登封市公安局长任长霞不幸因公殉职一个多月后,我们来到登封追寻英雄的足迹,听百姓们含泪讲述长霞的故事,真情似颍水清澈,朴实如嵩岳无华,像追忆逝去的亲人。从那悲痛凝重的氛围里,我们真切地感悟到,一个人们心目中的"好官""好公安局长"与百姓的血肉联系,感悟到"天地之间有杆秤,秤砣就是老百姓"的朴素哲理。

一

其实,百姓的眼泪很金贵,也很慷慨,就看是对谁。她抹亮了嵩岳一片蓝天,还给了登封一方平安,百姓就把泪洒给她,把心掏给她,用口为她铸碑。嵩岳无言,颍水低徊。雨像泪一样飘洒,泪如雨一般倾诉。面对每一位受访者的泪眼,记者视线模糊,无法拍照,无法笔记。

4月14日20时40分,当任长霞为侦破"1·30"案件从郑州返回登封途中突遇车祸因公殉职后,登封"黑幛白花漫嵩山""城巷尽闻嚎啕声",仿佛一夜之间出了无数诗人,使整个山城涌动着诗的潮水,哀的旋律。4月17日,14万群众自发为她送行,其哀其痛,其悲其壮,撼天动地,千年历史的古城登封前所未有。

一个眉清目秀的柔弱女子,一个到任仅3年的公安局长,何以能在这么短时间内赢得60多万百姓的如此爱戴、如此尊崇?!

"她才40岁,叫这么好的人走恁早,苍天它真的没长眼呐!"发出这声哀怨的是当地"王松涉黑团伙"的受害者、告成镇农民冯长庚。伴着窗外的细雨,他含泪向记者讲述任长霞如何除掉这个社会毒瘤,为民伸张正义的故事。(略)(详见二维码)

资源链接

《百姓心中的丰碑——追记公安局长的楷模任长霞》

三、阅读事件通讯《北京奥运会——中国告诉世界》，从主题表现、材料选择及表达方式运用等方面进行分析，并思考哪些地方值得你学习并借鉴。

北京奥运会——中国告诉世界

【新华网北京8月25日电】7月23日，北京奥运会城市志愿者在牛街大中服务点准备提供服务。随着奥运会的临近，北京的城市志愿者们正以饱满的精神投入工作。无论是在似火骄阳下的街头服务站点，还是在各个体育场馆，他们都用真诚的微笑、热情的服务抒发着奉献奥运的热忱。他们成为展示北京美好形象的亮丽名片。

曾经让西方人感到陌生、神秘、遥远的古老中国，通过北京奥运会与世界拉近了距离。

北京奥运会给中国提供了这样一个机会。数十万境外游客和近3万名记者云集中国，除了看比赛，也有意无意地观察、品味、理解着中国的社会、经济、政治、文化。

短短17天，尽管远不能看透一个有着五千年历史的东方大国，却无疑令很多人改变印象。这是中国的机会，也是世界的机会。

开　　放

开放，已成为北京奥运会的第一关键词。

新闻采访对所有境外媒体开放、互联网畅通快捷、国防部在军营里举行中外记者招待会等，这仅仅是诸多开放措施的一部分。

奥运会期间召开了各种新闻发布会。面对西方记者尖锐甚至是挑剔的提问，发言人从来都是态度开明、耐心作答，不说"无可奉告"，也不讳言我们这个发展中国家存在的问题和不足。

起初，一些记者对此表示"惊讶"，后来则习以为常。事实上，中国一直在开放，奥运会只是让世人更多地参与到这种开放中来。正如德国外交政策学会研究所主任埃伯哈德·桑德施奈德所言："中国不需要任何奥运会来开放自己，这个国家在自己开放。"北京奥运会只是让世界上更多的人有机会看到中国的开放，亲身感受到中国的开放。

一个耐人寻味的细节是，现在不少外国记者已经学会了哼唱《北京欢迎你》："我家大门常打开，开放怀抱等你……"（略）（详见二维码）

资源链接

《北京奥运会——中国告诉世界》

四、留心你身边发生的事情,选择弘扬社会正能量或有积极意义、有影响的事件,并对其人物进行采访,写一则人物通讯或事件通讯。要求:

1. 标题具有人物通讯或事件通讯的特点;
2. 要有适当的描写、议论和抒情;
3. 选材典型,内容真实。

复习与思考

一、什么是通讯?它有哪些特点?

二、通讯一般分为哪几类?什么是人物通讯?什么是事件通讯?

三、比较消息和通讯的特点,说说它们的相同和不同之处。

四、怎样拟订通讯的标题?

五、通讯的主体部分有哪几种结构形式?

六、通讯写作有哪些方面的要求?

第三节 启 事

学习目标

1. 了解启事含义、特点和种类。
2. 掌握启事写作的内容、结构和方法,学会写启事。

理论知识

一、启事的含义

启事是机关、团体、企事业单位及个人在一定范围内公开说明情况,提请公众注意,请求他人支援、帮助时所写的一种说明事项的应用文体。它的应用范围相当广泛,一般张贴在公共场所,或者在传播媒体上播发。

二、启事的特点

(一)公开性

启事是面向公众公开发表的文体,不论是张贴在公共场所,还是在各种媒体、网络上刊播,都是面向社会的、公开的,不具有任何保密性。启事的作用是面向公众寻求帮助、协作、参与。启事不具有强制性和约束力,公众有参与的自愿性和自主性。

(二)告知性

启事的发布是因为有事要向社会说明,并希望引起公众的注意,以期得到帮助、参与等,具有告知性。但启事不是指令性规定,不具有法律效力,没有强制性和约束力,只有知照性。

(三)简明性

通常情况下,启事要求一事一启,内容简洁明确,语言通俗易懂,做到言简意赅,一目了然。

三、启事的种类

(一)征招类

这类启事是单位、团体或个人出于某种需要,请求别人帮助、参与、关照时所发的启事,如征订、征稿、征婚、征地、征兵、招聘、招工、招商、招标、出租、出售等。

(二)告知类

这类启事是有重要的事情要向公众公开说明,并希望引起公众的注意,以期引起注意、知晓、参与或帮助等,如开业、停业、迁址、更名、改期、招领、招考、遗失、作废等。

(三)寻求类

这类启事是因丢失钱物、资料,或有人走失、下落不明所发的启事,如寻人、寻物启事等。

例文借鉴

【例文一】

中新社海外中心招聘启事

中新社海外中心,系中国新闻社旗下对海外华文报纸提供新闻版面服务的专设机构,每日编辑传送对开30版,内容涵盖国际国内时事报道、焦点追踪、财经贸易、体育娱乐等,强调新闻冲击力和持续影响力,追求"时效第一,原创第一,读者第一"的目标。

海外中心现因网络事业发展需要,进行新一轮招聘,希望业界青年才俊加盟。

网络新闻编辑(5名),应聘条件:

1. 大学本科或以上学历,专业不限,热爱新闻事业,有较强的新闻敏感性及新闻编辑、策划和写作能力;

2. 有1年以上工作经验;

3. 身体健康,男女不限,户籍不限,年龄在30岁以下者优先;

4. 熟悉网络新闻传播特点,有制作个人网站和网站策划的经验,熟练使用网页制作工具,有大型网站编辑经验者优先;

5. 有强烈的工作责任心,有团队精神,能承受较强的工作压力;

6. 部分岗位需要良好的英语能力(英语六级或以上水平,英译汉熟练)。

一经录用,中新社海外中心将提供具有吸引力的发展机遇和空间以及完备的社会保险。有意者请将详细简历、个人照片、求职文件投递至:100037,北京市西城区×××街××号中新社海外中心,封面请注明"应聘"。或通过E-mail用纯文本文件(txt)格式(请勿使用附件),以邮件主题"×××应聘"发至:×××××@chinanews.com.cn。

请务必注明有效联络方式,如手机,面试时间将会通知安排。非约勿见。

此招聘启事有效期截至2008年2月1日。

中新社海外中心

2008年1月

(资料来源:中国新闻网2008年1月)

【简析】

这是一则征招类的启事。开篇简介应招单位,写明了招聘的目的、对象,重点列出应聘条件,分条列项进行说明。结构上采用总分式,正文开头先简要概括地写明启事的缘由、目的和内容,然后再分六条列出具体应聘条件。主题鲜明,语言简洁。

【例文二】

搬 迁 启 事

经中共都江堰市委批准,中国人民政治协商会议都江堰市委员会于2018年4月28日起在都江堰市××大道南段×号×号楼办公。为有利于工作开展,现将有关事项公告如下:

一、搬迁时间:2018年4月21日—27日。其间,市政协办公室在新办公区正常办公。4月28日起,市政协机关在新办公区正式办公。

二、原办公电话及传真电话号码保持不变。

三、通讯地址:都江堰市××大道南段×号×号楼。

四、邮政编码:611830。

由于搬迁带来的不便,敬请谅解。

政协都江堰市委员会办公室
2018年4月20日

(资料来源:政协都江堰市委网 2018年4月20日)

【简析】

这是一则告知类的启事,面向公众告知都江堰市政协的搬迁事宜。内容上,提醒公众知晓都江堰市政协的搬迁时间、办公时间、地址等。结构上采用总分式,先概要写明事情缘起,再分四条告知具体事项。内容明确具体,语言精练。

【例文三】

寻 物 启 事

本人于7月16日上午,在省图书馆阅览室查阅科技资料时,不慎将黑色手提包丢失,内装钱包一个,工作证一个,新书三本。经多方寻找,仍未找到。哪位同志看到或代为保管,请与自动化研究所刘先生联系,万分感谢。

电话:138××××5678(刘先生)

微信号:××××87321

            启事人:刘先生

            2017年7月16日

【简析】

  这是一则寻求类启事。向公众发布自己丢失手提包的信息,以求寻回失物。内容明确,一事一启。结构上采用直陈式,直接叙述事实,表明态度。结构完整,语言简洁、中肯。

写作指导

一、启事的结构与写法

启事一般由标题、正文和落款组成。

(一)标题

标题写在第一行居中的位置,通常有三种方式。

1. 标题直接写"启事"。

2. 由事由和文种构成,如《征文启事》《招领启事》。也可只写事由,如《寻物》《招聘打字员》等。

3. 由机关或单位的名称、事由和文种构成,常用于公务启事的标题,如《××公司招聘业务经理启事》。有的启事为了表明诚意,还在标题中加敬词"诚招""诚聘",如《诚招保洁员启事》《××俱乐部诚聘健身教练》。

(二)正文

从内容上,启事的正文部分需写明主要的事项,一般包括启事的目的、原因和要求等,要交代清楚向公众告知的事实、要达到的目的,以及相关的条件、要求、方式和方法等,明确希望别人做什么、怎样做。如果内容较多,可以分条列项,逐一交代明白。

从结构上,启事可写成直陈式和总分式。直陈式就是直接陈述有关事项和要求,可以写成一段,也可分段写出;总分式就是在正文开头先简要概括地写明启事的缘由、目的和内容,然后再分条列项地标出具体事项。

（三）落款

落款包括署名和日期。在正文的右下方写明启事单位名称或个人姓名,以机关、团体的名义发布的启事还应另盖公章。署名下方,注明启事日期。

二、启事写作应注意的事项

（一）主题鲜明

启事是面向公众发布事项,具有广而告之的作用,因此,启事的内容要具体明确,观点更要鲜明准确,便于读者一目了然,以最快的速度了解启事的主要内容。

（二）一事一启

启事的写作要做到"一事一启"。启事的发布要围绕一件事情,与此启事无关的事项不可写进去,否则会冲淡启事的核心事项,影响公众对启事内容的理解。

（三）语言简洁

启事的语言要求简洁明快,一目了然。避免拖沓冗长,含混不清。

模拟训练

一、2016年10月20日是××师范大学建校110周年纪念日。届时学校将举行一系列庆祝活动,召开学术讨论会、校友联谊会、出版学术论文集、表彰奖励成绩突出的教职工和校友。经校长办公会议研究决定,凡该校毕业的留学生、研究生、本专科生以及在本校工作过的教职工均可参加庆祝活动。要求凡愿参加校庆的校友,请将姓名、性别、在校班级、所学专业、现工作单位、职务、科研成果等内容,于7月20日前函告校庆筹委会。根据以上活动内容,请你以校庆筹委会的名义,拟写一则启事,把校庆相关事宜告知所有校友。

二、2018年5月23日晚,李大林同学在9路公交车上,拾到一个的黑色手提包,内有惠普笔记本电脑一台,U盘一个,纸质文件等。李大林下车即找到附近的××派出所,交给值班的民警。请你替派出所的值班民警拟写一份失物招领启事。

一、什么是启事？

二、启事有哪些特点？

三、简述启事的结构与写法。

四、启事写作要注意哪些事项？

第四节 声　　明

学习目标

1. 了解声明含义、特点和种类。
2. 掌握声明写作的内容、结构和写法，学会写声明。

理论知识

一、声明的含义

声明是指国家机关、社会团体、企事业单位或个人为维护自身权益就某一重要问题或重要事件公开向公众表明立场、观点、态度或发表主张、澄清相关事实的文书。声明的用途十分广泛，机关、团体或个人均可发表声明，并带有一定的法律效应。它主要用于需要公众了解很重要或很严重的事情，也可用于公开、正式表明对某事的观点、态度或说明事实真相。

声明和启事的区别在于：

第一，声明的内容一般要比启事的内容重要。遗失日常物品常常用"启事"寻回失物，遗失证件、支票重要物件，则常用"声明"告知作废。

第二，态度措辞不同。声明的态度严肃慎重，措辞比较强硬；启事则态度平和，语言谦恭。声明常常以"郑重声明""严正声明"等作标题，或以"特此声明"一类句子作结语。

第三，写作目的不同。启事的主要目的是寻求公众的参与、配合、帮助等；声明的目的是表明观点、立场和态度，说明事实真相。

二、声明的特点

（一）态度的鲜明性

声明要对某些事实或问题表明态度、观点和立场，因此应做到旗帜鲜明、态度明朗、语气庄重。读者一读便知声明者的态度、立场，对声明者坚持什么、反对什么一清二楚。

（二）内容的条约性

一些由具有法人资格的单位和法定当事人、代表人郑重发布的声明，对某些单位或个人有很强的限制性，相关单位或个人必须遵守声明的内容。

（三）语言的严肃性

声明是针对重要、严重的事情向公众表明观点的文书，语言表达应庄重、严肃，明朗而肯定，做到简洁、明快，不能含混不清，更不能空洞说教。

三、声明的种类

按照使用范围的不同，声明可以分为政务类声明和事务类声明。

（一）政务类声明

政务类声明是国家机关、社会团体、企事业单位及个人针对有关政务方面重大事件或重要问题表明态度、立场或澄清事实而发表的声明，如《中华人民共和国政府关于钓鱼岛及其附属岛屿领海基线的声明》。

（二）事务类声明

事务类声明是单位或个人就有关事务方面的事件或问题而公开发表的声明。常见的事务类声明有支票作废声明、身份证遗失声明等，如《××公司关于知识产权保护的严正声明》。

例文借鉴

【例文一】

中华人民共和国政府关于在南海的领土主权和海洋权益的声明

为重申中国在南海的领土主权和海洋权益，加强与各国在南海的合作，维护南海和平稳定，中华人民共和国政府声明：

一、中国南海诸岛包括东沙群岛、西沙群岛、中沙群岛和南沙群岛。中国人民在南海的活动已有2000多年历史。中国最早发现、命名和开发利用南海诸岛及相关海域，最早并持续、和平、有效地对南海诸岛及相关海域行使主权和管辖，确立了在南海的领土主权和相关权益。

第二次世界大战结束后，中国收复日本在侵华战争期间曾非法侵占的中国南海诸岛，并恢复行使主权。中国政府为加强对南海诸岛的管理，于

1947年审核修订了南海诸岛地理名称,编写了《南海诸岛地理志略》和绘制了标绘有南海断续线的《南海诸岛位置图》,并于1948年2月正式公布,昭告世界。

二、中华人民共和国1949年10月1日成立以来,坚定维护中国在南海的领土主权和海洋权益。1958年《中华人民共和国政府关于领海的声明》、1992年《中华人民共和国领海及毗连区法》、1998年《中华人民共和国专属经济区和大陆架法》以及1996年《中华人民共和国全国人民代表大会常务委员会关于批准〈联合国海洋法公约〉的决定》等系列法律文件,进一步确认了中国在南海的领土主权和海洋权益。

三、基于中国人民和中国政府的长期历史实践及历届中国政府的一贯立场,根据中国国内法以及包括《联合国海洋法公约》在内的国际法,中国在南海的领土主权和海洋权益包括:

(一)中国对南海诸岛,包括东沙群岛、西沙群岛、中沙群岛和南沙群岛拥有主权;

(二)中国南海诸岛拥有内水、领海和毗连区;

(三)中国南海诸岛拥有专属经济区和大陆架;

(四)中国在南海拥有历史性权利。

中国上述立场符合有关国际法和国际实践。

四、中国一向坚决反对一些国家对中国南沙群岛部分岛礁的非法侵占及在中国相关管辖海域的侵权行为。中国愿继续与直接有关当事国在尊重历史事实的基础上,根据国际法,通过谈判协商和平解决南海有关争议。中国愿同有关直接当事国尽一切努力作出实际性的临时安排,包括在相关海域进行共同开发,实现互利共赢,共同维护南海和平稳定。

五、中国尊重和支持各国依据国际法在南海享有的航行和飞越自由,愿与其他沿岸国和国际社会合作,维护南海国际航运通道的安全和畅通。

(资源来源:新华网2016年7月12日)

【简析】

这是一则政务类声明,中国政府为重申在南海的领土主权和海洋权益这一重要问题发表的声明。声明首先说明发布声明的目的、事实及缘起,态度明朗、语气庄重。在第一、二部分中,明确了"中国最早发现、命名和开发利用南海诸岛及相关海域,最早并持续、和平、有效地对南海诸岛及相关海域行使主权和管辖,确立了在南海的领土主权和相关权益",强调了在新中国成立后,通过一系列法律文件进一步确认了中国在南海的领土主权和海洋权益。第三部分明确指出了"中国在南海的领土主权和海洋权益"的具体内容。第四、五部分针对中国在南海的领土主权和海洋权益这一重要问题表明中国政府的观点和态度,旗帜鲜明,观点鲜明,态度严肃,语气坚定。

【例文二】

遗 失 声 明

本人因保管不善,将原下宅乡后徐村胡家自然村的土地使用权证【龙游集用 1990 第 04646 号】遗失,面积 68.63 平方米。现声明该证书作废,根据《不动产登记暂行条例实施细则》第二十二条的规定申请补办。

特此声明。

声明人:胡××
20××年×月×日

【简析】

这是一则事务类声明,因遗失土地使用权证,需申请补办而发表的声明,目的是声明该证书作废,防止他人拾到而失去土地的使用权。事情重要,因而使用"声明"这一文体。正文结尾用"特此声明",引起公众注意。语言准确、简明扼要。

写作指导

一、声明的结构及写法

声明一般由标题、正文和落款三部分组成。

(一)标题

标题写在第一行居中的位置,通常有三种方式。

1. 只写文种"声明",或者在"声明"前加修饰性词语,如《郑重声明》《重要声明》。

2. 由事由和文种构成,如《遗失声明》《关于××问题的郑重声明》。

3. 由单位名称、事由和文种构成,如《××公司关于授权××律师为常年法律顾问的声明》。

(二) 正文

声明的正文部分应简明扼要写出发表声明的原因、事情的真相以及对事态的立场、观点和态度。正文应首先交代某一重要事件或重要问题的真实情况,以让公众知晓,然后就有关事件或问题公开向公众表明立场、观点、态度或发表主张,最后提出为制止事态继续发展而将采取的措施、办法。事实要真实、确凿,是非分明,立场坚定,态度鲜明。

(三) 落款

落款写明发表声明的单位名称或个人姓名,在姓名的下方标明发表声明的日期。有的声明必须署名,以示郑重;有的声明不言自明,一般不署名,如遗失声明;有的声明标题已标注发文单位和时间,则省略落款。

二、声明写作的注意事项

(一) 态度鲜明,立场坚定

声明这种文体具有严肃性和庄重性,不是对任何事情表态都使用这种文体,只有针对重要的事情、重要的问题且需要表明态度、立场时才使用。如果声明的目的是维护权益、信誉,还应对侵权者发出警告,表明自己的鲜明态度和严正立场。

(二) 语言准确,语气果断

声明应直截了当、郑重地发表事实真相,表明态度。语言上做到准确严肃,语气果断坚定,没有回旋的余地。

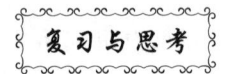

一、经学员举报,某书法学校抄袭××省爱华书法学校网站的宣传资料,混淆视听,为此,爱华书法学校需要写一则声明,说明事实真相,澄清是非,向社会公开表明自己的态度。请你以爱华学校校长的身份写一则声明。

二、张××同学将自己的身份证丢失。请你代他写一则遗失声明。

复习与思考

一、什么是声明?

二、声明有哪些特点？
三、简述声明的结构与写法。
四、声明写作要注意哪些事项？

第五节 海 报

学习目标

1. 了解海报含义和特点。
2. 掌握海报写作的内容、结构和写法，学会写海报。

理论知识

一、海报的含义

海报是指向公众报道或介绍有关电影、戏剧、文艺演出、体育活动、报告会、展览会和讲座等公共活动，公开张贴、刊登在公众场合或媒体上，并向公众迅速告知的一种传播文体。

海报的名称最早起源于上海。旧时，人们常常把职业性的戏剧表演界称为"海"。从事职业性的表演称为"下海"，作为剧目演出信息的张贴物，就被称为"海报"。现在的海报，使用范围更加广泛，除了纸张张贴外，还可以通过报纸、电视、网络等媒体发布。

二、海报的特点

（一）告知性

海报的作用是向人们传递最新的信息，往往用富有感情的语言告知一定范围内的人们，让人们了解情况、光临某种特定的场合并参与某项活动。海报不仅要告知活动的内容、时间、地点，还应引起公众的兴趣，激起强烈的参与欲望。

（二）时效性

海报在时效性上和消息相类似，要求迅速、及时地向一定范围内的人们发布。如果发布时间滞后，会影响公众的参与，无法发挥海报应有的作用。因此，海报具有很强的时效性。

（三）新颖性

海报的制作不同于消息，海报的内容独特，自成体系，制作的形式灵活、新颖。海报的制作者可以对海报的内容进行艺术加工、渲染,使其具有鼓动性和感召力,激发公众的参与兴趣。多数海报都进行了美工设计,使之在形式上更加新颖、美观,富有艺术感染力。

例文借鉴

【例文】

海 报

吉剧《江姐》在吉林省内上演以来,场场火爆,反响强烈,在青年学生中掀起了欣赏吉剧艺术的热潮。日前,我校部分师生已前往长春市内各大剧场观看演出。为了使广大同学更加深入地领会吉剧艺术的精髓,了解该剧创作演出的甘苦和取得的成就,文学院特邀请了该剧女主角江姐的饰演者和部分剧组成员来我校座谈交流,欢迎全校师生踊跃参加。机会难得,切勿错过!

时间:5月28日晚6时

地点:学术报告厅

××大学文学院学生会
2018年5月27日

【简析】

这是一则为座谈交流活动而发布的海报。海报写清了活动的主要事项、时间、地点及参加人员,主要内容交代得清楚明白。这篇交流活动的海报在内容上具有较强的针对性,活动的时间、地点具体明确,语言简洁明了,篇幅短小精悍。

写作指导

一、海报的结构及写法

海报一般由标题、正文和落款三部分组成。

(一)标题

标题写在第一行居中的位置,通常有三种方式。

1. 只写文种《海报》。

2. 直接写事由,不写文种"海报"字样,如《学术讲座》《文艺演出》《球讯》《书画展览》等。

3. 由引题、事由和文种构成,如《绿茵场上一决胜负——第八届校园足球赛决赛海报》。

海报的标题往往用各种美术字写成,涂上各种颜色,鲜艳醒目。

(二)正文

海报的正文主要写清活动的内容、时间、地点,举办活动的目的、意义,参加或参观的办法及相关注意事项等。正文的表达方式可以叙述、抒情、议论相结合,结尾处常常用"欢迎参加""敬请光临"等礼貌用语。

海报没有固定的结构,形式灵活自由。只要把活动内容、时间、地点交代清楚,设计者可以用丰富的想象来进行艺术处理,目的是吸引公众的注意力,激发参与兴趣。

海报讲究版面的形式美,包括语言优美及字体、画面和排版的美观。

(三)落款

落款写明发布海报的单位名称和日期。比较重要的海报还要另盖公章。如果是张贴的海报,有时可以没有落款。

二、海报写作的注意事项

(一)标题要新颖、醒目

海报的标题力求新颖、醒目、简洁,一目了然,让公众一看便被吸引,激起强烈的参与欲望。海报的标题往往写得大而明显,还可加以艺术处理,做到新颖、别致,吸引读者的眼球。

(二)篇幅要短小、精练

海报的文字应尽量简练,篇幅精短,看一眼便知道内容,在公众场合很少有人会有耐心、有兴趣去看长篇大论的海报。

(三)语言准确、简洁

海报的内容发布真实准确,活动的时间、地点必须具体、准确,做到精确无误。

模拟训练

一、××师范大学文学院学生会邀请了著名作家刘××来校作《"聆听作家的声音"——我是怎样写小说的》的讲座。为此,文学院学生会要张贴海报,让尽可能多的同学知道此事,并欢迎全校同学前来听讲座。请你拟写一份海报。

二、为了纪念"五四运动"100周年,××师范大学外语学院将于4月30日下午1点整在文科楼举行一场"爱我中华,献我青春"的诗歌朗诵会。请你发布一则海报。

复习与思考

一、什么是海报?

二、海报有哪些特点?

三、简述海报的结构与写法。

四、海报写作要注意哪些事项?

郑重声明

高等教育出版社依法对本书享有专有出版权。任何未经许可的复制、销售行为均违反《中华人民共和国著作权法》,其行为人将承担相应的民事责任和行政责任;构成犯罪的,将被依法追究刑事责任。为了维护市场秩序,保护读者的合法权益,避免读者误用盗版书造成不良后果,我社将配合行政执法部门和司法机关对违法犯罪的单位和个人进行严厉打击。社会各界人士如发现上述侵权行为,希望及时举报,本社将奖励举报有功人员。

反盗版举报电话　　(010)58581999　58582371　58582488
反盗版举报传真　　(010)82086060
反盗版举报邮箱　　dd@hep.com.cn
通信地址　　北京市西城区德外大街4号
　　　　　　高等教育出版社法律事务与版权管理部
邮政编码　　100120

教学支持服务说明

资源访问与防伪查询说明

使用微信扫描本书内的二维码,输入封底防伪二维码下的20位数字进行微信绑定后即可免费访问相关资源。(只需输入一次,绑定后不必再次输入。注意:微信绑定只可操作一次,为避免不必要的损失,请您刮开防伪码后立即进行绑定操作!)

用户也可将防伪二维码下的20位数字按从左到右、从上到下的顺序发送短信至106695881280,免费查询所购图书真伪。

防伪客服电话

(010)58582300